JN418629

하얀 복사꽃보다 더 아름다운 미소

이상화 수필집

창조문학사

■ 머리말

늦깎이로 60년대 후반에 공직에 발을 드려놓고 한눈팔지 않고 도시락밥을 먹으면서 나 나름대로 열심히 일했다. 그렇게 내가 한 일에 대하여 후회는 없으나 좀 더 잘할 것을 하는 아쉬움이 남아 있다. 정년퇴직이라는 이름으로 한마당 공연의 막을 내리고 다른 각본을 가지고 다시 무대에 등단하고 싶은 충동이 있었으나 나라에 밀어닥친 금융위기 때문에 이선으로 물러앉는 것이 도리라고 생각했다.

그 이후 찾아온 삶의 공백을 메우기 위하여 잊었던 음악을 찾아 함께 했으며 과거에 읽고 싶었던 고전을 읽기도 하고 일기도 썼으며 과거와 현재를 놓고 미래도 조명해 보기도 했다. 내가 걸어온 길이 어떠했던지 간에 내 뜻대로 이루어지지 않는 일이 많았으며 이면에 내가 억제할 수 없는 힘이 있음을 감지하기도 했다.

누구나 다 이 세상을 살아감에 그 나름대로 목표를 세우고 그 목표를 달성하기 위하여 열심히 노력한다. 그 목표의 설정을 잘했는지 못했는지는 속단할 수 없다. 일반적으로 인생길이 시행착오의 연속이라고 하는데 그렇다 하더라도 적정한 시기에 올바른 길목을 찾아가는 것이 목표 달성의 지름길이라고 생각했다. 그렇다 하더라도 결국 불확실성이 빚어놓은 드라마 속에서 살아가는 것이 인생이 아닌가 생각한다.

위에서 말했듯이 음악을 통하여 마음의 정서를 맑게 하는데 큰 보탬이 되었고 일기를 쓰면서 반성의 기회를 갖기도 했으며 독서는 새로운 세계를 엮어내는데 밑거름이 되었다고 생각한다. 거기다가 절대자의 어깨에 기대어 울 수 있는 기회를 포착했다는 것은 내 인생에서 더할 나위 없는 기쁨으로 생각한다.

이러한 분위기 가운데 물이 흐르듯이 자연스럽게 마음 가는 대로 붓 가는 대로 글을 써 왔다. 이제는 이것이 내 삶의 큰 부분을 차지하고 있다. 어두운 터널을 지나면 여명 다음에 밝은 빛이 오겠지 하는 바람을 안고 기도하면서 긴 터널을 열심히 지나왔다. 처음엔 방향도 모르고 걸었으며 지친 때도 있었고 주저앉은 때도 있었다.

지금까지 걸어온 길은 하고 싶은 일보다 하여야 하는 일에 매달려서 치열한 생존 경쟁의 역사를 써 왔다. 이제는 하고 싶은 일을 하고자 그동안 이선에 물러서서 망설이다가 분장을 새롭게 하고 늦깎이로 무대에 등단했다. 현재까지 걸어온 길이 상대가 있는 경쟁이라면 인제는 나 자신과의 경쟁이다. 이것은 여생의 지순한 나의 목표라고 생각한다. 저녁노을이 붉듯이 열정적인 삶의 장을 더 화려하게 장식하고 싶다.

이제 긴 터널을 겨우 지나서 첫 계단에 오르고 있다. 그 끄트머리 위에 밝은 빛이 있을 것으로 믿고 여명을 향해 계속하여 오르고 있다. 새 길목으로 접어들었으니 10여 년 전부터 지금까지 지방과 중앙의 순수문학지 그리고 기독교계 신문에 발표했던 글을 수정도 하고 가필도 해서 하나의 매듭을 지어보려고 부끄러움을 무릅쓰고 이 조그마한 책자를 세상에 내놓는다.

2012년 가을

이상화 씀

차 례

제1부 천하보다 소중한 건강

제2부 자녀들과 함께

제3부 고향은 은근한 그리움의 대상

제4부 인구부양이 시급하다.

제5부 음악과 함께

제6부 이렇게 생각한다.

제7부 기행 에세이

제 1 부

천하보다 소중한 건강

산과 물을 벗 삼아

"요산요수(樂山樂水)는 인지상정(人之常情)이라"는 시구(詩句)가 있다. 산을 즐기고 물을 즐기는 것은 우리 인간이 가지는 보통의 마음이나 감정이라는 뜻이다. 나는 태안반도 천수만(淺水灣)을 앞에 두고 백화산(白華山)을 뒤에 둔 마을에서 태어나 어린 시절을 보냈다. 그곳에서 한자도 익히고 국민학교(지금의 초등학교), 중학교 교육도 받았다. 학교에 갈 때에는 늘 백화산을 바라보고 걸었다. 중학교에 입학한 뒤 얼마 되지 않아 한국전쟁(6.25사변)이 발발해 불안과 공포 속에서 나날을 보냈다. 그러면서도 독학으로 영어공부를 했던 생각이 지금도 떠오른다. 산을 보고 호기(浩氣)를 길렀고 바다를 보면서 큰 꿈도 빚어보았다. 그러했기에 지금도 산에 대한 애착이 더 높고 물에 대한 정이 더 흐르는가 보다.

우리 고향 집 바로 뒤곁에는 큰 소나무들이 빼곡히 들어 서 있는 야산이 있어 겨울에 차가운 북풍에 떨고 있는 솔잎의 가련한 울음소리도 들었고 봄에 남풍을 타고 밀려오는 봄바람에 농부들의 분주한 움직임을 보았으며 무더운 여름에 농작물이 무성하게 자라는 모습도 지켜보았고 가을에 휘영청 맑은 달빛이 창문을 두드리면 깊은 상념에도 잠겨보았다.

우리 집 앞에는 논과 밭이 있어 우리 마을 사람들의 젖줄이 되어주었다. 왜정 말엽에 군량으로 공출(供出)이 심했던 때도 우리 마을 사람들은 만주벌에서 콩기름을 짜낸 찌꺼기인 콩깻묵을 보리쌀에 섞어 밥을 지어 먹기는 했지만, 그런대로 살 수 있었다. 나는 그런 농촌에서 뿌리를 박고 예산, 서울에서 어렵게 유학하면서 학문을 연마했고 그 덕으로 국가와 사회를 위해 미력이나마 봉사할 기회도 있었다. 이러한 점에 대하여 창조주이신 하나님께 진심으로 감사를 드렸다.

내 고향 앞바다 천수만의 윗부분은 B 지구라는 이름으로 매립되어 논으로 변했지만, 매립 전에는 갯벌이 아주 좋았다. 그 갯벌 속에는 농게, 달랑게, 참게, 능쟁이, 가재, 새우, 곤쟁이 등의 갑각류, 망둥이 꼬막 굴 등의 어패류, 연체동물인 낙지 등이 살았다. 초록빛을 띠고 피어나서 붉은 색깔로 변하는 나문재가 푸른 바다와 주변의 야산과 어우러질 때 한 폭의 동양화처럼 아름다웠다. 그뿐만 아니라 민물이 흘러내리는 갯골에 향이 좋고 맛이 독특하며 비타민이 많이 함유되어 있다는 파래도 자라서 봄을 맞은 농민들의 입맛을 돋워주었다. 그리고 흰 옷을 입고 갯벌에서 게, 낙지, 꼬막 등을 잡는 아낙네들의 모습은 학(鶴)이 먹이를 찾아 돌아다니는 그 모습과 흡사했다.

한여름에 만조가 되면 베적삼과 베잠방이 벗어 던지고 바다에서 미역을 감으면서 무더위를 식히던 그 시절이 엊그제 같은데 그 바다와 그 좋은 갯벌은 온데간데없이 사라져버렸으니 이를 못내 아쉬워하며 이제는 그것들을 추억 속에서나 찾아볼 수밖에 없다.

내가 이곳 관악산(冠岳山) 기슭에 있는 안양시 관양동 집으로 이사 오게 된 동기도 이곳은 산과 물이 좋다 해서 왔다. 이 산기슭에는 참나무, 갈나무, 아카시아 나무, 단풍나무, 벚나무 등 활엽수는 잎이 떨어진 앙상한 가지로 찬바람을 맞고 있으나 소나무, 잣나무 등 침엽수는 진초록 색깔을 띠고 굳은 절개를 간직한 채 내일의 꿈을 꾸며 서 있는 듯하다. 지금은 아직 날씨가 풀리지 않아서 매서운 바람이 불고 있기는 하지만, 살갗에 스치는 바람은 싫지가 않다. 우리 집이 있는 단지에서 5, 6미터만 걸어가면 산자락에 이를 수 있어 산과 이웃해 살고 있다.

우리 집이 등지고 있는 관악산은 봄이 되면 자욱한 안개가 산자락을 감싸 주곤 한다. 그것은 겨우내 잠자던 초목을 깨우는 자연의 섭리이다. 여름철에 그 산속에 들어서면 곳곳에 기화요초(琪花瑤草)도 있고 이름 모를 많은 새도 지저귄다. 그 아름다운 꽃들과 그 새들의 노랫소리에 나는 고향의 뒷동산 같은 느낌이 드는 때도 있었다. 그리고 가을이면 활엽수가 단풍에 젖어 진풍경을 만들어낸다.

주말이 되면 많은 등산객이 관악산에 오른다. 그런데 요즘은 날씨가 추워서 그렇지 않다. 특히 여자들의 산행은 드문 편이다. 나는 이곳 관양동 집으로 이사해 온 뒤에 자주 관악산 기슭으로 산책하곤 한다. 산중 터에 오르면 심한 가뭄에도 마르지 않는 약수터가 여러 곳에 있어서 물이 주야로 흘러내리고 있다. 등산객들은 그 약수터에서 목을 축이기도 하고 약수를 받아 가기도 한다.

나는 아직 관악산 기슭에 산책하는 것이 생활화되지 못했으나 곧 익숙해질 것으로 생각한다. 침엽수보다 활엽수가 많은 이곳 산자락은 여름이 되면 많은 활엽수의 이파리들이 하늘을 가린다.

염량(炎凉)이 때를 알아오는 것처럼 자연의 질서가 얼마나 정연하나? 성경을 보면 우리 인생은 흙에서 태어나서 결국 흙으로 돌아간다는 말씀이 있다. 자연에서 뛰쳐나온 우리 인간은 자연과 친해져서 자연과 하나가 되어야 한다. 우리 인간이 자연을 파괴 훼손해서 받는 피해가 이만저만 많은 것이 아니다. 개발이라는 이름으로 이곳저곳에 훼손된 자연을 볼 때마다 안타깝다. 자연을 보전하여 함께 숨 쉬고 살아야 미세한 자연의 일부인 우리 인간도 탈 없이 살아갈 수 있다고 생각한다.

나는 관악산 자락을 바라보면서 마음을 자연에 묻어 본다. 그렇게 생각하니 신선한 느낌이 들며 막혔던 마음의 한구석이 뚫리는 것 같았다. 나는 자연과 벗 삼아 살고 싶은 심정에서 콘크리트 숲인 서울을 떠나 이곳 관악산 기슭에 삶의 터를 잡았다. 공중에 가끔 비행기가 날 뿐, 그렇게 조용할 수가 없고 그렇게 공기가 맑을 수가 없다. 그래서 내가 사는 단지 안의 집들에서는 글을 쓰는 작가와 그림을 그리는 화가 그리고 학생들을 가르치는 대학교수들이 살고 있다는 말을 들었다. 일부 사람들은 노인네들이 이곳으로 이사 오면 건강이 좋아지고 앓던 병이 낫는다고 말하기도 한다. 그것은 다 살기에 좋은 환경이란 것을 설명한 말이다. 우리는 자연을 즐기기만 하지 말고 자연을 가꾸고 사랑하면서 살아야 한다. 그렇게 하여야 자연으로부터 더 많은 혜택을 받고 살 수 있다.

(2000.03.10.)

신선한 추억

새벽 4시 반경에 잠이 깨졌다. 다시 잠을 자려고 애를 썼으나 영! 잠이 오질 않았다. 그래서 서재로 자리를 옮겨 그동안 써 놓은 글을 여러 번 퇴고했다. 나는 글을 쓰기는 하지만, 문장가가 아니기에 부족한 부분이 많으며 수정과 가필을 거듭했음에도 불구하고 그다지 좋은 문장이 만들어지지 않는다. 다만 그것을 수정하면서 그 글을 썼던 때를 회상하는 것이 나의 정신 건강에 유익할 것으로 생각하였다.

젊은이들이 먼 미래에 대한 청운의 뜻을 품고 산다면 나이 든 사람들은 지나간 먼 옛날에 대한 추억 속에 산다고 할 수 있다.

젊은이들이 꿈과 야망과 낭만이 없어서는 아니 되나 그 꿈과 야망을 이룬다는 것은 결코 쉬운 일이 아니다. 그러나 나이 든 사람들이 가진 추억은 얼마든지 그들을 풍요롭게 할 수 있으며 그들의 마음속에 아름다움을 마음껏 수놓아 줄 수도 있다.

나는 지금처럼 가끔 지난날에 쓴 글을 읽으면서 추억에 잠기곤 한다. 그래 흘러간 노래를 부르면서 추억에 잠기며 전에 근무했던 청사를 떠올리면서 그 시절을 되새겨 보고 고향의 논두렁과 밭둑을 생각하면서 추억의 흙냄새도 맡아본다. 추억을 안겨다 주는 것이 어찌 이것뿐이랴! "행복이란 행복을 생각하는 마음에 있다"고 어느 임이 말했듯이 추억도 그것을 찾으려는 마음에 있으므로 거기에서 찾아야 할 것이다.

추억은 자기의 심상에 새겨진 영상을 찾는 것이다. 요즘 말로 입력(input)된 것을 출력(output)시키는 것이다. 다만 주위 환경은 그것을 찾는데 불붙이는 역할을 하는 것에 불과하다. 같은 환경에서도 그것을 찾는 사람이 있는가 하면 그것을 찾지 못하고 현실의 고달픔에 한숨만 내쉬는 사람도 있을 것이다. 어찌 그뿐이랴 아름다운 추억을 찾지 못하고 슬픈 추억에 눈물을 흘리는 비관적인 주인공도 있을 수 있다.

그렇다고 해서 추억이 나이 든 분들의 전유물은 결코 아니다. 젊은이들에게도 애틋한 첫사랑의 추억이 있을 것이고 그 속에는 잊히지 않는 그리움이 있을 것이다. 그리고 그 그리움을 낳은 사랑은 마음의 한 구석을 차지한 채 살아가고 있을 것이다. 다만 그 추억은 꿈과 야망으로 가려져 있을 뿐이다.

첫사랑은 누구에게나 지워지지 않고 또렷하게 다가오는 행복한 추억일지도 모른다. 젊은이들에게는 그것만큼 비중이 큰 추억은 없을 것이다. 그 사랑은 상대방의 뜻과는 전혀 관계없이 이루어질 때도 있고 상대방이 손을 잡아 주어서 아름다운 밀어 가운데 가꾸어진 사랑도 있을 것이다. 그것은 화창한 봄이 미처 가기도 전에 미풍에 날리는 꽃잎처럼 가버릴 때도 있고 가을의 단풍잎처럼 바람에 휘날리며 요란하게 굴러갈 때도 있다. 이처럼 가버린 사랑은 더없이 아름다운 추억을 남긴다.

그것을 현실화시킬 수 없다는 것을 판연히 알면서도 행복한 사랑의 추억에 심취될 때가 가끔 있다. 아마 그것은 성장의 과정이며 젊음의 아픔일지도 모른다. 그 대상은 이웃집 오빠라도 좋고 아랫집의 누나라도 좋고 중등학교 때 담임선생님이라도 좋다. 그 대상은 전혀 문제가 되지 않는다. 그것은 추억의 대상이기 때문이다. 그것은 주변에 벗할 수 있는 사람들이 없을 때나 삶이 고달플 때 가끔 꺼내 볼 수 있는 진귀한 보물이기도 하다.

나이 든 사람들일수록 추억을 하려면 젊은 날의 아름다운 추억을 하는 것이 정신 건강에 더 좋을 성싶다. 세사에 시달리어 찌들어진 추억보다 위에서 말한 첫사랑과 같은 신선한 추억을 하면 삶에 활력을 불어넣을 수 있을 것으로 생각한다. 비록 육신은 늙었을지라도 마음을 풍요롭고 젊게 살아야 하지 않을까?

(2004.03.20.)

건망증

이발한 지도 한 달이 가까워져 오는지라 아침 일찍 단골 이발소에 가는 길이었다. 지난봄에 구청에서 나무숲 길가에 벤치 몇 개를 설치해 놓았다. 길을 걷다 힘드신 분들은 쉬어가고 동네 노인들이 앉아서 대화를 나누며 소일하시라고 설치한 것이다. 이런 시설은 공원 안에도, 길가에도 있고 아파트 단지 안에도 있다.

이러한 쉼터에 잠이 없는 노인네들은 새벽에도 나와서 앉아있고 무더운 한낮에도 그리고 열대야의 한밤에도 나와서 대화를 주고받거나 혼자 앉아서 명상에나 추억에 잠기는 때도 있을 것이다. 그뿐만 아니라 수족이 불편한 노인들이 지팡이를 짚고 또 부축을 받으며 운동하다가 그 의자에 앉아서 쉬는 때도 있다.

고령화 사회를 살아가는 데 있어서 노인들을 위한 병원, 요양원 등만 복지시설이 아니라 노인들이 힘들면 쉬어갈 수 있는 그늘 속의 의자도 훌륭한 복지시설이라는 생각이 들었다.

그런데 오늘은 그 빈 의자 귀퉁이에 남성용 검은색 우산 한 개가 동그마니 세워져 있는 것을 보았다. 어느 분이 비가 내릴 것을 예상하고 우산을 가지고 나왔다가 잊고 놓고 간 것이 분명하다. 그 우산이 세워진 그 의자 위에 광고지가 놓여있다. 손바닥을 대 보았는데 냉기가 없는 것으로 봐서 우산을 놓고 간지가 얼마 되지 않는 것 같다.

이번에는 지름길이 나 있는 아파트 단지 안에 들어서니 그 단지 나무숲에 설치된 의자 위에 하얀색 가제 수건이 넓게 펴서 놓여있다. 아마 이 단지 안에 사시는 어느 할머니가 아침 일찍 나와서 앉으려다 의자 위가 습하니까 그 수건을 깔고 앉아 있다가 잊고 그냥 가신 것 같다. 그 가제 수건은 유난히 하얗게 보였다.

사람에 따라 다소 차이는 있지만, 일반적으로 나이가 들면 건망증이 생기게 마련이다. 이것은 자연스러운 노화현상이라고 생각한다. 그래서 어느 때에는 친구 이름도 생각나지 않고 어느 때에는 손자들의 이름도 바꿔서 부르는 때도 있다. 오늘 우산을 놓고 가신 할아버지나 손수건을 놓고 가신 할머니나 다 건망증으로 그렇게 물건을 놓고 간 것으로 생각한다.

한 시간 정도 이발소에서 이발하고 귀로에 그 단지 안의 그 의자 옆으로 지나오는데 그 하얀색 가제 수건은 없어졌고 또 우산이 세워졌던 나무숲 길가 의자에는 늘 그 의자를 애용하시던 할아버지가 편안한 자세로 앉아계셨다. 그리고 그의 무릎 위에 그 검은색 우산을 올려놓고 있다. 다시는 우산을 놓고 가지 않겠다는 다짐을 한 듯하다.

나도 나이가 들어서 건망증이 있다. 외출할 때 휴대전화를 가지고 나온다는 것을 잊고 나온 때가 가끔 있다. 친구들이 자네는 전화를 걸면 휴대전화가 꺼져있거나 아니면 전화를 받지 않는다고 하면서 앞으로는 꼭 휴대전화를 켜 놓고 꼭 가지고 다니라는 주의를 받은 적이 한두 번이 아니다. 이처럼 건망증이 나의 입장을 곤란하게 한 때가 있었다. 그뿐만 아니다. 승용차를 타고 멀리 가고자 할 때 차고까지 내려가서 차 열쇠를 가져오지 않은 것을 알고 되돌아간 적도 있다.

위에서 말한 바와 같이 건망증은 이렇게 생활에 불편함을 준다. 그러나 그 건망증이 꼭 불편함만 주는 것이 아니라고 생각한다. 그것은 과거 불행했던 기억을 지워버리는 역할도 한다. 이런 때에는 감사하기도 하다. 불행했던 과거를 기억하고 싶은 사람은 없을 것이니 말이다.

그렇더라도 나이가 들면 건망증을 최소화하는 방법을 강구하면서 살아야 한다. 그렇게 하여야 나 자신의 불편함을 덜고 주변 사람들에게 불편함을 주지 않는다.

건망증으로 말미암은 불편함을 더는 방법으로 나의 체험에서 얻은 몇 가지 예를 소개하면 다음과 같다. 그것은 메모하는 것이다. 메모해 놓고 잊어버리는 때도 있지만, 그래도 눈에 잘 띄는 곳에 메모지를 비치해 놓고 수시로 메모하고 그 메모지를 보는 버릇을 기른다. 또 자주 쓰는 물건, 예컨대 안경이나 필기구 그리고 장신구 등은 놓는 장소를 정해 놓고 반드시 그곳에 놓고 사용하는 버릇을 기른다. 그리고 지속해서 걷기운동을 하면 머리가 맑아짐을 느낄 수 있다. 이 걷기운동은 뇌의 노화를 어느 정도 방지한다고 한다. 뇌 운동으로 두피를 자극하라는 사람도 있고 대화, 토론, 계산, 노래 등을 하라는 사람들도 있다.

이상과 같이 메모하는 버릇을 기르고 물건을 어디에 놓았는지 몰라서 찾는 일이 없도록 지정한 장소에 물건을 놓는 버릇도 기르며 또 뇌 건강을 위하여 걷기운동을 지속해서 하는 것이 좋다. 이렇게 함으로써 건망증으로 말미암은 불편을 다소나마 덜 수 있을 것으로 생각한다.

(2007.07.28.)

늙음을 거부하는 몸짓

엊그제 가깝게 지내는 친구로부터 소식을 접했다. 그간 복잡한 서울에 있는 아파트에서 살아왔는데 풍광이 좋은 강원도 소양강 근방으로 이사한다는 소식이다. 그래서 가깝게 지내는 다른 친구들에게 그 소식을 전했다. 언제 이사하려는지 구체적인 일정은 아직 잡히지 않았으나 "계약금을 지급했다"는 말을 전하고 이사 한 뒤에 한 번 찾아 가 보자고 약속했다.

그러면서 날씨가 하도 무더우니 노인네들은 특히 건강에 유의하여야 한다고 말했더니 그 친구 말하길 "나는 노인이 아닌데……."라고 한다. 그 친구는 고희가 넘은 지가 몇 년이 지났는데 노인이길 거부한 것이다. 그 친구는 농담으로 그렇게 말했겠지만, 평소에 '나는 노인이 아니다.'라는 의식을 가지고 살았기 때문에 그런 말이 쉽게 나온 것이라는 생각이 들었다. 그 친구와 통화하기 전에 고희가 넘은 다른 친구와도 통화했다. 그 친구는 새벽 어스레한 때에 서늘한 공기를 가르며 4㎞를 조깅한다고 한다. 그것도 매일 한다고 한다. 그것은 일반적으로 고희가 넘은 할아버지가 할 운동이 아니다. 이것도 노인이길 거부하는 몸짓이라고 생각한다.

하기는 언제 그렇게 세월이 흘러갔는지 어느새 머리카락에 희끗희끗 서리가 내려앉아 있다. 이를 카버하기 위하여 남자나 여자나 검은 색깔로 염색하는 사람들이 많다. 그 모습은 젊어 보인다기보다 어떤 면에서는 흉하게 보였다. 어느 노신사는 흰색 양복에 빨간 넥타이를 매고 흰 구두를 신었다. 이런 것들이 다 늙음을 거부하는 몸짓이다. 늙으면 얼굴과 목 주변에 주름이 잡히고 머리카락이 세며 대머리가 되기도 하고 이른바 속된 말로 머리 맨 윗부분의 머리카락이 다 빠진 것을 이르는 '속알머리'가 없는 사람도 있고 머리카락 전체가 다 빠진 사막화 현상도 있다. 그것들이 다 늙음의 참모습이다.

그런데 할머니는 할아버지의 경우와는 그 유를 달리한다. 입술에 빨간 루주를 바르고 손톱칠을 하는 것까지는 비록 늙음을 거부하는 몸짓이라 하더라도 그것은 애교로 봐줄 수 있다. 그리고 나이가 고희를 넘었음에도 자기는 아직 손자 손녀를 보지 못했으니 할머니가 아니라고 억지를 부리는 것까지도 웃어넘길 수 있다.

그러나 한술 더 떠서 하나님께서 주신 몸에 칼을 대는 경우가 있다. 몸에 든 병을 치료하기 위하여 환부를 수술 받을 수 있으며 그렇게 하여야 한다. 그런데 늙음을 거부하는 몸짓으로 성형수술을 받는다. 누구는 목에 잡힌 주름을 제거하기 위하여 수술을 받았다고 하며 누구는 처진 볼살을 제거하기 위하여 수술을 받았다고 하고 누구는 눈 끝이 아래로 처졌다고 그것을 올리는 수술을 받았다고 하며 누구는 얼굴의 이곳저곳의 주름을 제거하는 수술을 받았다고 한다.

아무리 의사가 수술을 잘한다 하더라도 노인네들의 성형수술은 일시적인 경우는 몰라도 대부분이 흉한 결과를 가져온다. 늙는다는 것은 인간이 자연스럽게 변해가는 인간의 참모습이다. 여기에 칼을 대서 성형수술을 한다는 것은 자연스러움의 균형을 깨는 결과를 가져오며 자연에 역행하는 일이다.

내가 공직에 있을 때 이란이라는 나라에 잠시 살았었는데 집주인 할머니가 성형수술을 받았다. 그 할머니는 15세 때 그 나라의 유명한 잡지의 표지 모델이었던 미인이다. 나도 그 잡지의 표지를 보았는데 그렇게 아름다울 수가 없었다. 그녀는 할머니가 돼서 그 젊은 날의 추억이 그리워서 성형수술을 받았는지 모르겠지만, 아름다움이 살아난 것이 아니라 아름다움이 완전히 사라졌다. 그녀의 얼굴은 다른 사람의 얼굴이 되어버렸으며 마귀할멈 그 자체였다.

성형수술을 아름다움을 창출하는 것이 아니라 노인들은 흉물로 만드는 결과를 가져오며 돈은 돈대로 들어가고 경우에 따라서는 수술의 부작용을 일으키는 때도 있다고 한다.

옛 어른들의 말씀을 빌리면 '곱게 늙자'는 말이 있다. 가을에 나뭇잎이 단풍으로 물들어가듯이, 들꽃이 시들어가듯이 그렇게 곱게 늙어가야 한다. 세월을 보내면서 만들어진 흔적들이 이곳저곳에 묻어있는 그대로 본향으로 가자! 아무리 늙음을 거부한다고 하더라도 흐르는 강물을 되돌릴 수 없는 것처럼 한낱 몸짓에 불과하다. 늙음을 자연의 선물로 겸허하게 받아들여야 한다.

비록 저무는 인생이 황량한 가을 들판과 같지만, 수확 뒤에 느끼는 포만감을 가지고 평화로운 마음으로 여생을 즐겨야 할 것으로 생각한다. 인생은 유한한 것이다. 늙음을 거부하는 몸짓으로 세월의 흐름을 막을 수는 없다.

(2008.07.10.)

웃음이 깃든 친구와의 대화

엊그제 춘천에 사는 친구와 한 시간가량 통화했다. 그런데 송수화기를 내려놓고 나니 머릿속에 남는 것은 별로 없었으나 마음이 홀가분하고 편안했다. 아마 그 친구와 통화할 때 격의 없이 편안하게 대화반 웃음반 그렇게 통화해서 그런 것 같다. 웃으면 엔도르핀(endorphin)이 분비되기 때문에 스트레스가 해소되고 긴장이 완화된다고 한다. 그뿐 아니라 의학자들은 웃음은 인체의 면역력을 증가시켜서 각종 질병을 예방해 줄 뿐만 아니라 치료 효과도 있다고 한다.

예로부터 동양 문화권에서는 "웃는 집안에 많은 복이 깃든다."라는 소문만복래(笑門萬福來)라는 말이 있으며 "한번 웃으면 한번 젊어지고 한번 노하면 한번 늙는다."는 일소일소일노일노(一笑一少一怒一老)라는 말도 있다. 이렇게 웃음을 권장하고 있다.

서양 문화권에서도 "웃는 사람은 실제로 웃지 않는 사람보다 더 오래 산다. 건강은 실제로 웃음의 양에 달렸다는 것을 아는 사람은 거의 없다."(제임스 월쉬), "우리는 행복하므로 웃는 것이 아니고 웃기 때문에 행복하다."(윌리엄 제임스), "그대의 마음을 웃음과 기쁨으로 감싸라. 그러면 1천 해로움을 막아주고 생명을 연장해 줄 것이다."(윌리엄 셰익스피어), "웃음은 마음의 치료제일 뿐만 아니라 몸의 미용제이다. 당신은 웃을 때 가장 아름답다."(칼 조세프 쿠쉘) 등의 말이 있다. 역시 웃음을 권장하고 있다.

이처럼 웃음은 동서고금을 막론하고 사람의 건강과 장수 그리고 기쁨과 행복 등 좋은 효과를 가져다준다고 한다. 특히 요즘 건강에 좋다고 하면서 웃자는 운동이 널리 벌어지고 있다. 그리고 웃어지지 않으면 억지로라도 웃으라고까지 한다.

춘천 친구와는 무료를 달래기 위해 가끔 서로 전화를 걸며 그때마다 웃음이 번지며 유쾌하기 그지없다. 그것은 웃음의 마당을 만들고 분위기에 따라서 서로가 맞장구를 잘 치기 때문이라고 생각한다. 그렇게 해서 한바탕 웃고 나면 온갖 걱정 근심이 다 사라지는 느낌이 든다. 바로 그것이 웃음의 효과라고 생각한다.

노년기에 접어들수록 친구들과 담소(談笑)를 많이 하여야 한다. 그런데 친구 사이라도 꼭 대화가 쉬운 것만은 아니다. 대화의 주제가 있어야 하고 대화하면서 맞장구를 잘 쳐야 한다. 그러나 일일이 대화의 주제를 정해 놓고 친구에게 전화해서 그 주제에 따라 대화하면 번거롭고 그 때문에 스트레스를 받는다. 이런 때에는 대화의 맞장구보다는 주제에 대한 대화가 끝나면 곧 통화를 끝내려는데 신경을 쓰게 한다. 그렇다고 주제 없는 대화만 하라는 것은 아니다. 주제 있는 대화를 할 때도 있다.

전화상의 대화에는 말(談)만 있고 웃음(笑)이 없는 때가 있고 말과 웃음을 같이 하는 때도 있다. 그러나 웃음만 있는 경우는 없다. 막역한 친구 사이라면 구태여 대화의 주제를 정해 놓고 전화해서 그 주제에 따라 대화할 필요는 없다고 생각한다. 전화를 거는 자체가 우정의 표시이며 주고받는 말이 대화다. 대화의 흐름에 따라 그때그때 자기의 심중에 있는 의사를 표현하면 된다.

그리고 대화의 굽이마다 누가 먼저라고 할 것 없이 웃음의 마당을 만들어야 한다. 누가 그 마당을 만들었느냐? 도 중요하지만, 그것보다는 누가 먼저 웃었느냐? 가 더 중요하다. 그리고 그 웃음이 상대방에게 전염되었을 때 값어치가 있다.

이것이 막역한 친구 사이의 격의 없는 담소다. 주제를 정해 놓고 대화를 나누지 않았기 때문에 통화를 마치고 나면 머릿속에 남는 것이 별로 없다. 그러나 위에서 이미 말했지만, 마음이 홀가분하고 편안하다. 그것은 주고받은 웃음 속에 온갖 걱정 근심이 사라지기 때문이다. 그래서 담소는 계속하여 이어져야 한다. 장수학의 세계적 권위자인 마이클 로이젠 박사가 “매일 친구에게 전화해서 대화하라”는 그 참뜻이 바로 여기에 있다고 생각한다.

(2009.09.05.)

걷기운동

오늘은 날씨가 꽤 춥기에 집사람에게 "승용차로 전철역까지 태워다 줄까?"하고 제의했다. 그런데 집사람은 "그렇게 하지 않겠어요."라고 말하고 걷겠다고 단호하게 말하면서 내 마음이 흔들리지 않게 해 달라고 말했다. 그래서 그 결심이 변하지 않길 바랐다.

지난달 집사람은 건강검진 소견을 듣는 자리에서 담당의사는 "전혀 운동하시지 않는군요.", "걷지 않으면 현재보다 앞으로 건강이 더 안 좋을 수 있습니다"라고 말했다고 하면서 걱정했다. 그래서 "출근 시간에 전철역까지 나와 같이 걷자."고 제의했고 이에 집사람이 쾌히 동의해서 매일 아침 출근길에 걷는다.

오늘 아침 걸으면서 나는 많은 생각을 했다. 왜 내가 미리 이런 제의를 못 했을까? 하는 후회도 했다. 나보다 집사람은 여러 해 연하인데 체중은 나보다 더 나가고 건강은 나보다 더 안 좋은 것 같아서 평소에 염려를 많이 했다. 종전까지는 집사람이 출퇴근할 때 매일 조석으로 승용차로 전철역까지 태워다 주고 태워왔다.

건강은 우리의 삶에 있어서 제일 중요하다. 건강해야 사랑도 재물도 지위도 명예도 있고 그것을 운영할 힘도 생긴다. 일반적으로 건강하기 위해서는 섭생이 제일 중요하다고 하면서 운동도 하라고 권면한다. 운동은 공을 사용하는 구기운동(球技運動)도 있고 기계나 도구를 사용하는 기구운동(機具運動)도 있으며 맨몸으로 하는 맨손체조 등도 있어 그 종류가 다양하다. 그런데 나이 든 사람들이 하는 운동은 걷기운동이 제일이라고 하며 이 걷기운동은 근육과 뼈마디의 기능을 좋게 해 준다고 한다.

걸음마는 하나님께서 가르쳐주셨다. 아기가 진자리에서 일어나 1천5백 번쯤 넘어지면서 걸음마를 배운다고 한다. 이렇게 배워서 걷기 시작한 뒤 하나님께서 부르시기 전까지 걷는다. 물론 다리에 병이 생겨서 걷지 못하는 경우를 제외하고 말이다.

최근에 들은 바로는 어느 병원장은 환자를 데리고 걷는다고 한다. 고혈압환자, 당뇨환자, 요통환자, 관절염환자뿐만 아니라 일반시민과의 걷기 등 대상도 다양하다. 그 원장의 걷기운동은 결론적으로 건강을 위해서 걷도록 한다는 것이다.

특히 일상생활에서 바쁘다는 핑계로, 여러 사람이 함께 움직여야 한다는 이유로 차량을 많이 이용한다. 물론 문명사회에서 맞는 말이다. 그렇게 하다 보니 운동할 시간이 없다. 예컨대 집 차고에서 승용차를 타고 가서 회사 주차장에 차를 세워놓고 엘리베이터를 타고 사무실에 올라간 뒤에 회전의자에 앉아 온종일 업무를 처리한다. 그리고 점심을 회사식당에서 하니 걷는 시간은 불과 몇 10분에 지나지 않는다. 그러니까 하나님께서 가르쳐주신 걷기를 소홀히 하고 산다. 그래서 비만이 생기고 운동부족 때문에 각종 질병이 생긴다.

내가 집사람과 같이 걷는 시간은 30분 정도이다. 집사람을 전철에 태워 보내고 나는 곧바로 뒤돌아 걸어서 집으로 온다. 오는 길은 남자의 걸음이라서 좀 빨리 집에 도착한다. 그러니까 내가 걷는 시간은 한 50여 분 정도이다.

우리 부부가 걷는 길은 한쪽은 나무가 서 있는 산자락이며 다른 한쪽은 건물이 서 있어서 산과 주거지역을 가르는 경계 선상의 길이다. 내가 왜 이런 말을 하느냐? 하면 첫째로 걷기에 좋은 길이라는 것을 말하고자 함이다. 관악산 자락길이라서 무더운 여름이라도 나무숲과 건물 숲 사이를 걷기 때문에 뜨거운 햇볕을 가릴 수 있어서 좋고 비교적 공기가 맑으며 천연항균인 피톤치드(phytoncide)의 향긋한 냄새를 가끔 맡는다. 그래서 걷는 것은 운동이 돼서 좋고 피톤치드의 향긋한 냄새를 맡아서 기분도 좋다.

그리고 둘째로는 집사람과 걸으면서 대화를 나눠서 좋다. 서로가 바쁘게 살다 보면 대화할 시간도 별로 없고 짜증 날 때의 대화는 양편에게 다 실익이 없다. 그런데 걸으면서 대화할 때에는 평화롭다. 걷는 것이 평화로움을 가져다주는 모양이다. 그리고 헤어질 때 서로가 얼굴을 마주하면서 손을 흔든다. 이 얼마나 아름다운 정경이냐? 매일 아침 하는 우리 부부의 걷기운동은 육체적인 건강도 가져오지만, 정신적인 건강도 가져온다는 것을 체험으로 알게 되었다.

걷기운동은 과격하지 않아서 노인들에게 적합한 운동이다. 힘들면 보폭을 좁게 하고 속도를 줄이면 된다. 위에서 이미 말했지만 걷기운동은 정신적으로나 육체적으로나 매우 유익한 운동이다. 그러므로 이왕에 내친걸음이니 걷기운동을 계속해서 할 생각이다.

(2011.02.10.)

가려움증 치료

오늘은 내가 서울 서초구 서초동 피부전문 한의원에서 피부질환을 치료받기 시작한 지 꼭 1년 5개월이 되는 날이다. 1주일에 두 번씩 가서 침 시술, 자외선치료, 고주파치료 등을 받고 집에서는 거의 반년 동안 매일 탕제를 복용했다. 오늘도 평소와 같이 치료를 받았다. 나 자신 피부질환이 많이 치료된 것을 알고 침 시술하는 한의사에게 밝은 눈으로 환부를 살펴보아 달라고 부탁했다. 그는 유심히 환부를 살펴보더니 "앞으로 관리만 잘하시면 괜찮을 것 같습니다"고 소견을 말했다.

그래서 원장의 확실한 소견을 듣기 위하여 원장 진료를 받았다. 먼저 환부를 보살펴보더니 아주 좋아졌다고 하면서 앞으로 쇠고기, 달걀 등 육식을 드시지 말고 새싹과 같은 신선한 채소와 담백한 해물을 많이 드시고 절대로 양약을 복용해서는 안 되며 생식은 계속해 드시는 것도 좋다고 말했다. 나는 그렇게 하겠노라고 하면서 "그간 원장님께서 처방을 잘 내주셔서 치료 효과가 좋았습니다."라고 말했다. 그리고 "앞으로 침 치료를 더 받아야 하나요?"라고 물었더니 더는 치료를 받을 필요가 없다고 말했다. 나는 원장님을 처음 뵙고 좋은 만남이 되기 바란다는 말씀을 드렸는데 "정말 우리의 만남은 좋은 만남이 되었습니다."고 말했다.

원장님께 고맙다는 인사를 드리고 그 한의원을 나오는데 눈물이 핑

돌았다. 내가 피부질환을 4년 동안 앓았는데 그 기간 중 최근 2년 동안은 심한 고통을 받았다. 나의 눈물은 그 고통의 굴레에서 벗어났다는 기쁨의 눈물이며 하나님에 대한 감사의 눈물이라고 생각했다. 이 기쁜 소식을 맨 먼저 집사람에게 알리고 싶어서 복도에 나오자마자 전화했다. 이제 한의원에 더 오지 않아도 된다는 소견을 들었노라고 말하고 두 아들에게는 같은 내용의 이메일도 보냈다. 그리고 나의 피부질환을 자기 몸의 질환처럼 염려해 준 친구들에게 알려주었다. 홀가분한 느낌이 들었다. 앞으로 관리를 철저히 하여야 하겠다는 다짐도 했다.

한참 가려움증이 심할 때 내 몸은 마치 썰물 때 갯바위에 크고 작은 고동이 기어올라 붙어 있는 것처럼 손등, 옆구리, 팔, 허벅지, 장딴지 등에 딱지가 붙어 있었다. 생긴 지 얼마 되지 않은 환부는 붉은 색깔을 띠고 피부가 근질근질해서 긁으면 불그스름한 모양의 새 환부가 좁쌀 같이 튀어나오며 심하게 가려웠다. 그것을 좀 더 긁으면 피까지 나왔다. 그런 뒤에야 더 긁어서는 안 되겠다는 생각이 들면서 악성병균이 몸에 침입하면 어떻게 하나? 하는 염려도 했다. 이러한 것들이 계속하여 피부에 나타났고 환부는 계속해서 늘어갔으며 진물이 났다.

위에서 이미 말한 불그스름한 환부는 여러 날 그런 상태로 가렵다가 회색으로, 그리고 나중에는 검은 회색으로 변했다. 그렇다고 보통 상처의 딱지라고 봐서는 안 된다. 그것들을 가만히 놓아두면 계속 그대로다. 때에 따라서 근질근질해서 긁기 시작하면 더 가렵고 환부는 악화한다. 그리고 이 피부질환은 거의 대칭으로 발생했다. 오른쪽 손등에 생기면 왼쪽 손등에도, 오른쪽 허벅지에 생기면 왼쪽 허벅지에도 생겼다. 나는 단잠을 설치면서 긁은 적이 한두 번이 아니며 약을 복용하고 연고를 발라도 치료가 되지 않고 악화하였다. 지방의 작은 피부과 의사의 치료를 받아도 치료되지 않고 서울의 대형병원 피부전문의의 특진을 받아도 치료되지 않고 더 악화하였다. 그래서 이 피부질환을 앓으면서 한센씨병(Hansen's Disease)을 생각하기도 했다. 낙심되고 이 몹쓸 병과 여생을 같이 할지도 모른다는 생각에서 말이다.

지금까지 나의 가려움증 치료과정을 말하면 2007년도 건기인 가을에 팔과 다리가 가렵기 시작해서 동네 피부과에서 진찰한 결과 담당의사는 "건기에 노인들에게 흔히 올 수 있는 피부염"이라고 했다. 별스럽지 않게 말하기에 주사 한 대를 맞고 처방전을 받아 약을 지어 왔다. 아침에 한 알을 복용하라는 쌀알보다 좀 큰 복용 약과 조석으로 바르라는 연고를 1주일분 받아왔다. 그 해는 그것으로 고생하지 않고 지냈다. 그런데 그다음 해 가을에 똑같은 증상의 가려움증이 재발했는데 지난해보다 좀 더 심했다.

그래서 전에 다녔던 동네 피부과에서 진찰한 결과 지난해와 똑같은 진단을 내리면서 검은 회색의 환부는 잘 낫지 않으니 그 부위에 주사를 맞으라고 해서 몇 대 맞았다. 그리고 다른 환부는 종전과 같이 치료하면 된다고 했다. 받아 온 약을 전부 복용하고 연고를 다 발라도 치유될 기미가 보이지 않았다. 그래서 새로운 처방을 받아 치료했으나 별 효과를 보지 못했다.

우리 집 손자 녀석 피아노 선생이 나처럼 피부질환이 있어서 애들에게 전염될지도 모른다고 염려했는데 서울의 K 대학교병원 피부과에서 치료해서 치유되었다는 말을 들었다. 그러나 나의 가려움증은 치료되기는커녕 날이 갈수록 더 심하고 환부 수가 늘어났으며 신경만 날카로워졌고 매사가 귀찮다. 듣기에는 이 가려움증이 경우에 따라서는 여러 해를 치료하여야 한다는 말을 들은 적이 있다.

그래서 나는 그간 동네 피부과에서 치료하던 것을 중단하고 한국에서 이름 있는 서울의 A 병원에서 가장 유명한 피부과 전문의의 특진을 받기 위하여 예약했다. 예약한 지 1주일이 지난 뒤에 특진을 받았다. 그 전문의는 진찰한 뒤에 "이 피부질환은 쉽게 낫는 병이 아닙니다."라고 진찰 소견을 말했다. "그래서 고명하신 선생님의 특진을 신청해서 여기까지 왔습니다."라고 말했다. 그분의 처방전에 따라서 2주일분의 복용 약과 연고를 약국에서 받아왔다. 동네 피부과와는 다르게 조석으로 약을 복용하고 연고도 그렇게 바르시라고 했다.

철저하게 2주 동안 약을 복용하고 연고를 바른 뒤에 다시 그 병원에서 진찰을 받으면서 이 피부질환은 육식하면 잘 낫지 않는다는 말을 들었는데 … 그런가요? 라고 물었더니 그 의사는 "임상시험 결과 그런 것은 없습니다."라고 말했다. 좀 오래된 환부를 가리키며 "약을 복용하고 연고를 발라도 효과가 없으니 좋은 방법이 없을까요?"고 물었더니 주사를 맞으시라고 처방을 내주었다.

나는 주사실에서 환부 15여 곳에 주사를 맞고 처방대로 복용 약과 연고를 약국에서 받아 종전과 같이 열심히 복용하고 바랐다. 그리고 그다음 번에는 20여 곳의 환부에 주사를 맞고 종전과 같이 치료했다. 그렇게 3개월을 치료했으나 치료 효과를 보지 못했다. 특진이란 이름으로 의료부담은 동네 피부과의 수십 배가 더 많았다. 경제적인 부담이 문제가 아니라 치료되지 않아서 초조하고 마음고생이 심했다.

나의 피부질환을 우리나라에서 유명한 서울의 A 병원에서도 치료하지 못했으니 초조감이 더 해졌고 계속하여 일생 피부병과 같이 살아야 할지도 모른다는 생각에서 불안하기도 했다. 동네 피부과에서 2개월 정도 그리고 큰 병원 피부과에서 3개월 이상 치료했으나 치료 효과를 보지 못했다. 그래서 나의 피부질환은 양방에서 치료할 수 없는 것으로 생각했다. 그리고 과문한 탓인지 모르겠으나 피부질환을 치료하기 위해 양방에서 처방해 주는 강력한 항염작용을 지니고 있는 스테로이드(steroid)를 장기간 사용할 때 부작용이 발생한다는 말을 여러 번 들었다. 많은 고민 끝에 양방의 치료를 접고 한방으로 방향을 돌리었다.

전에 나의 요통 치료를 잘해 준 한의원에서 아토피 피부병을 치료한다는 광고를 본지라 그곳으로 발길을 옮겼다. 한의사는 "왜 지금 오셨느냐?"고 했다. 그것은 피부병 치료에 자신이 있다는 말로 들리었다. 그래서 반갑기도 했다. 한의사는 선생님의 피부병은 알라지성 피부질환이라고 하며 피부병은 장기와 밀접한 관련이 있기 때문에 복합적으로 치료하여야 한다고 하면서 침 시술을 했다. 그리고 양방에서 처방해 준 약을 끊으시라고 했다.

한방 치료를 1주일 동안 받았으나 환부가 더 심해지고 새로운 환부가 더 많이 생긴 결과를 가져왔다. 나는 말할 수 없이 괴로웠고 집사람의 걱정은 태산과 같았다. 집사람은 병의 기세가 더 번질 것 같다고 말하면서 옷으로 가려진 부분은 모르겠으나 손등의 환부에서는 진물이 흐르고 흉측하기까지 하다고 하며 긁적거리는 모습을 측은하게 바라보았다.

나는 못 견디게 가려워서 긁었을 때 나의 표정을 상상해 보았다. 가려운 곳을 제대로 긁을 때의 표정은 시원하고 기분 좋은 표정을 지었겠고 어떤 때는 백치의 표정을 지었을지도 모른다. 그러나 손이 닿지 않는 등 같은 부위를 긁으려면 몸통을 뒤틀면서 얼굴을 흉측하게 찌그리고 긁기 때문에 그 표정이 가관이었을 것이다. 아마 집사람이 이런 모습을 보고 나를 측은하게 바라보았는지도 모른다.

그래서 인터넷을 통하여 피부병에 대한 원인, 증상, 치료 그리고 재발 방지와 치료하는 한의원을 알아보았다. 마음에 드는 한의원 하나를 선정해 놓고 그곳에 갈 생각을 하다가 친구가 피부질환으로 고생하다가 완치했다는 생각이 떠올랐다. 그 친구의 피부질환 치료에 대한 말을 집사람에게 했더니 그러면 그 친구가 피부병을 치료한 피부과로 가시라고 했다.

내가 골라놓은 서울 피부과 전문한의원에 가기 전에 그 친구에게 전화해서 나의 피부병의 증세를 말했더니 그 친구는 자기가 앓은 피부병과 같다고 말했다. 그 친구는 그 지방의 피부과에서 3개월 동안 치료하고 완치되었다고 한다. 그러면서 나더러 무조건 그곳으로 오라고 말했다.

나는 안양시에서 친구가 소개한 피부과가 위치한 하남시까지 버스와 전철을 이용하여 갔다. 그 친구가 안내하는 대로 그 친구를 치료했다는 피부과에 갔다. 피부과원장이 나의 등, 손등, 장딴지 등의 환부를 살펴보면서 먼저 문진을 했다. 나의 손등 부분 피부병은 손을 많이 사용했기 때문에 더 심하다고 하면서 나이가 드셔서 몸이 건 해서 이 가려움증이 생겼다고 설명했다. 목욕은 뜨거운 물로 하지 마시고 미지근한 물로 샤워하시라고 하며 그것도 자주 할 필요가 없고 피부에 보습을 자주 해 주시라고 했다.

그리고 그 원장은 피부병 질환에 대한 사진을 보여 주면서 자상하게 설명해 주었다. 나는 지금 내가 앓고 있는 이 피부질환의 정확한 병명이 무엇이냐? 물었다. 그는 '노인성소양증'(老人性搔痒症)이라고 하며 피부가 건조한 노인에게 일어나는 질환이라고 했다. 이 소양증은 보통 피부의 진피와 표피의 접합부에서 일어난다고 하며 2개월 정도 치료를 받아보시면 많이 좋아지실 것이라고 했다. 처음에는 약을 좀 강하게 쓰나 치료하면서 그 강도를 단계적으로 낮출 것이라고 했다. 그리고 약을 복용하는 횟수도 줄어질 것이라고 말했다.

내가 진찰을 받을 때 내 환부를 본 친구는 자기의 환부와 똑같다고 말했다. 그 친구는 3개월 동안 치료해서 완치되었으나 피부병과 싸운 흔적이 아직도 손등과 장딴지 이곳저곳에 거무스름하게 남아있다. 처방전을 받아서 약국에서 복용 약과 연고를 받아왔다. 50대 후반으로 보이는 약사는 자기는 피부과 전문약사라고 하면서 내 손등을 보더니 1개월 정도 치료하면 완치될 것이라는 희망적인 말을 해 주었다. 나는 친구의 피부병 치료 결과에 비춰 3개월 정도 치료하면 큰 효과를 볼 수 있을 것이라는 희망적인 생각을 했다. 성급한 판단인지는 모르지만, 의사를 잘 못 만나서 지난가을과 한겨울 동안 고생했다는 생각이 들었다.

가려움증 치료를 위해 약은 약대로 복용하고 연고는 연고대로 바르고 따로 하나님께 피부병 치료를 위한 기도를 열심히 드렸다. 한참 가려움증이 성할 때 나 자신을 여러 번 뒤돌아보았다. 나 자신의 부족함, 지은 죄가 크기 때문에 이런 고통이 나에게 안겨진 것이 아닌가? 하는 생각도 해 보았다. 그리고 약을 복용하고 연고를 바르더라도 나는 기도 가운데 가려움증이 치료되길 바랐다.

위와 같은 의사의 처방에 따라서 지어 온 약을 사흘 동안 복용하고 연고를 발랐는데 그렇게 성했던 가려움증이 고개를 숙이기 시작했다. 놀라운 치료 효과다. 밤잠을 설치면서 긁고 연고를 바르면서 괴로워했던 때를 생각하면 그 의사에게 고맙다는 생각이 들었다. 집사람도 놀라움을 표시했다. 2주여 만에 가려움증의 딱지가 떨어지기 시작했고 진찰받기 위하여 피부과에 갈 때마다 의사는 약속한 대로 치료 단계를 낮추더니 이번에는 3단계로 낮추고 복용약도 하루에 1회 정도 복용하라고 했다. 이제 날이 갈수록 거무스레한 환부의 흔적은 원래의 피부 색깔로 돌아가는 것 같았다. 문제는 재발하지 않도록 완치하여야 한다. 이런 것은 담당의사의 지시에 따를 수밖에 없다.

나는 이런 치료 효과를 보고 서울에서 유명하다고 하는 큰 병원 피부과 전문의의 특진을 받아 3개월 동안 치료했는데 왜 악화하였을까? 그리고 그 의사는 왜 3개월씩이나 똑같은 처방을 내 주었을까? 검은 회색 환부에 주사를 맞았는데 왜 효과를 보지 못했을까? 하는 의문이 머릿속에서 맴돌았다. 의사는 환자에게 병을 치료할 수 있다는 자신감을 심어 주어야 한다. 비록 그렇지 않은 경우가 발생한다 하더라도 말이다. "이 피부질환은 쉽게 낫는 병이 아닙니다."라고 한 말은 환자에게 불안감을 안겨주는 말이다. 처방도 그렇다. 내가 전문가는 아니지만, 병의 증상에 따라서 처방도 강하게도 약하게도 내릴 수 있다고 생각한다. 어찌하여 3개월 동안 똑같은 처방을 내렸는가? 그것은 한방에서도 마찬가지이다. 2주 동안 치료했는데 병이 악화하였으면 그 이유를 설명해 주었어야 한다. 환자는 무작정 장기간 계속하여 치료만 받으란 말인가? 의사는 양방이든 한방이든 환자의 처지에서 치료해 주어야 한다.

현재 진료를 받고 있는 피부과 의사의 처방에 따라서 3단계 중 제일 낮은 단계에서의 복용 약과 연고를 약국에서 받아왔다. 오늘도 집사람은 나의 등에 연고를 바르면서 거무스레한 환부의 색깔이 살구색으로 변해가고 있다고 말했다. 받아온 복용 약을 다 먹고 연고도 거의 다

발랐으며 그리고 가려움증이 없으며 새로 생겨나는 환부도 없었다. 나는 요즘 아침저녁으로 마음이 편안하고 기분이 좋다. 나뿐만 아니라 집사람도 그렇게 생각하는 것 같다. 그것은 나의 가려움증 치료가 잘 되었다는데 기인한 것이다. 매일 아침저녁으로 내 등에 연고를 발라준 집사람의 성의에 감사하고 또 바르면서 기도해 줘서 고맙게 생각한다.

그해 지루한 장마와 무더운 여름이 지나고 가을 건기가 찾아왔다. 그런데 나의 몸 이곳저곳이 근질거려서 겉으로 옷을 잡고 문지르기도 하고 옷 속에 손을 넣고 긁기도 했다. 가려움증이 다시 살아났다. 나는 최근까지 치료했던 피부과에 다시 갔다. 원장을 만나서 피부질환이 재발했다고 말하고 어찌했으면 좋겠냐? 고 물었다. 그는 재발하는 수가 있다고 하면서 다시 처방을 내 주었다. 그 약을 복용했는데 양쪽 젖이 앞으로 옷을 밀고 나오는 느낌이 들고 젖 주변에 약간 통증이 있었다. 어찌하다가 누가 내 가슴을 건드리면 아프기도 했다. 남자도 유방암이 발생한다는 말을 들은 적이 있는데 그런 질환이 아닌가? 하는 염려도 했다. 집사람은 걱정하면서 유방암센터에 가서 진찰을 받아 보라고 했다. 그곳에 가기 전에 피부과 원장에게 그 증상을 설명했더니 자기가 그런 처방을 했다고 한다. 나는 앞으로 그런 처방을 하지 말라고 거부했다. 그렇게 치료되지 않는 피부병과 싸우면서 한 해를 넘기고 양방의 치료를 접고 한방의 치료를 받아야 하겠다는 결심을 하고 자기네 한의원 제품에는 "스테로이드를 절대 사용하지 않습니다."라고 하는 서울 서초구 서초동의 피부전문 한의원으로 발길을 돌리었다.

내가 그 한의원 원장의 진료를 받기 시작한 날이 작년 2월 1일이다. 그분은 환부를 보더니 화폐상습진(貨幣狀濕疹)이라고 했다. 양방에서 건성피부염(乾性皮膚炎), 노인성소양증(老人性搔痒症)이라고 했는데 병명부터 달랐다. 이 화폐상습진은 경계가 명확한 동전 모양의 병변이 특징인 습진으로, 일반적으로 피부질환의 공통적 원인 이외에 아토피 피부염, 세균, 바이러스, 곰팡이 등의 감염, 곤충 교합 등이 원인으로 알려졌다고 하며 남성이 여성보다 발병률이 높고 건조한 피부에서 발생 빈도가 높으며 심한 가려움증이 나타난다고 한다. 피부가 건조해져 얇은 균열이 생기고 몸이 따뜻해지면 가려움증이 동반하는데 이때 손톱으로 환부를 긁으면 습진 증세인 붉은 구진이 생겨 손등, 팔, 허벅지, 엉덩이 등 신체 어디에나 생겨 전신으로 번져 나갈 수 있다고 한다.

그 원장은 이 피부질환은 소화기관인 장기와 밀접한 관련이 있다고 한다. 장기를 통하여 몸 안으로 들어온 세균이나 곰팡이, 알레르겐이 혈액과 같이 몸 안에서 흐르다가 항체가 피부에서 반응하여 습진이 생긴다고 한다. 또 나이가 들면 면역력이 약해서 피부기능이 저하되고, 특히 겨울철에는 팔다리의 피부가 건조해져 가려움증이 생기는데 이때 긁으면 습진이 생기며 여름에는 증세가 약간 좋아지다가 겨울이 되면 심해지는 등 자주 재발하는 경향이 있다고 한다.

치료방법으로는 치료성분도 있지만, 몸을 보하는 탕제를 드시라고 하며 침 시술, 자외선치료, 고주파치료를 1주일에 2회 이상 내원에서 받고 음식으로는 육류와 등 푸른 어류, 술, 커피 등 차류를 삼가시고 새싹과 같은 신선한 채소를 많이 드시고 담백한 어류와 해초를 드시는 것이 좋다고 하면서 절대로 스트레스를 받지 말라고 하고 담배를 피워서는 안 한다고 했다. 그리고 그 한의원에서 만든 생식을 드시라고 권장했다.

나는 원장에게 "우리의 만남이 좋은 만남이 되기 바랍니다."는 말을 남기고 나왔다. 그러한 뒤 1주일 정도 치료했는데 조금씩 달라지기 시작했다. 나는 좋은 만남을 위해 원장의 지시를 따르면서 열심히 치료받았다. 치료받는 과정에서 환부에 수포가 생기기 시작했다. 원장도 그런 말을 했지만, 문헌에도 그 수포를 터뜨리면 안 된다고 했는데 나도 모르게 터지는 경우가 있었고 또 수포가 팽창해서 피부에 통증이 와서 참기 어려울 때 터뜨린 때도 있었다. 그 수포를 치료하는데 여러 달이 걸이였다.

위에서 말한 탕제복용, 침 시술, 자외선치료, 고주파치료를 1단계 치료라 하면 2단계 치료로 부항(附缸)을 뜬 것이다. 이 부항은 나쁜 피 등 인체의 노폐물을 제거하고 정상적인 신체 기능을 회복시켜 준다고 한다. 내 생각에는 나쁜 피 등을 제거하고 혈액순환을 돕는 역할을 하는 것으로 생각했다. 이와 같은 치료를 1년 5개월 동안 받았으며 결국 피부질환의 굴레에서 벗어났다.

나의 피부질환은 위에서 말한 바와 같이 탕제를 복용하고 침 시술, 자외선치료, 고주파치료 그리고 부항(附缸)을 떠서 효과를 보았겠지만, 결국 우리의 생사화복을 주관하시는 하나님의 역사하심에 따라서 치료되었다고 믿고 감사하며 재발할 우려가 있는 질환이라고 하니 그런 일이 없도록 간구하는 기도를 계속 드리고 건강관리에 최선을 다하여야 하겠다는 다짐을 했다.

(2011.07.15.)

제 2 부

자녀들과 함께

과잉보호

우리 집에 3년 8개월밖에 되지 않는 귀여운 손녀가 있다. 며느리가 취업하려고 그 녀석을 탁아소에 맡겨 보살피기로 했다는데 오늘은 연습 삼아 그 녀석을 탁아소에 데려다 주고 며느리는 취업할 직장에 가서 업무를 인수한다고 한다.

일전에 며느리가 취업의 뜻을 말하기에 손녀가 탁아소에서 엄마를 찾으면 어떻게 하나 하는 생각에서 "꼭 취업해야 하겠느냐?"고 묻고 "굳이 그렇게 하려거든 아비하고 상의하라."고 했는데 며느리가 제 남편과 이미 합의하고 나에게 허락을 구한 것이다. 그래도 나는 썩 마음에 내키지 않았다.

오늘 아침 손녀를 탁아소로 보내는 나의 심정은 "아들을 군대에 입대시키는 기분과 같다."고 며느리에게 말했다. 며느리는 오전 9시가 좀 넘어서 애를 데리고 우리 교회 부설 탁아소로 갔다가 오후 4시경에 데리고 돌아왔다.

그런데 아침에 탁아소에 가서 제 어미가 약 10분 동안 같이 있다가 "엄마 간다."고 하니까 아무렇지도 않은 듯이 "빠이빠이"하고 고사리 손을 흔들며 인사했고 오후에 제 어미를 만났을 때 평소 집에서 잠깐 문밖에 나갔다 돌아온 것처럼 아무렇지도 않게 맞아주었다고 한다.

점심때가 되지 않았는데도 밥을 달라고 해서 탁아소 선생님께서 밥을 먹여주었고 또 점심때에도 밥을 아주 많이 먹고 용변도 잘 가리었으며 친구들과 어울려 잘 놀았다고 한다. 그리고 제 어미한테 내일 또 가겠다고 해서 보내 주마고 약속했다고 한다. 집에 돌아온 그 녀석의 표정을 살펴보니 밝았고 집에 온 뒤에도 전과같이 잘 놀았다.

할아비의 염려는 한낱 기우(杞憂)였으며 그것은 손녀에 대한 할아비의 과잉보호라고 보는 것이 맞을 것 같다. 아무렇지도 않게 잘 놀다 온 손녀를 보는 순간 대견스럽기도 하고 많이 컸구나 하는 생각도 들었다. 앞으로 탁아소에서 자기주장도 다른 애들과의 타협도 이해도 하면서 사회성을 많이 기르기 바란다.

제 아비가 초등학교 3학년 때 '인애대(仁愛隊)'란 이름 하는 보이 스카우트가 있었는데 제 엄마가 이곳의 대원으로 가입시켜서 정기적으로 훈련을 받았다. 한 번은 집에서 사랑만 받고 자란 어린 녀석들이 인애대원으로 2박 3일 코스로 훈련을 간 적이 있었다. 인애대 지도 선생님들과 대원 전원이 유니폼을 입고 모자도 쓰고 배낭을 메고 마치 군인처럼 정장하고 집을 떠났다.

그런데 일부 지각없는 엄마들이 어린 자식과 떨어지는 것이 안타까워서 따라간 엄마들도 있고 다음날 일찍 맛있는 음식을 마련해 가지고 간 엄마들도 있었던 모양이다. 우리 집사람도 갈 의사를 표시하기에 나는 반대했다. 어린애들에게 부모의 사랑과 가정이란 곳이 어떠한 곳인지를 일깨워 주기 위한 훈련인데 엄마들이 애들한테 가면 그 교육의 목적을 달성할 수 없다는 이유를 들면서 반대했다.

집사람도 첫아들과 처음으로 떨어진지라 보고도 싶고 안타깝기도 하고 해서 아들을 찾아가려 했으나 나의 설명을 수긍하고 가는 것을 포기했다. 일부 엄마들은 특수한 교육훈련을 받기 위하여 간 자식이 염려되고 안타까워서 찾아갔다고 할 수 있겠으나 그것은 자식에 대한 과잉보호에서 온 결과라고 생각한다.

훈련을 무사히 마치고 돌아온 아들 녀석은 집에 들어오자마자 "다른 엄마들은 와서 같이 있어 주시고 맛있는 음식도 가지고 오셨는데 우리 엄마는 오시지 않았다."고 말하면서 한동안 흐느끼면서 울었다고 한다. 울음을 그친 다음에 "어느 때에 엄마 생각이 많이 나더냐?"고 물었더니 산 위에 올라갔을 때 "대장이 집 있는 곳을 향하여 엄마를 크게 불러보라고 해서 크게 엄마를 불렀을 때"라고 말했다고 한다. 대장은 어린 대원들로 하여금 평소에 느껴보지 못했던 엄마에 대한 사랑과 가정의 포근함을 스스로 깨닫게 하려고 그런 훈련을 한 것으로 생각한다.

그때 제 엄마가 그 훈련장에 가시지 않은 이유를 설명했어도 이해할 수 있는 나이도 못되며 또 설명하지 않고 그대로 두는 것이 좋을 것으로 생각했다. 후일에 철이 좀 들었을 때 스스로 제 엄마가 그 훈련장에 오시지 않은 것이 옳았다고 생각할 것이다.

부모들의 자녀에 대한 과잉보호는 자녀의 자립심을 키우는데 큰 걸림돌이 된다는 것을 생각해 보았다.

(2002.02.27.)

'이름' 짓기

하나님께서 귀여운 손자를 주셨다. 손자 손녀의 작명은 대개 할아버지의 몫이라고들 한다. 그래서 그런지 주변에서 이름 짓기를 은근히 재촉하는 눈치였다.

우리나라에는 한자식 작명법이 있지만 이에 개의하지 않고 나는 작명하기에 앞서 나 나름대로 작명기준을 설정했다.

첫째로는 부르기 좋고, 둘째로는 좋은 뜻을 가지며, 셋째로는 남들이 들은 뒤에 오래 기억할 수 있는 것에 중점을 두었다.

우리의 성씨(姓氏)는 "오얏 이(李)" 씨이므로 나무라는 것을 염두에 두고 족보상 주어진 항렬이 "있을 재(在)" 자이므로 이름의 끝 자만 성과 조화를 잘 이룰 수 있는 글자를 골라서 의미 있는 이름을 지으면 된다고 생각했다. 그런데 이름이란 한 번 지어주면 일생 동안 그 녀석을 일컬어 표시하는 것인데 소홀히 할 수 없다는 생각에서 고심에 고심을 더 했다

우리 가족은 크리스천이며 그 녀석은 기도 가운데 임신하여 자랐으며 기도 가운데 출생했고 지금도 기도 가운데 자라고 있다. 이름도 기도 가운데 구약성경 시편 1편 3절의 말씀을 생각하게 해서 "시냇가에 있는 나무"라는 뜻으로 "있을 재"자 끝에 "물 하"(河) 자를 써서 "이재하(李在河)"라고 이름을 지었다. 따라서 시절을 쫓아 과실을 잘 맺을 것

이며 그 잎사귀가 마르지 않을 것이니 만사가 다 형통하리라고 믿는다.

영미계는 이름을 짓는 것이 아니라 완성된 이름을 선택한다(selecting). 즉 자녀가 출생하면 부모가 네임 북(name book)을 보고 이름을 골라서 정한다. 그러나 한국은 족보상 주어진 항렬에 알맞은 한자를 골라서 이름을 짓는다(naming).

옛날에 아이들 이름은 일반적으로 무병장수를 기원하면서 천하게 짓는 경향이어서 개똥이, 쇠똥이, 말똥이 등의 이름도 흔했다. 또 토박이 이름으로 마당쇠, 갑돌이, 삼돌이 등의 이름도 있었다.

요즘에는 한자식 이름을 탈피하여 한글로 이름을 짓는 경우가 많이 생겼다. 예컨대 가람, 나래, 바다, 송이, 아름, 파랑, 하나 등의 이름이 그것이다. 앞으로 한국에서도 한글로 이름을 짓는 작명 연구가에 의하여 영미와 같은 이름 책(name book)이 출간될 가능성이 크다.

그리고 한문 세대가 물러간 뒤에는 한자식 작명이 어려울 것으로 생각한다. 이렇게 되면 언제라고 말할 수는 없지만, 앞으로 신생아의 이름을 짓기 위하여 한국에서도 이름 책을 참고 해서 이름을 선택하는 경우와 재래식 방법으로 이름을 짓는 경우가 일정 기간 계속될 것으로 생각한다. 아무튼, 순수한 우리글인 한글로만 이름을 짓는 시대가 빨리 오길 기대한다.

(2005.12.21.)

며느리에 관한 이야기

새벽기도회에 참여하고 온 뒤에 농원에 가서 채소밭을 둘러보고 왔다. 그리고 부족한 잠을 보충하기 위하여 눈이라도 붙어보려고 누웠다. 집사람은 나와 함께 새벽기도회에 참여했다가 와서 내가 농원에 가기 전부터 침대에 누웠는데 한밤중인 것처럼 계속해서 잠을 잔다. 거의 2시간 이상을 잤는데도 일어날 생각을 하지 않는다.

그때 전화벨이 요란하게 울리었다. 집사람은 잠에서 갓 깬 쉰 목소리로 전화를 받았다. 서울 서초구 서초동 갓 네 살배기 손녀와 통화하는 것 같다. 사실은 제 어미가 다이얼을 돌려주고 손녀가 통화하는 식이다. 큰며느리는 대부분이 먼저 애들하고 할머니나 할아버지하고 통화하게 한 다음에 송수화기를 건네받아서 통화한다. 특별한 의미가 있는 것은 아니고 할머니 할아버지가 애들을 많이 귀여워하니까 그렇게 하는 것 같다.

전선을 통하여 고부간의 대화가 시작되었다. 집안일에 관한 이야기, 교회에서 봉사한 이야기, 큰 녀석 학교에 다니는 이야기, 이곳 손자 녀석이 열 감기로 앓은 이야기 등 그 이야기는 꼬리를 물고 이어졌다. 그때 다른 전화가 들어오는 신호가 있는 모양이다.

"다른 전화 신호가 들어온다."는 말과 함께 고부간의 대화는 끝이 났다. 고부간에 대화를 시작한 시각이 오전 8시 반 경이였는데 끝난 시각이 9시 20분경이니까 무려 50여 분 동안이나 통화가 이어졌다. 아마 도중에 다른 전화 신호가 들어오지 않았다면 더 긴 시간을 통화했을지도 모른다.

우리 큰며느리는 결혼식을 올리고 신혼여행을 갔다 온 뒤에 시부모님께 인사하러 왔다가 곧바로 서울 서초구 서초동에서 신접살이를 시작했다. 그러한 지 2년 수개월이 되었을 때 우리 가족이 안양 평촌 신시가지 아파트에서 관악산 기슭에 남향으로 자리 잡은 한적한 맨션으로 평수를 늘려 이사했다.

그 과정에서 아무래도 우리 부부만 살기에는 너무 크고 또 적적할 것도 같아서 우리 큰아들에게 같이 사는 것이 어떠냐? 는 뜻을 비쳐 보았다. 그랬더니 이곳에 와서 살고 싶은 의사가 있다고 해서 두 가정을 합쳐서 한 가정을 이루었다.

그때 큰며느리는 지금 초등학교에 다니는 녀석을 가로 안고 들어왔다. 그리고 애를 하나 더 낳고 그 애가 아장아장 걸을 때 분가해 나갔다. 분가할 때에 "시부모와 함께 사느라고 자유롭게 살지 못했으니 인제 멀리 가서 자유롭게 살라"고 했다. 멀리 이사한다 하더라도 제 남편의 직장이 서울이므로 제 남편 직장 근방으로 간다면 한강 이북이 될 것으로 생각했다.

그러나 큰며느리는 우리 집에서 걸어서 10분도 채 걸리지 않는 가까운 곳으로 새집을 사서 이사했다. 제 시어머니가 "멀리 가서 자유롭게 그리고 재미있게 살지 왜 그렇게 하지 않았느냐?"고 물은 모양이다. 그런데 큰며느리의 답변이 어머님과 아버님께서 애들이 보고 싶으시면 쉽게 오시게 하려고 가까운 곳에 집을 샀다고 말했다고 한다. 그렇지 않아도 이사 가는 날 나는 아주 귀중한 무엇을 잃어버린 것과 같은 감정 때문에 마음이 편하지 않았다.

큰며느리가 시부모를 모시고 산 기간이 거의 5년이 다 되었다. 처음에는 불편한 점도 있었다. 물론 며느리가 더 불편한 것은 말할 나위도 없을 것이다. 그러나 그런 내색도 하지 않고 살았다. 중학교 때부터 영국으로 유학해서 공부했는데 언제 배웠는지 요리도 곧 잘하고 살림을 잘 꾸려나갔으며 늘 명랑하다.

우리나라 속담에 "자식을 낳으면 서울로 보내고 망아지가 생기면 제주도로 보내라."는 말이 있다. 이것은 교육환경을 고려한 말이다. 그래서 아무래도 이곳에 사는 것보다는 서울로 이사해서 애들을 가르치라고 서울 서초구 서초동으로 재작년에 이사를 다시 시켰다.

우리 가족은 같은 교회를 섬기고 있다. 서울로 이사 가면 교회는 어떻게 할까? 하는 생각을 하고 있었는데 지금까지도 우리와 같은 교회를 계속해서 섬기고 있다. 큰아들이 제 처에게 우리 집에서 가까운 교회로 옮기자고 한 모양인데 제 처가 반대했다고 한다. 1주일에 한 번이라도 아버님과 어머님께서 애들을 보여 드려야 하지 않겠느냐고 해서 주일이면 애들을 데리고 교회에 와서 예배를 드리고 이곳 우리 집에도 가끔 오곤 한다.

그리고 오늘 아침과 같이 수시로 제 시어머님에게 또는 나에게 전화해서 이곳의 안부를 묻고 집안일을 상의하기도 한다. 나는 세세한 것은 모르지만, 집사람을 통해서 말을 들어보면 제 시어머니의 화장대를 보살펴보고 화장품이 구색이 맞지 않거나 부족한 화장품이 있으면 사다 놓고 가며 생후 8개월도 채 되지 않은 조카 아이의 장난감이며 옷을 수시로 사온다고 한다.

큰아들 내외가 이사하던 가을에 이어서 작은아들 내외가 부모님을 모시겠다고 이곳 맨션으로 이사해 왔다. 오던 그 해 12월에 작은아들은 정부투자기관인 공기업 입사시험에 합격했고 작은며느리는 첫 애를 임신했다. 우연이라고도 생각할 수 있겠으나 그것은 하나님의 축복이다. 신약성경을 보면 “네 아버지와 어머니를 공경하라 이것이 약속 있는 첫 계명이니 이는 네가 잘 되고 땅에서 장수하리라”라는 축복의 말씀이 있다.

작년에 작은며느리는 아들을 출산하고 다니던 직장에서 육아휴직을 받아서 열심히 애를 키우고 있다. 작은며느리는 제 친정어머니가 자기 딸을 가리키며 “저 애는 제 남편밖에 모른다.”라고 말씀하셨듯이 부부간에 정이 아주 좋다. 학생들을 가르치는 직업에 종사해서 그런지 작은며느리는 어느 모로 보나 선생님 티가 난다. 봉사정신이 투철하고 은근한 사랑이 있다. 그 반면에 큰며느리는 사교적이고 명랑하며 시부모님과 대화를 많이 하는 편이다.

내 생각에는 작은아들 며느리와도 큰아들 며느리와 같이 산 기간만큼 같이 살고 싶다. 그간에 작은아들이 먼 데로 전근을 간다든가 하는 특별한 사유가 있는 경우를 제외하고 최소한 애 하나를 더 출산해서 어느 정도 키운 뒤에 분가해야 할 것 같다. 할미와 할아비가 건강할 때 이 애들을 보살펴주어야 한다고 생각한다. 그렇게 하려면 그 정도의 기간이 필요할 것 같다.

최근 집사람이 2박 3일 권사수련회에 다녀와서 들려준 이야기이다. 같은 방에서 잠자는 권사님들이 집사람을 집중적으로 성토했다고 한다. “왜 당신은 남들이 하지 않는 일을 하느냐?”고 시작해서 “요즘 며느리와 같이 사는 시어머니가 어디 있느냐?”고 말하더란다.

나이가 지긋한 권사님 한 분은 “나는 시집살이를 했는데 시어머니가 잘해 주셨지만, 자기는 시어머니와 같이 사는 것 그 자체가 싫었다."고 하면서 "그래서 내가 시어머니를 싫어한 것처럼 내 며느리도 시어머니를 싫어할 것으로 생각해서 애초부터 며느리와 같이 살지 않았다."고 한다.

옛말에 시어머니와 며느리 사이를 견원지간(犬猿之間)이라고 했다. 그것은 고부간의 갈등을 표현한 말이다. 그 당시에는 며느리가 시부모에게 순종했던 때임에도 그런 말이 나왔는데 요즘처럼 자기 할 말을 다 하고 사는 세상에서 시어머니와 며느리가 갈등 없이 한집안에서 화합해서 잘 산다는 것은 심히 어려운 일이라고 들 말한다.

그런데 위에서도 말했지만 우리는 큰며느리와 거의 5년을 같이 살다 분가했고 지금은 작은며느리와 같이 살고 있다. 우리 가족은 같은 교회를 섬기고 있어서 그 권사님들은 우리 두 며느리를 너무도 잘 알고 있다. 큰며느리는 교회에서 수요예배 때 찬양을 인도하고 있으며 작은 며느리는 출산하기 전까지 고등부 교사로서 봉사했다.

그 권사님들은 대부분이 다 시어머니들이기 때문에 남의 며느리들을 유심히 살펴본 모양이다. 우리 며느리들이 착하고 심성이 곱다는 것을 그분들은 다 알고 있다. 큰며느리와 작은며느리가 개성의 차이가 있겠지만, 시부모를 섬기는 데에 대하여는 별로 차이가 없다.

권사님들은 위에서 말한 바와 같이 우리 며느리들을 잘 알고 있으며 우리 집사람이 어떠한 사람인지도 잘 알고 있다. 우리 집사람은 판단이 빠르며 불의를 보고 참지 못하는 성질이고 일에 대한 추진력이 강하고 리더십도 좋은 편이다. 그 권사님들은 저런 시어머니 밑에서 며느리들이 시집살이를 심하게 했을 것으로 생각했을지도 모른다.

그러나 우리 가정은 주변 사람들을 통하여 고부간에 갈등이 없는 가정이라고 잘 알려졌다. 권사님들은 어떻게 해서 그렇게 살고 있는가?에 대한 호기심이 많았던 모양이다. 집사람은 "저라고 특별한 사람은 아닙니다. 저도 보통 시어머니와 다를 바가 없습니다."라고 말한 뒤에 다음과 같이 말했다고 한다.

우리 두 가정을 합쳐서 한 가정을 이루고 살기 시작한 초기에 가끔 큰며느리의 표정이 어두울 때 딸 같으면 "얘 너 어디 아프냐? 아니면 왜 기분이 그렇게 안 좋으냐? 고 물어보았을 텐데 그것이 안 되더라고 하면서 그때 시어머니인 저도 마음이 언짢아지더라고 말하고 그것이 딸과 며느리의 차이인 모양이라고 말했다."고 한다.

그러나 "가정예배를 드리고 난 뒤에는 그 표정이 밝게 변했으며 분위기가 좋아졌다"고 말하고 가정예배를 드리는 가운데 서로가 기도하면서 회개하고 서로가 잘해야 하겠다는 다짐을 여러 번 했을 것으로 생각한다고 말하고 "20여 년 드린 우리 집의 가정예배가 이렇게 고부간의 표정을 밝게 해 주었을 것으로 믿는다"고 말했다고 한다.

그래서 우리 집의 시어머니와 며느리는 친구처럼 딸처럼 재미있게 지낸다고 말하고 "큰며느리가 길을 잘 닦아놓아서, 같이 산 지 2년이 돼 오는 작은며느리도 친구처럼 딸처럼 사이좋게 살고 있다"고 말했다고 한다.

그리고 "가정 제단을 쌓으면 하나님께서 견원지간인 시어머니와 며느리 사이를 순한 양과 같은 사이로 만드는 모양"이라고 말하고 "가정예배를 잘 드려서 하나님의 축복을 받으시라."고 권면했노라고 말했다.

내가 옆에서 지켜본 바로는 집사람이 권사님들에게 말씀드린 것과 남을 먼저 배려하며 사는 집사람의 심성이 고부간의 관계를 원만하게 유지하는데 큰 몫을 했을 것으로 생각한다. 그리고 이러한 것들은 다 하나님의 축복이라고 생각한다.

(2006.04.19.)

아우에 대한 시샘

오늘 아침 할미가 손자 재하의 손을 잡고 유치원에 갔는데 유치원 선생님께서 "요즘 재하의 표정이 밝다."고 한 말을 나에게 전해 주었다. 네 살(만 세 살)밖에 되지 않은 재하는 지난달 중순에 아우(재원)를 보고 나름대로 심적으로 불만스러운 느낌을 받았던 것 같다. 평소 재하에게 엄마 뱃속에 네 아우가 자라고 있다. 그래서 엄마의 배가 부르다고 말하며 태어날 아우에 대한 설명을 여러 번 해 주었다고 한다.

그것은 아우가 태어났을 때 심적 충격을 덜 받도록 하기 위한 엄마 아빠의 특별한 배려였다. 그래서 재하도 엄마의 뱃속에서 아우가 커가고 있다는 것을 알고 있다고 한다. 말만 그렇지 사실은 네 살배기 어린 애가 아우가 무엇인지? 아우란 개념 자체를 알 수 없을 것이다. 그러니 엄마의 뱃속에 아우가 들어 있는지 어떤지를 잘 모를 것이다. 엄마 아빠가 "아우가 엄마 뱃속에서 자라고 있다."고 하니까 그런가 보다 하고 지내왔을 것이다.

그러다 어느 날 갑자기 엄마가 애를 낳는다고 집을 나간 뒤에 1주일 만에 아우라고 하면서 한 녀석을 안고 들어왔다. 그 뒤로부터 저만 끔찍하게 사랑해 주시던 엄마가 그 녀석을 안고 있으며 젖을 먹이는 것을 보고 시샘이 나기 시작했다. 왜 그 애가 내 자리에 누워 있느냐? 나도 찌찌를 달라하고 아우를 안아 줄 때 나도 안아 달라고 하며 제 엄마 품에 안기는 등 그 시샘이 대단했다고 한다.

아마 그것이 재하가 태어난 뒤에 처음으로 느껴보는 감정일 것이다. 마치 평온한 연못에 큰 돌이 던져진 것처럼 마음에 큰 물결이 일어났을 것으로 생각한다. 엄마 아빠의 사랑을 독차지하면서 엄마의 포근한 품에 안겨 평안함을 느끼고 살아왔는데 말이다. 얼마나 큰 충격이며 마음이 불안하고 불만스러웠으랴?

그리고 몇 주가 지난 뒤에 할미가 재하를 유치원에 데리고 가면서 "엄마 아빠는 재하를 제일 예뻐하며 재하가 1등"이라고 하고 "할머니 할아버지도 재하를 제일 예뻐하고 재하가 1등"이라고 하고 "하나님도 재하를 제일 예뻐하신다."고 말했다고 한다. 그때 재하는 "엄마 아빠는 재원이가 1등"이라고 불만스럽게 말했다고 한다.

그 뒤로 수주일이 지난 뒤에 제 할미가 다시 똑같은 말을 재하에게 했을 때 그 녀석은 "재원이가 꼴찌"이라고 했다고 한다. 첫 번째의 할미 말에는 엄마 아빠가 제자리를 차지한 아우에 대한 관심이 저보다는 더 많다고 표현한 것이며 두 번째의 할미 말에는 아우에 대한 미운 감정을 표출한 것이다. 아우에 대한 시샘이 쉽게 없어지는 것은 아니다. 왜 저 녀석이 내 자리를 차지하고 있나? 왜 엄마 아빠가 나보다 재원이를 더 많이 사랑할까? 하는 섭섭한 마음이 쉽게 사라지지 않을 것이다. 아마 먼 훗날에도 마음속 한구석에 그 섭섭한 감정이 잠재되어 있을지도 모른다.

재하의 아우가 태어난 지 한 달하고 1주일이 더 지났다. 그런데 할미가 재하를 데리고 유치원에 갔을 때 위에서도 이미 말했지만, 묻지도 않았는데 재하를 담임한 유치원 선생님께서 요즘 재하의 표정이 밝다는 말을 하더란다.

제 어미가 제 아우를 출산하고 산후조리하고 있던 초기에는 재하가 유치원에 가지 않겠다고 떼를 쓰며 울기도 했다. 그리고 옷을 갈아입을 때 옷을 벗지 않겠다고 하며 옷 투정도 했다. 그것은 아우 때문에 받은 불만을 표시한 것으로 생각한다.

그러나 요즘은 그런 것 없이 순수하게 옷을 갈아입고 제 할미의 손을 잡고 유치원에도 잘 다닌다. 이제 어느 정도 마음의 평정을 되찾은 모양이다. 엄마가 어린 아우에게 젖을 먹이는 것이 예사롭게 생각하고 엄마가 그 녀석을 안아주며 예뻐하는 것도 그러려니 생각하는 것 같다.

그 녀석이 한때는 "제 아우를 큰엄마에게 주라."고 했다고 제 어미가 웃으며 말했다. 그토록 사랑을 빼앗긴 것이 싫었던 것이다. 제 엄마 아빠는 두 아들을 똑같이 사랑한다 하더라도 재하가 느끼는 것은 아우에게 가는 사랑이 더 큰 것 같고 그 녀석이 없다면 내가 그 사랑을 독차지할 수 있을 텐데 하는 그러한 생각이 드니까 제 아우를 큰엄마에게 주라고 한 것이다.

이제 좀 더 크면 제 아우를 시샘하는 감정이 서서히 사그라질 것이다. 엄마 아빠의 사랑만 받는 것이 아니라 저도 아우를 사랑하게 되는 마음의 변화가 일어날 것으로 생각한다. 그렇게 되면 네 아우를 큰엄마에게 준다고 하면 그렇게 하지 말라고 하며 울 것이다. 사랑과 미움은 안팎이겠지만, 미움이 변하여 사랑이 될 것이다. 그것이 정상적인 흐름이다.

우리는 어렸을 때 그런 가슴앓이를 하면서 자라왔다. 엄마 아빠의 사랑을 혼자서 독차지하다가 아우가 태어나면 정도의 차이는 있겠지만 시샘했다. 어찌 생각하면 태어나서 처음으로 나타나는 시샘일 것이다. 그것은 지극히 정상적인 심리상태에서 나타나는 현상이라고 생각한다.

(2008.10.30.)

하얀 복사꽃보다 더 아름다운 미소

매 주일 우리 집의 첫 손님은 우리 재원이다. 으레 아침 8시 45분경이면 이 녀석이 제집에서 할미 집으로 온다. 그것은 제 어미 아비가 이 녀석을 할미에게 맡기고 저희끼리 교회에 가서 예배를 드리기 위해서이다. 날씨가 좀 풀리고 이 녀석이 좀 더 커지면 어미 아비와 함께 교회에 가서 예배를 드릴 것이다.

이 녀석은 제 할미한테 올 때 천사와 같이 잠든 채로 오는 때도 있고 깨어서 또랑또랑한 눈망울로 올 때도 있다. 이렇게 깨어 있을 때 얼러주면 방긋 웃는다. 내가 재원이의 웃는 모습을 처음 본 때가 아마 생후 3개월이 가까워서인 것으로 생각한다. 그런데 제 어미는 출생한 뒤 2개월쯤 되면 옹알이도 하고 웃기도 한다고 한다.

그 웃음은 소리 내어 웃는 웃음이 아니고 방긋하고 웃는 웃음이다. 그 웃음을 미소(微笑)라고 표현하는데 어른들의 얼굴에서 찾아보기 어려운 그런 웃음이다. 우리 재원이 뿐만 아니라 아기(嬰兒)들의 미소는 이른 봄에 막 피어난 하얀 복사꽃처럼 아름답다.

아마 환하게 웃는 그 표정을 보고 아기를 '사람꽃'이라고 하는지도 모르겠다. 티 없이 맑고 아름다워서 그렇게 말하는 모양이다. 그러나 그런 말로 그 웃음의 아름다움을 다 표현했다고는 말할 수는 없다. 그 아름다움을 비교할 데가 없어서 갓 피어난 복사꽃처럼 아름답다고 했지… 사실 아기들의 웃음은 그 꽃보다도 더 아름답다.

어미가 아기를 키우는데 얼마나 어려운지를 애를 키워보지 않은 사람은 모른다. 애들에게 예방접종을 하므로 요즘 전염병을 앓는 경우는 흔하지 않다. 그러나 애가 젖이나 우유를 먹지 않을 경우, 설사하는 경우, 눈에 눈곱이 계속하여 끼는 경우, 황달기가 있는 경우 등이 있는가 하면 감기 때문에 콧물을 흘릴 때도 있다. 그리고 낮과 밤을 가리지 못하고 낮엔 자고 밤엔 자지 않고 놀자고 하거나 자주 깨는 때에는 어미가 참으로 힘들고 피곤하다. 이러한 피곤함과 어려움을 안고 아기를 기르더라도 방긋 웃는 그 웃음을 보는 순간 어미는 피곤함이나 어려움을 잊게 한다.

생후 2개월쯤 되면 아기는 방긋 웃는다. 방긋 웃는 그 아름다운 웃음은 하나님께서 주신 선물이다. 그것은 내 자녀를 키우느라고 힘들었으니 키우는 자에게 기쁨을 주시고 그 기쁨으로 아기를 키우면서 받았던 피곤함이나 어려움을 잊게 해 주시려는 하나님의 특별한 배려라고 생각한다.

사실은 방긋 웃는 아기의 웃음만 아름다운 것은 아니다. 하나님께서 자기 형상대로 빚어놓으신 인간 그 자체가 아름다움이다. 하나님께서 자기 자녀를 아름답게 만드시느라고 심혈을 기울이셨을 것이다. 그러므로 하얀 복사꽃보다 더 아름다운 미소만 아름다운 것이 아니라 그 웃음을 자아내는 주체도 아름답다.

어느 수필가는 자기 산문집의 이름을 "사람은 누구나 다 아름답다."라고 붙였다. 아마 그분이 자기 책 이름을 붙일 때의 생각과 지금 이 글을 쓰고 있는 내 생각과 일맥상통할 것으로 생각한다. 그러한 아름다운 인간들 속에서 아기들의 미소가 더 아름답다. 아기들의 웃음은 어른들의 사회에서 이루어지는 웃음과는 그 격이 다르다. 아기들의 웃음은 흡족한 마음에서 묻어나는 웃음이다. 그 애들의 웃음은 행복한 마음의 표현이다. 그러니까 표리가 부동하지 않다.

그러나 어른들의 웃음에서는 표리가 부동한 경우가 많다. 예컨대 냉소(冷笑), 비소(誹笑), 조소(嘲笑) 등이 그러한 것들이다. 기뻐서 웃는 그 웃음은 행복한 웃음이겠지만, 웃는다고 다 행복하다고 말할 수는 없다. 웃음은 행복해서 웃는 것만은 아니기 때문이다.

아기들의 방긋 웃는 웃음처럼 어른들도 티 없이 맑은 그런 미소를 닮아야 한다. 요즘 웃자는 운동이 벌어지고 있다. 행복한 웃음은 마음에 평안을 주고 건강에도 좋지만 그런 웃음이 아니더라도 세상의 걱정 근심을 잊고 마음을 시원하게 해 주는 너털웃음이라도 웃길 바란다.

우리 재원이는 아름다운 웃음을 웃어주고 제 할미 침대 위에서 천사와 같은 모습으로 꿈나라로 갔다. 배가 고프거나 제 엉아 녀석이 와서 시끄럽게 하면 잠을 깨겠지… 재원아! 아름다운 웃음을 웃으며 건강하게 자라라.

(2009.02.25.)

사랑의 표현

사랑은 표현이 중요하다고 하는데 나는 그 표현이 서투르다. 내가 부부 사이의 분별함을 숭상하는 집안에서 자라서 그런지 어렸을 때 사랑에 대한 학습을 제대로 익히지 못해서 그런지 여러 각도로 생각해 보기도 했다.

게리 채프먼(Gary Chapman)은 사랑의 표현방법으로 다음과 같이 5가지를 말했다. 즉 함께 하는 시간, 선물, 스킨십 즉 육체적인 접촉, 인정하는 말 그리고 봉사라고 했다. 사랑의 표현방법을 현실적으로 무난하게 제시한 것 같다. 나의 경우를 그가 제시한 항목에 비춰보면 젊었을 때에는 그런 내용으로 사랑을 표현하려고 노력했고 실제로 그렇게 한 것도 있었다. 그러나 나이가 들어가면서 열정이 식듯이 사랑의 표현도 하향곡선을 그린 것 같다.

요즘 젊은 남성들은 사랑의 표현방법이 다르다고 하던데 시대가 많이 변했으니 그럴 수 있다는 생각이 들기도 한다. 평등을 부르짖는 민주사회에서 살고 있으니 말이다. 나이 든 남성분들은 일반적으로 젊었을 때에 아내에 대한 사랑의 표현을 잘 못 하고 살아온 것 같다. 그것은 그 당시 한국 남성의 공통된 현상이 아닌가 하는 생각을 해 본 때도 있다.

하지만 남편에게 아내에 대한 사랑이 없었던 것은 결코 아닐 것이다. 그러나 예리한 칼이 칼집에 들어있듯이 사랑을 마음속에 품고만 있으면 상대방이 알 수 없을 것이니 그 무슨 의미가 있단 말인가? 라고 말할 수 있다. 그렇다면 극단적인 말이기는 하지만 상대방의 호감을 사기 위하여 '사랑한다.'는 말을 입술에 올리는 그런 사랑도 괜찮은지 모르겠다. 속내는 어떻든 '사랑한다.'는 표현을 해 달라는 여성도 있다고 한다. 하기는 "말로 천 냥 빚을 갚는다."는 속담도 있다. 그러나 사랑의 표현을 꼭 말로 해야 하는 것은 아니라고 생각한다. 그것은 필설로 다 형용할 수 없는 은근하게 풍기는 사랑도 있기 때문이다.

그것은 권위주의적이고 가부장적인 사랑이 아니냐? 고 물을지도 모른다. 사랑의 본질이야 변할 수 없겠지만, 위에서 말했듯이 사랑도 시대에 따라서 표현하는 방법이 다르다고 생각한다. 현대를 살아가는 젊은 남녀 사이에 사랑의 표현방법은 직설법을 쓴다고 한다. 앞으로 세월이 더 흐름에 따라 또 다른 사랑의 표현방법이 생길지도 모른다.

사랑의 표현방법으로 상대방의 호감을 사기 위하여 애교(愛嬌)를 부린다는 말이 있다. 사전적 의미에서 애교는 "남에게 귀엽게 보이는 태도"라고 한다. 그런데 여기에서 그 교(嬌)자가 계집녀 변에 쓴 자로 "아리따울 교"자다. 그렇다면 그 말을 남성에게 어울리는 말은 아니라고 생각한다. 남성에게는 무뚝뚝함, 중후함, 강직함, 능동적, 굵다란 음성 등 그런 것들이 남성적이다. 그리고 그런 가운데 풍기는 은근한 사랑이 남성적인 사랑이다. 이와 같은 은근한 사랑이 비가시적이고 정적이라면 위에서 이미 말한 채프먼의 사랑의 표현방법은 가시적이고 동적이라고 할 수 있다.

여성이 남성으로부터 사랑받기를 원하는 것은 당연하며 역도 진리이다. 사랑이 머무는 곳에 마음이 흡족하고 평화가 깃들기 때문이다. 그러나 남녀 사이의 수평적인 사랑은 형평을 이루기가 어렵다. 그 표현 방법도 종족에 따라서, 성격에 따라서, 시대에 따라서, 환경에 따라서, 상대방에 따라서 한결같지 않다. 그리고 그 분량을 자로 잴 수도 없고 저울로 달수도 없으며 눈으로 볼 수 없는 무색무취한 힘이다.

그러므로 나는 너를 많이 사랑했는데 너는 왜 그만 한 사랑을 나에게 주지 않느냐? 고 푸념하는 경우가 생길 수 있다. 그리고 사랑의 분량은 주는 사람이나 받는 사람의 마음에 따라서 달라질 수 있다. 그러므로 사랑의 분량을 따지는 것은 사랑의 대가성을 따지는 결과가 되기 때문에 사랑의 순수성이 망가질 수 있으므로 삼가야 한다. 사랑은 마음으로 주고받는 좋은 느낌이다.

부모의 자식에 대한 사랑은 '내리사랑'이라고 하는데 그 사랑은 희생이라는 단어로 바꿔도 좋다. 특히 어머니는 자녀를 위하여 많은 희생을 하면서 살아왔다. 그래서 어머니는 사랑이라고 말하기도 한다. 마치 성경에서 "하나님은 사랑이시라"라는 말씀과 맥을 같이 한다.

부모의 자식에 대한 희생적인 사랑은 자녀의 성장에 밑거름되나 자식의 부모에 대한 사랑은 희생적인 사랑이 아니다. 자식의 부모에 대한 사랑을 '치사랑'이라고 하는데 내리사랑의 반에도 미치지 못한다. 옛 어른들은 '자식들이 부모가 준 사랑의 반만이라도 부모에게 하면 효자가 난다'고 한 말이 있다. 이 말이 내리사랑과 치사랑의 관계를 단적으로나마 잘 표현한 말이라고 생각한다.

다 그런 것은 아니겠지만, 자녀의 성장에 따라서 부모의 내리사랑이 대가성 있는 사랑으로 변질하는 경우가 간혹 있기 때문에 부모와 자식 사이에 틈이 생길 수 있다. 아버지보다 어머니 편에서 더 그런 것 같다. 그것은 자녀에게 쏟아 부은 사랑, 즉 희생이 더 컸다는 것을 의미한다. 그것은 부모가 내리사랑과 치사랑을 동일 선상에 놓고 같은 가치를 부여했기 때문에 자녀의 부모에 대한 사랑의 분량이 적었다고 본 것이다.

자녀가 성인이 되면 친구들이 생기고 자기 짝을 찾아가서 서로 사랑을 주고받으며 사랑의 열매로 태어난 자녀에 대한 내리사랑을 하게 한다. 그러므로 자녀가 아무리 부모에 대하여 관심을 많이 가진다 하더라도 자기 자식에 대한 관심의 턱을 넘어설 수 없다. 그것이 자연의 흐름이다. 그것은 종족번성을 위하여 하나님께서 여호와이레 그리하라고 만들어 놓으신 것이다.

사랑은 누가 시킨다고 해서 하는 것이 아니다. 자기 마음속에서 울러 나야 한다. 사랑의 표현방법에 따라 다소의 차이는 있겠지만 부부 사이에는 젊을 때 열정이 뜨거워서 상대방이 느끼는 사랑의 강도가 높았을 것이나 늙어감에 따라 그 열정이 식으므로 상대방이 느끼는 사랑의 강도도 낮아질 것이다. 같은 값이면 다홍치마라고 부부 사이에는 상대방이 더 많은 사랑을 느낄 수 있도록 묵시적인 방법보다는 명시적인 방법으로 사랑을 표현하는 것이 좋다. 옛 어른들의 말씀처럼 자식은 울타리이나 부부는 최후까지 손잡고 가는 동반자이기 때문이다.

(2009.03.05.)

오늘은 기분 좋은 날

오늘은 집사람의 64회 생일이다. 하나님께서 지금까지 건강의 축복을 주시고 매사에 어려움 없도록 인도해 주셨으며 슬하의 후손들도 잘 자라서 자기 소임을 감당케 해 주셨다. 특히 병원에 출입하지 않는 건강의 축복을 주신 것은 하나님의 큰 은혜이며 그 은혜는 애타 애기하는 집사람의 청지기 믿음에서 비롯된 것으로 생각한다. 앞으로도 그 믿음이 변치 않으리라고 생각하며 하나님께서 눈동자 같이 지켜주실 것으로 믿는다. 축복받고 사는 집사람의 생일이라서 오늘은 기분이 좋은 날이다.

나는 이른 아침에 집사람이 잠을 깨기 전에 차량이 거의 다니지 않는 산기슭 길을 걸었다. 그것은 지난 이른 봄에 집사람과 함께 매일 걷던 길이다. 우리들의 건강을 위하여 그렇게 걷기로 약속하고 걸었는데 그 약속이 잘 지켜지지 않았다. 그것은 작은며느리가 출산한 뒤 산후조리기간에 최선을 다하여 도와주느라고 걷기를 소홀히 했기 때문이다. 그래서 나라도 걸어야 하겠다는 생각에서 요즘 그렇게 걷는다. 오늘 한 시간 동안 걷기를 마치고 돌아오다가 농원에 들였는데 이미 가을 무씨를 파종하여 싹이 튼 밭이 있었다. 지난 주초에 종묘상에서 무씨를 사면서 상인에게 "이 무씨 파종의 적기가 언제이냐?"고 물었더니 오는 26일쯤이면 된다고 해서 나는 그때를 기다리고 있었다. 그러나 부지런한 사람들이 이미 파종해서 싹튼 밭을 보고 서둘러야 하겠다고 생각하면서 귀가했다.

출입문을 들어서니 집사람과 큰며느리 그리고 두 손녀가 날 맞았다. 오늘이 집사람의 생일이기 때문에 큰며느리가 아침 일찍 생일 케이크를 사 가지고 와서 미역국도 끓이고 고기반찬도 만들고 해서 제 시어머니를 극진히 대접했다. 사실은 오늘이 집사람의 생일이지만 생일잔치는 이미 그 이전에 합동으로 했다. 그것은 바쁜 세상에 여러 번 모이는 것은 번거롭고 시간을 맞추기가 어려우니 모임을 한 번으로 끝내자는 집사람의 지시에 따랐다. 작은아들의 생일(8월 15일), 집사람의 생일(8월 19일), 손자의 생일(8월 31일) 그리고 손녀의 1백일해서 지난 15일에 온 가족이 합동으로 잔치를 벌이었다. 그래도 큰며느리는 "어머님의 생신을 그냥 넘기면 섭섭하다."고 하면서 아침 일찍 자는 애들을 깨워서 데리고 왔다. 오늘은 이 같은 큰며느리의 섬김에 기분이 좋은 날이다.

정오가 지난 뒤에 잠시 쉬고 있을 때 큰며느리가 전화했다. 그간 큰며느리는 한국외국어대학교에서 영어를 모국어로 하지 않는 사람들에게 영어를 어떻게 지도하는지를 가르쳐주는 영어교육학 프로그램인 테솔(TESOL) 교육을 받았으며 오는 26일에 수료한다고 한다. 큰며느리는 그 교육과정에서 우수한 성적(1등)으로 장학금을 받는다고 하며 수료식 전날에는 같은 과정의 신입생 입학식이 있는데 거기에서 선배로서 영어로 축사하게 되어있다고 한다. 참 잘했다고 칭찬하면서 축하해 주었다. 그리고 그 입학식이나 수료식에 애들을 꼭 데리고 가라고 했다. 그런 좋은 일을 자녀에게 보이는 것이 산교육이라고 말했다. 그리고 곧 바로 작은며느리에게 그 뜻을 문자 메시지로 전하며 축의를 전하라고 했다.

오늘 큰며느리는 애들을 데리고 제주도에 있는 친정집의 별장으로 피서하러 가는데 기쁜 마음으로 가게 되어서 참으로 감사했다. 이제 수료식을 마치면 영어지도자의 자격도 획득하니 앞으로 훌륭한 어학지도자가 되길 바란다. 이처럼 큰며느리의 희소식이 전해져서 오늘은 기분이 좋은 날이다.

오후에는 근방 가게에서 계분 두 포를 사 가지고 농원에 가서 여린 호박잎을 따고 고추와 가지도 따고 고추나무와 가지 나무를 뽑아버리고 잡초를 제거한 뒤 사간 계분을 뿌리고 밭을 일구기 시작했다. 흙이 축축해서 일구기에 어렵지는 않았으나 그래도 나에게는 힘에 겨웠다. 이렇게 밭을 일궈놓고 오는 월요일에 무씨를 파종할 계획이다.

이마에 흐르는 땀을 씻고 있을 때 집사람으로부터 전화가 걸려왔다. 저녁 7시경에 전철역에 도착하니 픽업해 달라는 것과 오늘 저녁 식사를 석수동 작은아들 집에서 하기로 했다고 한다. 나는 하던 일을 더 하고 피로해서 샤워한 뒤에 쉬려 한다고 했다. 그때가 저녁 6시가 넘은 시각이었다.

그런 뒤에 나는 생각했다. 오늘이 집사람의 생일이고 아침에 큰며느리가 와서 음식을 장만해 제 시어머니의 생신을 축하해 드렸다. 그런 것도 있지만, 작은며느리는 내달 초순에 국제에너지기구(International Energy Agency)에 파견되는 제 남편을 따라 프랑스 파리로 가면 내년에 시어머니의 생신을 같이 할 수 없다는 생각에서 저녁 식사에 초대했을 것이라는 뜻을 알고 집사람에게 전화해서 "지금 내가 집에 와 있는데 어디에 있느냐?"고 물으면서 나도 석수동 집에 간다는 뜻을 전했다. 자기는 과천을 지나고 있다고 말하면서 "수촌마을 버스정류장으로 나

오시라."고 했다.

나는 방울로 솥을 닦듯이 샤워를 하고 약속한 장소에서 집사람을 픽업해서 석수동 집으로 갔다. 우리 부부는 작은아들 내외와 손자들의 환영을 받으면서 밥상을 받고 작은며느리에게 식사기도를 하라고 했다. 그런데 종래에 그렇게 잘하던 기도가 시원스럽지 못했다. 기도하다가 잠시 멈추기도 하고 흐느낌도 있었다. 그동안 살아오면서 평소에 시어머님의 사랑을 많이 받은 모양이다. 해외로 떠나는 마당에 그 사랑에 감동되어 목이 메었던 것으로 생각하였다.

지난봄에 막내로 딸을 출산한 뒤에 산후도우미의 도움을 받았는데 그녀는 말하길 이 집 며느리가 시어머니를 무척 좋아하기에 "시어머님이 얼마나 좋으냐?"고 물었더니 "친정어머님보다 더 편하다"고 말하더라고 전해 준 적이 있다.

작은며느리는 셋째 딸로 태어났으며 뒤를 이어서 남동생을 보았다. 옛말에 "셋째 딸은 얼굴도 안 보고 데려간다."는 말이 있다. 그것은 예뻐서라기보다 독립심도 강하고 무던하기 때문이라고 생각한다. 우리 작은며느리는 위로 언니 둘에 치이고 아래로 남동생이 엄마 아빠의 사랑을 독차지했기 때문에 부모의 사랑을 덜 받고 자랐을 것이다. 그래서 작은며느리가 덜 받은 그 사랑을 우리 부부가 메워주자고 집사람에게 말한 적이다.

아무튼, 집사람은 작은며느리에 대한 배려가 남다른 편이다. 그렇다고 작은며느리가 시부모의 사랑을 받기 위하여 의식적인 태도를 보인 적은 없다. 늘 무던하고 변함이 없고 성실하다. 더군다나 막내딸을 출산한 뒤에 집사람은 작은며느리에 대한 애착이 더 컸다. 그것은 아들 둘에 딸 하나 해서 애를 셋이나 키우는 데 힘들 것이라는 생각에서 그

랬을 것이다. 그러한 사랑이 오늘 기도 가운데 녹아서 감동으로 변했고 그것이 눈물로 변한 것으로 생각한다. 작은며느리의 눈물이 가족들을 감동하게 한 날이라서 오늘은 기분이 좋은 날이다.

저녁 식사하면서 제주도에 피서 차 간 큰아들의 전화를 제 엄마가 받았는데 전에 회사에서 수주하려고 노력하다가 중단되었던 대형프로젝트를 이번 수주하게 되었다고 한다. 우리 큰아들은 부동산신탁회사에 근무하고 있는데 부동산 경기침체 때문에 프로젝트의 수주에 어려움이 많은 모양이다. 그런데 이번 큰아들 주관으로 대형프로젝트를 수주하게 되어서 회사에 큰 보탬이 되었다는 소식을 전해 들으니 오늘은 저녁까지도 기분 좋은 날로 만들어주었다.

자녀의 효도가 특별한 것은 아니라고 생각한다. 자녀가 건강하고 자기가 맡은 일에 충실해서 그 성과를 성공적으로 거두었다는 소식을 전해 받는 것이 바로 큰 효도라고 생각한다. 오늘은 자녀가 이루어낸 성과로 기분 좋은 날을 갖게 되어서 하나님께 감사드렸다.

(2011.08.19.)

제 3 부

고향은 은근한 그리움의 대상

고향방문 유감

사촌 형수님의 팔순잔치에 참석하기 위하여 아침 일찍 안양 고속버스터미널에서 태안행 고속버스를 탔다. 사촌 형수님께서 우리 집안에 혼인해 오신지가 60년이 넘었다. 그렇게 곱던 형수님의 얼굴은 굵은 주름으로 가득해졌고 허리는 꾸부정해졌다. 그렇게 세월이 흘렀어도 옛날과 다름없이 시동생들에게 사랑을 많이 베풀어 주시는 형수님이시다. 사촌 형님이 일찍 저세상으로 가신 뒤에 혼자서 고향을 지키고 계신지가 40여 년이 넘었다.

나는 고향에 자주 가는 편이 아니고 또 서해안고속도로가 작년에 개통되어서 그 고속도로에 진입하는 길이나 고속도로 주변의 자연경관이 생소하기만 했다. 주변 환경을 익혀보기라도 하듯이 차창 너머로 스쳐가는 산과 들 그리고 바다를 연신 바라보았을 때 마치 외국여행을 하는 것 같은 이국적인 느낌마저 들었다.

서해안고속도로를 달리는 동안 고속버스는 안양을 떠난 지 1시간 20여 분에 당진인터체인지를 빠져나갔다. 고속도로를 건설해서 여행하는데 편하기는 했으나 어떤 지역은 산허리가 잘려나갔고 어떤 지역은 터널을 뚫고 나갔고 또 어떤 지역은 무성한 산림이 훼손되는 등 너무 많은 자연을 훼손한 느낌이 들어서 안타까웠다.

지금으로부터 45년 전 내가 서울로 유학해서 공부하다 방학이 되면 고향에 내려가곤 했는데 그때 직행버스를 이용했다. 서울 종로 5가 시외버스터미널에서 고향에 가려면 7시간 넘게 버스 안에서 곤욕을 치러야 했다. 그때 이 '직행'이란 단어의 개념은 지금과 같이 논스톱(non-stop)으로 간다는 뜻이 아니었다. 비록 직행버스라고 명명했지만, 주행하다 손님이 손만 들면 정차하고 태우면서 갔다. 그러므로 서울을 떠나 경기도를 거쳐 천안, 예산, 당진군청 소재지를 지나 천의로 돌아 태안차부까지 가는 때에는 9시간 가까이 소요되었다.

그 당시 서울에서 천안까지는 그래도 아스팔트로 포장된 도로였으나 그 밖에는 비포장도로로 덜컹거리며 갔다. 버스 안은 흙먼지로 가득 찼다. 종점에서 내려 보면 손님들의 눈썹에 미세한 흙먼지가 앉아서 검은 눈썹이 노르스름한 아이보리(ivory) 색깔로 변했으며 귀가 먹먹했다. 거기다가 태안차부에서 내리면 지금과 같이 각 면 소재지에 연결된 시내버스 노선이 없어서 그때부터는 비가 오나 눈이 오나 낮이나 밤이나 자기 집을 향하여 걸어야만 했다. 칠흑 같은 밤에 길을 걸을 때 조약돌에 발가락 채우기가 일수이었다.

그러나 지금은 서해안고속도로가 건설되었고 국도는 물론 지방도까지 완전히 포장되어 있으며 버스의 성능도 좋아져서 안양에서 출발해 2시간 반이면 태안 버스터미널까지 갈 할 수 있으니 격세의 감이 있다.

이러한 생각을 하는 동안 버스는 새로 건설된 태안 버스터미널에 도착했다. 태안군청 소재지가 한눈에 들어왔다. 태안은 풍수지리학상으로 금 닭이 알을 품고 있는 형국(形局)인 금계포란형(金鷄抱卵形)의 명당 길지이므로 매우 편안한 땅이라 하여 고려 충렬왕 10년(1284년)부터 태안(泰安)이라고 부르기 시작했다고 한다. 태안읍 시가지는 원래 경이정(憬

夷亭)을 중심으로 동서남북으로 형성되었으나 지금은 남동쪽으로 많이 개발되어 버스터미널도 그 지역에 새로 지어서 이전했다.

태안의 명산인 백화산(白華山)이 시내의 북풍을 막아주는 듯 우뚝 서 있다. 그 산은 예나 지금이나 바위로 덮여 있는데 그렇게 낮아 보일 수가 없었다. 우리가 초등학교 다닐 때 앉아서 공부했던 그 책상과 의자를 보는 것과 같았다. 그러나 백화산의 모습은 의연하고 중후하게 보였다. 산이야 어디 가겠나? 사람의 마음이 변덕스러워서 산이 높으니 낮으니 중후하니… 라고 말하는 것 아닌가?

사촌 형수님의 팔순잔치를 베푸는 곳이 근흥면 신진도(新津島)라고 해서 그곳에 가는 시내버스 승차권을 산 뒤에 출발할 때를 기다리면서 안흥에 대한 생각에 잠겼다. 옛날에는 근서면(近西面)과 안흥면(安興面)이 이웃하고 있었는데 1914년 일제가 전국의 행정구역을 개편할 때 이 두 면을 병합하면서 한 글자씩 취하여 근흥면(近興面)이라 지었다고 한다.

옛날 중학교 다닐 때 안흥항에 갔던 생각이 났다. 그 당시의 희미한 추억 속에 찾아본 안흥항은 한적한 어촌이었으며 동행하셨던 형님께서 "조용한 새벽에는 중국 산둥 반도에서 우는 닭의 울음소리를 들을 수 있을 정도로 중국과는 가까운 곳"이라고 하신 말씀이 기억 속에서 되살아났다. 물론 실제로 그런 것은 아닌데 가깝다는 것을 강조하기 위하여 그러한 말씀을 하셨나 보다.

뭍에서 바라보면 앞을 가로막고 있었던 섬이 있었는데 그때 건너가 보고 싶은 충동이 있었다. 그 섬은 진녹색의 나무로 덮여있었고 그 해역은 아주 청정했다는 생각이 아직도 내 뇌리에서 지워지지 않고 있다. 그 섬은 지금 내가 가려고 하는 바로 그 신진도이다.

안흥 신진도를 향하여 달리는 시내버스 차창으로 스치고 지나가는 농촌의 이른 봄 모습은 삭막했다. 굴 따러 가는 아줌마들의 건강한 모습에서 옛날 우리 마을을 거쳐 조석으로 굴, 꽃게, 대합, 파래, 바닷말, 소라고둥 등 갯것을 머리에 이고 태안면 소재지로 팔러 가던 아줌마들의 모습이 얼른거렸다.

그리고 시골아이들의 모습에서 옛날 내 모습을 찾아보았다. 지금 애들은 내의에 잠바와 양복바지를 입고 양말에 운동화를 신었으나 그때 나는 내의도 입지 못한 채, 핫바지 저고리를 입고 버선에 짚신을 신었던 생각이 난다. 특히 짚신 속으로 들어온 눈이 녹아서 버선 속으로 스며들었을 때 발이 시린 것을 참기 어려웠다.

그 당시의 겨울은 몹시도 추웠다. 지금 생각하면 기름기 없는 조악한 음식을 먹고 살았으며 핫바지 저고리가 방한의 역할을 제대로 해내지 못했던 것으로 생각한다. 원래 태안지방은 해양성 기후로 눈도 많이 내리고 바람도 많이 분다. 그래서 눈 때문에 추움을 더 느꼈고 바람 때문에 체감온도가 더 낮았던 모양이다.

시내버스는 안흥항(내항) 쪽에 승객 몇 사람을 내려놓았다. 이 안흥항은 근흥면의 끝자락에 있고 조선시대부터 중국과 대표적 교역항으로 알려졌다. 그리고 이 항구에 이르기 전에 큰 절이 있는데 이 절은 세종 때 태안 부사의 꿈에 안흥 남쪽 바다에 웬 함(函)이 떠 와서 열어보니 금부처 3개가 있고 "기원태평국운"(祈願泰平國運)이라고 쓰여 있어 이를 조정에 보고하였더니 나라에서 특명을 내려 1439년 122 간의 절을 세우고 태국사(泰國寺)라고 이름을 지어 불렀다고 한다. 또 이곳의 안흥성(安興城)은 조선시대 수군첨절제사(水軍僉節制使)의 진영이 있어 바다를 지켜오던 요새였으나 갑오경장 뒤 을미년 일제에 의하여 전국의 진영

이 폐쇄되었고 이때 이곳도 같이 폐쇄되었다고 한다. 그 뒤 오랜 세월을 거쳐 오는 동안 안흥성은 자연재해(장맛비, 풍화 등)에 의하여 허물어져 있으며 안흥성 서문 수흥루만 1982년에 복원되었다고 한다.

안흥성 앞바다는 고려 · 조선시대에 바다 물살이 거칠고 바위가 많아서 조운선(漕運船)이 자주 난파했던 곳이어서 이곳을 난행량(難行梁 - 다니기 어려운 물목)이라 하다가 이름이 나쁘다고 하여 '안흥량'이라고 고쳤다고 한다. 그러므로 안흥량은 고려 · 조선시대에 강화도 손돌목 등의 수로와 우리나라의 3대 험탄(險灘)한 곳으로 꼽았다. 어둠에서 항해하는 선박의 방향과 위험을 알리는 등대가 내항 먼발치에 서 있다.

버스는 새로 건설된 신진대교라는 연륙교를 타고 달리었다. 다리를 건너니 초입부터 위락시설, 상가시설이 건설하고 있고 종점을 향해 갈수록 완성된 건물이 더 많았다. 방문객들은 외지에서 휴식을 취하기 위하여 온 사람들도 있겠으나 여름에는 해수욕하기 위해 온 사람들도 있고 낚시꾼들도 있다고 한다. 이들을 위한 음식점, 숙박시설, 카바레 등의 위락시설이 즐비하게 들어서 있다.

이러한 시설 때문에 자연이 훼손된 것을 볼 때 안타까운 생각이 들었다. 아직은 근해가 청정해역인 것 같이 보였다. 서해안고속도로를 타고 오면서 자연훼손이 너무 심했구나 하는 생각이 들었는데 이곳에 와서 같은 현상을 대하고 보니 마음이 더 착잡했다. 앞으로 계속 개발할 것이라고 하는데 자연 친화적 개발이 이루어지길 바란다. 한 번 훼손된 자연을 원상복구가 거의 불가능하다.

팔순을 맞은 사촌 형수님께 축하의 뜻을 다시 한 번 더 전하면서 자녀와 친지들에게 더 많은 사랑을 베푸시며 하루속히 하나님을 영접하시고 더욱더 건강하게 사시길 기원했다. 나도 형수님께서 생존해 계신

동안 어렵더라도 고향에 자주 내려가는 것이 형수님께나 친지들에게 더 정겹게 다가가는 길이라고 생각해 보았다.

(2002.02.20.)

옛 고향일 리가 없다.

집안일로 오래간만에 고향에 내려갔다. 때마침 점심때가 돼서 작은 형수님으로부터 점심 대접을 받았다. 찬으로는 겟국에 담근 꽃게장, 간장에 버무려 찐 풋고추, 고춧잎을 데쳐 만든 무침, 짭짤한 배추김치, 구수한 된장찌개, 매콤한 아귀찜 등인데 그 중 아귀찜을 제외하고는 그 모양새와 맛이 어린 시절에 먹었던 것과 많이 닮았다. 그리고 밥은 풋콩을 넣고 지은 이밥이었다.

자꾸만 추억에 젖어들었다. 어린 시절에 나의 꿈을 키워주었던 고향 땅은 옛 땅이나 정취는 옛것이 아니었다. 내 나이가 고희(古稀)가 되었으니 그때의 것일 리 없다. 산허리에 콘크리트 집이 즐비하게 지어졌으며 다니던 오솔길은 없어지고 새마을사업으로 만들어진 농로로 승용차도 다니고 농업용 트럭도 다니고 있다.

그리고 우거졌던 야산의 푸른 산림은 어디로 사라지고 황토밭으로 변했다. 기존 밭은 비닐하우스로 꽉 차 있다. 옛날에 달구지가 다녔던 신작로는 2차선 아스팔트 도로로 변해 일반국도를 방불케 차들이 연신 꼬리를 물고 다니고 있다. 옛 신작로 옆에 높게 자랐던 버드나무는 없어졌고 키 작은 가로수들은 달리는 차들이 일으킨 바람에 시달이고 있다.

또 크게 달라진 것이라면 천수만(淺水灣)은 간척사업 때문에 논으로 변한 것이다. 그 너른 논에는 황금물결이 너울거리고 있다. 추억 속에서나 찾아볼 수밖에 없는 바다, 그 넓은 개펄, 그 개펄에 서식했던 황발이, 능쟁이, 꼬막, 낚지 등 각종 생물, 봄에 갯골 조약돌에 붙어 너울거리던 파래 그리고 밀물과 썰물에 오르내리던 각종 어류는 추억의 맛이 되었다.

어린 애들의 울음소리나 재잘거리는 소리는 들을 수 없고 비탈진 밭에서 일하는 사람들은 모두 허리가 꾸부정한 노인네들이다. 옛날 같으면 뒷짐 지고 헛기침이나 하면서 젊은이들이 일하는 것을 간섭하고 다니었을 노인네들이 힘겹게 일하고 있다. 가끔 굽은 허리를 펴고 가을 가뭄을 걱정하면서 스프링클러를 매만져 물줄기를 돋워 놓는다. 우리 또래 친구들은 벌써 서너 명이 불귀의 객이 된 지 오래다. 그들이 살아 있어도 옛날과 같이 뛰며 놀 수는 없지만, 그 친구들이 마냥 그립다.

젊었을 때 예쁘셨던 큰형수님의 얼굴엔 굵은 주름이 가득 담겨 있으며 머리카락은 희어졌다. 휘어진 허리를 지탱하기 위해 지팡이를 짚고 마당을 거닐다 힘이 드시는지 평상 한 귀퉁이에 걸터앉으셨다.

녹 익은 검은 포도 한 송이를 건네주시며 먹기를 권했다. 아직도 시동생들을 챙기시는 그 형수님의 깊은 사랑에 빈 마음의 한구석이 채워지는 느낌이 들었다. 앞으로 얼마 되지 않아서 미수(米壽)가 될 분인데 아직은 건강하시다.

오늘은 형수님의 노쇠한 모습을 지켜보면서 마음속 한구석에 배어드는 인생의 허무함을 지울 수가 없다. 나는 "건강하세요.", "또 오겠습니다."라는 인사말을 남기고 손을 흔드시는 형수님의 모습을 뒤로 한 채 승용차에 올랐다.

고향에 왔지만, 인걸은 가고 산천은 변했으니 어찌 생각하면 타향에 온 기분이 든다. 이러한 상황에서 옛 정취가 풍기겠는가? 변한 현실을 외면하고 추억에서 고향을 찾았으니 옛 고향일 리가 없다.

(2006.09.22.)

팔 남매 이야기

고향을 지키며 사시던 둘째 사촌 형님께서 작고하셨기에 장례식에 참여하기 위하여 충남 태안군 장례식장을 향하여 이곳 안양을 떠났다. 고속버스를 타고 가면서 이렇게 위 분들이 하나둘 떠나시는구나! 하는 생각을 하면서 우울해졌다. 그러나 먼저 가고 늦게 가는 차이뿐이지 인생이 한 번 왔다 가는 것은 자연의 섭리이다. 그러면서도 우울한 생각을 지울 수가 없었다.

나는 서산시 버스터미널에서 차를 탄 할머니와 동석했다. 그 할머니는 자리에 앉으면서 "지금 가면 태안에서 12시 10분 원북면 가는 버스를 탈 수 있나요?"라고 물었다. 나는 평소 고향에 갈 때 서산시에서 태안읍까지 가는 데 걸리는 시간을 알기에 "예, 충분합니다."라고 대답했다.

이렇게 해서 나와 그 할머니와의 대화가 시작되었다. 그 할머니는 묻지 않았는데도 자기는 원북면에서 농사를 짓고 사는데 농토를 묵힐 수 없어서 농사를 짓기는 하지만, 곡가가 하도 싸서 비룟값과 인건비를 계산해 보면 생산가에도 미치지 못한다고 한다. 그 할머니는 평소에 품고 있던 농촌의 어려운 실정을 토로하는 것 같았다.

나는 그 할머니가 고령인데도 섭섭해 할까 봐서 "아주머니!"하고 부르며 "연세가 어떻게 되는지요?"라고 물었더니 그 할머니는 72세라고 하고 우리 집 할아버지는 74세라고 말한 뒤에 자기는 다리가 아파서 서산 중앙병원에서 진찰을 받고 약을 사 가지고 가는 길이라고 말했다. 그리고 자기 집 할아버지도 작년부터 자꾸 몸이 아프다고 한다면서 걱정을 태산같이 했다.

잠시 침묵이 흐른 뒤에 나는 "자녀는 몇 남매를 두셨는지요?"라고 물었더니 그 할머니는 묻기를 기다렸다는 듯이 팔 남매 두었는데 아들 다섯에 딸 셋이라고 한다. 애들은 지금 다 객지에서 잘살고 있다고 하면서 돈을 많이 벌어서 용돈도 넉넉히 보내준다는 그 말에 힘을 주었다. 그런데 저희 애들은 자녀를 한둘밖에 두지 않았다고 하며 아쉬워하면서 막내는 4십이 다 돼 오는데도 아직 결혼하지 않고 있으니 그놈 생각을 하면 밤에 잠이 오질 않는다고 한다. 그놈은 좋은 며느리 데려올 터이니 어머님 아버님 오래오래 사시라고 한다면서 제 어미 아비는 도끼라서 볼을 붙이며 사는 줄 아는 모양이라고 볼멘소리를 했다.

나는 "아주머니! 큰일을 하셨네요."라고 말했더니 그 할머니는 "무엇 큰일 한 것이 있어요."라고 겸연스럽게 말했다. 그리고 그 할머니는 "제가 낳은 새끼 제가 길렀는데요."라고 겸손하게 말한 뒤에 새끼 키우는데 좀 어려움이 있었지만, 자기는 재미있게 자식들을 길렀으며 자라는 모습이 그렇게 귀여웠고 장성해서 직장을 다 가지고 처자를 거느리고 사는 모습을 보면 그렇게 대견스럽고 좋을 수가 없다고 자식들 자랑에 침이 마르는 것 같았다.

그러면서 자기는 맏며느리로서 시부모를 모셨다고 한다. 이것도 묻지 않은 이야기이다. 시아버님은 92세에 작고하셨고 시어머님은 시아버님보다 6년을 더 사시다 올해에 96세로 세상을 떠나셨다고 말했다.

나는 "아주머니! 참으로 큰일을 하셨습니다. 아주머니는 축복을 받으시겠습니다. 자식들을 잘 길어내시고 시부모님을 잘 모셨으니 하나님의 축복을 받으시겠네요."라고 말했다.

그 할머니는 그런 말씀을 해 주시니 감사하다고 말하면서 화두를 돌려서 선생님은 "어디까지 가시나요?"라고 묻기에 "저는 태안읍까지 갑니다."라고 말했다. 우울한 마음을 안고 고향에 내려가는 나는 그 할머니의 말씀을 들으며 잠시나마 그 우울함을 잊을 수 있었다. 그러나 태안 버스터미널에 내리니 그 우울함이 되살아났다.

택시를 타고 평천리에 있는 장례식장으로 갔다. 착잡한 마음으로 상주를 만나보고 외짝 되신 형수님을 위로했다. 때가 점심때라서 조문객들이 많이 모여들었다. 내 고향이라 하더라도 내 나이가 고희를 넘었기 때문에 청년들은 모르겠고 나이 든 할머니들은 얼굴을 어림짐작으로 알 수 있었다. 할아버지들은 불귀의 객이 되었거나 몸이 불편해서 조문을 오시지 못하고 할머니들이 대신 조문을 오신 것 같다.

나는 우리 큰집과 현재도 이웃해 사시는 할머니를 만나서 이야기를 나누었다. 자기는 팔 남매를 두었는데 10여 년 전에 남편을 여의고 혼자서 그 자식들을 다 키웠다고 한다. 그래서 키우는데 어려움이 많았지만, 그래도 잘 키워서 제 밥벌이를 하고 있다며 결혼을 다 시켜서 남부럽지 않게 산다고 한다. 자기는 농사짓기가 어려워서 전답은 다 남을 주고 텃밭만 채소밭으로 자기가 직접 가꾸고 있다고 한다. 그리고 멀리 도회지에서 사는 애들은 가끔 다니러 오지만, 가까운 데서 사는 애들은 자주 오기 때문에 사람이 그립지는 않다고 말했다.

다만 연전에 큰아들이 교통사고로 세상을 떠났기 때문에 지금도 그 놈 생각을 하면 가슴이 미어지는 것 같다고 한다. 그 애들은 부부간에 정이 좋았고 애들도 잘 키워서 가르치고 있었는데 어미 혼자서 어떻게 하고 있는지 가슴이 답답하다고 한다. 한숨을 몰아쉬고 그 할머니는 자녀를 많이 낳은 것에 대하여 부끄러운 듯한 표정을 지었다가 금방 표정을 바꿔서 그 부끄러움을 희석이나 시키려는 듯 건넛마을 김 씨 댁도 팔 남매를 두었다고 말했다. 그 댁은 아기 때 두 아이가 죽었고 6남매를 키웠다고 하면서 모두 잘 살고 있다고 한다. 회사에서도 일하고 상업에 종사하는 자녀도 있으며 70대 중반을 훨씬 넘은 그들의 부모님만 고향을 지키고 계시다고 한다.

나는 궁금한 김에 고향 마을 한씨 집안은 어떻게 사시느냐? 고 물었다. 그 집은 80세가 넘은 할아버지가 아직 살아계시며 그 집도 팔 남매를 두었는데 그런대로 잘살고 있다고 한다.

어찌하다 보니 팔 남매 이야기를 계속 들었다. 고향에 가는 버스에서 동석했던 할머니로부터 또 이곳 내 큰집 이웃 할머니로부터 팔 남매 이야기를 들었다. 이곳 우리 고향 마을에서는 '자식농사'라는 말이 있다. 옛날부터 자식을 많이 두면 자식농사를 잘 지었다고 자랑스럽게 말하곤 했는데 요즘은 그 말이 무색하게 되었다. 자식을 많이 낳으면 이상한 눈으로 보기 때문이다.

대개 팔 남매를 둔 부모들의 연령은 70세 이상이다. 내 생각에는 '자녀 둘 낳기 운동'이 벌어지기 전인 60년대 이전부터 자녀를 두신 분들이다. 그 당시 보릿고개를 넘기기가 매우 어려웠던 때였음에도 자녀를 여러 명 두었다. 그런데 요즘 같이 풍요로운 세상에 자녀를 하나 둘 낳거나 낳지 않는 부부도 있고 만혼인 사람들이 있는가 하면 아예 결혼하지 않는 사람들도 있다.

그 이유를 살펴보니 개인의 가치실현을 위해서 결혼을 늦게 하거나 안 한다고 한다. 그것도 무시할 수 없겠지만, 사실은 사회적인 시스템이 잘 못된 데 이유를 찾아볼 수 있다. 산업사회이면 그에 걸맞은 사회적 시스템이 뒤따라 주어야 하는데 그렇게 하지 못하기 때문이라고 생각한다.

예컨대 미혼자들에 대한 취업기회부여, 학생들에 대한 교육, 산모에 대한 지원, 유아에 대한 보육 등의 시스템이 전근대적인 방법을 그대로 취하고 있는 것이 많다. 이런 것들은 어느 개인이 해결해야 할 문제가 아니다. 정부가 선도적으로 이를 지원하고 유도하여야 한다고 생각한다.

위에서도 이미 말했지만, 그 당시 팔 남매를 낳아 기른 어머니들은 어려움이 이만저만 큰 것이 아니었을 것이다. 그래도 잘 기르고 잘 가르쳐서 오늘의 일꾼으로 만들어냈다. 참으로 장한 일을 하셨고 참으로 감사한 일이다.

현재 우리나라는 낮은 출산 때문에 인구문제로 심각한 고민에 빠져 있다. 이러한 낮은 출산율을 어떻게 하면 만회할 수 있느냐? 하는 것이 오늘날 정부의 중대한 관심사 중의 하나다. 한 번 내려앉은 출산율을, 그것도 세계 최저권으로 내려앉은 출산율(1.08)을 만회한다는 것은 여간 어려운 일이 아니다.

앞으로 팔 남매를 낳아서 키우는 세상을 바라지 않는다. 가임여성들이 모두 그것의 절반에 절반만이라도 자녀를 낳아서 알뜰하게 기르는 세상이 오길 기대해 본다. 낮은 출산율로 말미암은 인구문제는 국가존립과 밀접한 관련이 있기 때문이다. "인구가 감소하는 나라는 미래가 없다"고 말을 명심하여야 할 것이다.

(2007.01.13.)

태안문학 제6집 표지화를 보고

오늘 태안문학회 통신문 2008-제2호를 받았다. 이 통신문에 2007년도 결산과 창립 10주년 기념 및 제20집 출판에 따른 원고 모집과 편집방향을 제시하고 있다. 특집발간의 주제로는 첫째로 '지난해 12월 7일 태안 앞바다에서 발생한 사상 최대의 원유유출 사고'에 대한 글과 둘째로 '태안문학과 나'라는 주제로 하는 글을 실기로 했다는 것이다.

태안문학은 1998년 하반기에 창간 제1집이 발간된 것으로 알고 있다. 내가 태안문학과 조우한 것은 태안문학이 고고(呱呱)의 성을 울린지 3년 만이었다. 그 인연과 태안문학을 처음 보고 느낀 것을 이곳에 적고자 한다.

지금 생각하면 나는 태안문학이 탄생했던 그해 봄에 정년퇴임을 했으며 그리고 3년이 지난 뒤에 처음으로 해외나들이를 했다. 2001년 2월 19일에 뜻있는 성도들과 함께 "출애굽여정에 따른 성지순례"라는 이름으로 이집트에서 이스라엘 그리고 이탈리아 로마의 성지까지 순례를 마치고 돌아왔다. 순례하면서 은혜 받은 것을 오래 간직하고 싶은 마음에서 순례기를 남기었다.

나와 초등학교 동창생이며 모교인 태안초등학교를 중심으로 여러 학교에서 후진양성에 혁혁한 공을 남기신 태안문학회 P 창립회원님을 만나서 성지를 순례한 이야기를 나누고 순례기를 썼다고 말했다. 그런데 이 기행문을 ‘태안문학’에 실은 것이 좋겠다고 하면서 그 당시 태안문학회 J 회장님을 소개해 주었고 J 회장의 적극적인 추천에 따라서 태안문학회 회원이 되었다.

이렇게 하여 나는 태안문학회와 인연을 맺었다. 나로서는 ‘태안문학’이 탄생하던 그 당시 창립회원님들의 진통을 전혀 느끼지 못했다. 그 때 회원들은 새 생명을 탄생시키기 위하여 시간적으로나 물질적으로나 그리고 태안이라는 특수한 무대에 문학의 혼을 불어넣는데 혼신의 힘을 다했을 것으로 생각한다. 이러한 노고의 결정으로 오늘날 ‘태안문학’이 어디에 내놓아도 손색이 없는 순수문학지가 되었다. 그러한 의미에서 창립회원님들과 태안문학을 지금까지 가꿔 온 회원님들에게 이 자리를 빌려 감사의 뜻을 표하지 않을 수 없다.

나는 태안문학회가 진자리를 털고 일어나 걸음마를 배울 때 편안하게 승차한 편승회원이다. 위에서 이미 말한 2001년 성지순례에 관한 여행기로부터 지금까지 부족하나마 말석에서 글을 계속하여 쓰고 있다.

내가 참여하는 문학지라서 그런지는 모르겠으나 ‘태안문학’은 백화산 정기를 받아서 그런지 중후한 멋도 있지만, 태안이란 토속적인 향기도 풍기며 꺼칠한 어머니의 손으로 빚어진 음식처럼 감칠맛이 난다. 그리고 바쁜 가운데도 주옥같은 글을 써내는 회원님들을 생각할 때 대견스럽고 가슴이 뿌듯함도 있다.

처음으로 내가 글을 발표하게 된 ‘태안문학’은 2001년 상반기 제6집이다. 일반적으로 자기의 작품이 발표된 책이나 신문을 받으면 제일 먼저 자기 작품을 보살펴보는 것이 사람들의 일반적인 심리이다. 그러나 나는 그때 ‘태안문학’을 받고 자신의 글을 살펴보기 전에 표지화(表紙畵)에 매료되어 곧바로 다음과 같은 글을 썼다.

즉, “나는 ‘태안문학’을 처음 받았을 때 표지를 보는 순간 그 표지화가 정겹게 내 마음의 벽에 부딪혔다. 한 폭의 그림이 고향의 정취가 짙게 풍기는 것 같았다. 나는 회화(繪畫)에 대하여 문외한(門外漢)이라서 그림을 감상할 줄도 모르고 더군다나 그림 속에 숨어 있는 깊은 뜻을 더 더구나 알 수 없다. 따라서 그림을 잘 그렸느니 못 그렸느니, 의미가 있는 그림이니 그렇지 않느니 하는 말을 할 수 있는 식견이 없다.

그런데 제6집 “태안문학” 표지화는 각별한 느낌이 들었다. 화폭에서 풍기는 포근한 안온함과 평화로운 정감을 느끼게 해 주었고 야산의 메마른 밭은 보릿고개에 허기진 군상들의 모습을 연상케 해 주었으며 자욱한 봄 안개 속에 자연의 꿈틀거림을 느끼게 해 주었고 키만 멀쑥하게 큰 해송은 누나의 가냘픈 옛 모습을 생각나게 해 주었다.

이 조그마한 한 폭의 그림이 이렇게 내 심연에 추억의 애환을 일으키게 했다. 그러나 어찌 이 표지화가 나 하나만의 가슴을 두들겼으리요. 느낌의 차이는 있겠으나 이 표지화를 본 출향인들은 대개 다 나와 같은 느낌을 받았을 것으로 생각한다.

그간에 고향에 대한 소식은 좋은 것보다는 그렇지 못한 것들이 뇌리에 각인되어 있다. 그것은 좋은 소식들은 쉽게 잊어버리고 그렇지 못한 것들은 좀 더 이렇게 했더라면 좋았을 것을 하는 바람에서 아쉬움으로 남아있는 듯하다.

H 재벌 총수가 천수만에 제방을 쌓아 간척지로 만들었기 때문에 생태계의 변화를 가져왔고 어업권 침해에 대한 분규가 있었으며 결국 어민들은 삶의 터전을 잃고 출향했다는 소식, 자연경관을 보전하겠다는 서해안해상국립공원의 지정으로 고향의 자연환경이 잘 보전될 것으로 기대하고 있었으나 무지한 해안도로 건설로 사구(砂丘)가 훼손했다는 소

식, 여름엔 일부 해수욕장에서 바가지요금을 받는다는 반갑지 않은 소식 등, 이런 것들이 출향인들의 마음을 괴롭게 했다.

그러나 이번 표지화가 고향에 대한 정겨운 감정을 가지게 해 주었다. 좋은 글은, 좋은 곡은 그리고 좋은 그림은 감상자의 마음을 감동하게 한다는 그 말이 진리같이 마음에 다가왔다. 바로 이것이 예술작품의 보이지 않는 힘이라고 생각한다.

나는 전에 근무했던 직장 동료에게 이 태안문학 제6집을 보냈더니 이 책의 표지를 사보에 싣고 순수문학지로서 내용이 건실하다는 코멘트(comment)와 더불어 전임 임원의 활동상을 상세하게 게재해 주었다. 이 사보는 5천여 부를 발간하여 관계기관에 배포하고 사내에서도 많은 독자가 애독하고 있는 책이다.

출향인의 한 사람으로서 이번 표지화를 그려 주신 분과 '태안문학'을 만드시기에 늘 애쓰신 분들에게 아낌없는 감사를 보내며 '태안문학'에 바라는 것은 이번 호와 같이 우리 고향을 소재로 한 그림이나 사진을 표지화로 계속하여 실어 주십사 하는 것이다.

그리하면 향수를 안고 살아가는 우리 출향인들에게 마음의 위안과 편안함을 줄 것으로 생각한다. 고향의 자연과 호흡을 같이하면서 매번 시와 수필과 그리고 소설 등을 써서 향토문화를 빛내고 계신 문인들에게 이 자리를 빌려서 다시 한 번 감사를 드린다."는 내용으로 글을 맺었다.

그러나 이 작품은 발표 시기를 놓쳐서 미발표된 채로 간직하고 있던 것을 이번에 기회가 와 빛을 보게 되었다. 퇴고하지 않은 채, 7년 전의 그 느낌으로, 그 글 그대로 말이다.

태안은 내가 태어나서 잔뼈가 굵어진 고장이다. 어찌 그곳을 한 시라도 잊을 수 있으랴? 그러나 나이가 들고 위 분들이 세상을 하직하신 뒤에는 점점 거리가 멀어졌다. 나는 크리스천이기 때문에 명절이나 조상님 기일에 음식을 차려놓고 절하며 제사를 올리지 않고 추도 예배를 드린다. 그리고 1년에 한 번씩 성묘를 갔다 온다.

이렇게 멀어지는 고향을 가깝게 잡아매 준 것이 바로 '태안문학'이라고 생각한다. '태안문학'은 한 해에 상반기와 하반기로 나누어서 두 번 발간되기 때문에 관심을 가지고 글을 써야 하며 계속하여 전해지는 통신문은 내 고향 태안과 가깝게 하는 교량적 역할을 한다. 요즘 전보다 더 가까워진 느낌이 든다. 이렇게 관심의 대상이 있는 곳에 마음이 흐르고 또 그곳에 마음이 머물게 마련이다.

그래서 출향인으로서 '태안문학'을 더욱 고맙게 생각하며 어떻게 하면 태안문학회 발전에 기여할 것인가? 라는 데 더 관심을 가지게 되었다.

(2008.02.20.)

내가 수필을 쓰게 된 이유

한마디로 말해서 나는 글을 잘 쓸 수 있는 재능이 없는 것 같다. 거기다가 문학에 대한 학습도 받은 적도 없고 학부에서는 사회과학에 대한 학문을 연구했다. 그러한 학문의 틀 속에서 섬세하고 아름다우며 오묘한 자연을 솜씨 있게 구가한다든가, 심오한 인생을 묘사한다는 것은 무리이다. 그래서 내가 써 놓은 글들은 언제나 딱딱하고 사람의 감정을 돋우는 신선한 맛도 없고 가슴 깊이 파고드는 침투력도 없다고 생각한다.

우연한 기회에 초등학교 동창생의 주선으로 기행문을 지방 문학지에 실었다. 그때 그 문학회 J 회장님께서 형님은 지금 소설을 쓰실 수도 없고 수필 장르의 글을 쓰시는 것이 좋을 것이라는 권면에 따라서 수필의 뜻도 잘 모르고 쓰기 시작했다. 다만 중학교 다닐 때 '수필은 붓 가는 대로 쓰는 글'이라는 것을 배운 적은 있다.

나는 퇴직한 뒤에 제일 먼저 시작한 것이 일기 쓰는 일이었다. 직장에서 물러 나온 사람들의 공통된 현상은 무료감(無聊感)으로 인하여 받는 스트레스이다. 퇴직 뒤에 이 무료감 없이 지낸 사람들은 그의 생활을 성공적으로 이끈 사람들이라고 생각한다. 나는 이 무료감에서 벗어나기 위하여 처음에는 산책도 하고 교회에서 내 주관으로 성도들과 함께 성경을 써서 필사본 큰 성경을 제작하여 하나님께 봉헌하기도 했다.

위에서 이미 말한 바와 같이 일기 쓰기는 퇴직하던 날부터 시작해서 현재까지 쓰고 있다. 일기는 연필, 볼펜 등으로 쓴 것이 아니라 문명의 이기인 컴퓨터를 이용하여 썼다. 어느 때에는 A4용지 1페이지를 쓴 때도 있고 많은 경우에는 10페이지를 쓴 때도 있다. 이렇게 일기를 쓴 기간이 10년이 넘는다.

그다음으로 한 일이 신앙 서적과 고전을 읽었다. 나의 독서방법은 클래식 음악을 틀어놓고 그것도 깊은 밤에 흐르는 음악의 선율을 타고 책장 위에 눈길을 던졌다. 비교적 정독하는 방법으로 독서했다.

그리고 여러 곳에 여행하지는 못했지만, 성지순례라는 이름으로 구약과 신약의 성지를 순례했고 또 국내 성지도 순례했다. 휴전선 이북에 있는 천하 명산인 금강산 관광도 했고 일본 지인의 초청으로 일본의 풍물을 보기 위해서 갔다 왔고 작년에는 일본 속의 한민족사를 탐방하기 위하여 다녀왔다. 그렇게 여행을 한 뒤에는 반드시 여행기를 남기었다. 그것은 눈도장만 찍고 온 것으로 여행을 끝내면 비경제적이라는 생각도 있지만, 그것보다는 갔다 온 여행을 재음미한다는 의미에서 사진을 곁들여서 기록을 남기었다.

위에서도 이미 말했지만, 글방 선배 J씨가 수필을 쓰라고 권면해서 그에 따라서 붓 가는 대로 글을 써 왔다. 그리고 수필이라고 쓴 나의 글을 읽어본 또 하나의 글방 선배 P씨는 자기가 지은 국어학습에 관한 책자와 그 책자를 보내는 뜻을 담은 진솔한 편지와 함께 우송해 주었다. 솔직히 말해서 그 친구의 속마음은 '글을 쓰려면 자기가 쓰고자 하는 장르의 개념은 정확히 파악한 뒤에 글을 써야 하는 것이 아니겠느냐?' 하는 충고의 뜻에서 그 책자를 나에게 보낸 것으로 생각한다. 나도 그런 뜻으로 받아들이고 감사했다.

나의 첫 번째 글방 선배가 나로 하여금 수필 장르에서 일가를 이루어 보라고 문학의 방향을 제시해 주었다면 나의 두 번째 글방 선배는 그 수필을 살찌게 하려고 자양분이 풍부한 음식을 제공했다고 생각한다. 그래서 그 책을 정독하여 수필의 뜻을 파악해 보았다. 그 책자에 따르면 수필은 "일생 생활에서 보고, 듣고, 느끼고, 생각한 것을 내용이나 형식의 제한을 받지 않고 붓 가는 대로 자유롭게 쓰는 산문 문학의 한 갈래"라고 정의했다. 그리고 수필의 특성, 구성요소, 종류, 다른 문학과의 차이점 등을 구체적으로 간결하게 요약 정리해 놓았다.

수필 문학에 손을 댄 나로서는 그 책자가 그렇게 유익할 수가 없었다. 앞으로 이 책자를 통하여 내 마음속에 정립되지 않은 수필의 개념을 정확히 파악·정립하여 그 틀 안에서 수필을 잘 써야 하겠다는 다짐을 했다. 그렇게 되면 명실상부한 수필이 되지 않겠나? 하는 생각을 하면서 말이다. 이러한 꿈을 현실화시키기 위하여 최선을 다 하자는 것이 나의 생각이다. 그 꿈은 분명히 이루어질 것으로 믿는다.

나는 10여 년간 써 온 글 전체를 놓고 분석해 보았다. 간추려 말하면 글의 대종을 이루는 것이 일기이며 국내외 성지순례와 관광, 역사 탐방 등의 기행문과 2001년부터 현재까지 '태안문학'에 기고한 어설픈 수필 그리고 그다음 해부터 한국기독공보에 투고한 칼럼이 전부이다.

수필을 내용에 따라서 경수필(輕隨筆)과 중수필(重隨筆)로 나누는데 내가 쓴 글 중에서 일기, 기행문 등이 전자에 속하며 시평(時評)으로 쓴 칼럼이 후자에 해당한다고 생각한다. 견강부회(牽强附會) 같지만 내가 지금까지 쓴 글들을 모두 수필의 장르에 넣어도 무리는 아니라고 생각한다. 그리고 생각하니 잘 쓰진 못했지만, 나는 10여 년 동안 하루도 거르지 않고 수필을 써 왔다는 결론을 얻었다.

어느 글이나 마찬가지이겠지만, 수필도 필자가 그 글에 담고자 하는 중심 사상이 배어 있어야 한다. 이것이 빠진 글은 아무리 소재가 풍부하고 효과적으로 글을 배열하였으며 문장에 필자의 개성 있는 글투를 나타냈다 하더라도 그것은 글자의 배열에 불과하다고 생각한다. 그래서 글에는 필자가 나타내고자 하는 중심 사상이 반드시 표현되어 있어야 한다. 그것이 글의 생명이다. 이러한 글은 독자와 공명 공감할 수 있는 글이 될 것으로 생각한다.

(2008.09.16.)

내 고향 '태안신두리해안사구'

내 고향 태안반도 신두리에 보존가치가 높은 사구(砂丘)가 있다는 말을 평소에 들어왔다. 이 신두리는 나의 둘째 누님께서 사셨던 곳이기도 하다. 그 누님께서 사신 집은 야산을 등지고 음지에 있다. 바로 그 야산 너머에 그 유명한 신두리 사구가 서해를 바라보며 펼쳐있다. 내가 어릴 적에 그 누님댁을 몇 번 간 기억이 있는데 한 번도 그 사구에 가본 적은 없다.

그러던 차에 초등학교 동창회 일정에 "태안군 원북면 신두리 사구"를 답사할 계획이 포함되어 있었다. 동창회 일정 통보를 받은 날로부터 옛날 초등학교 학창시절에 소풍 가는 날을 받아 놓은 것처럼 밤잠을 설치기도 했다. 그것은 예나 지금이나 기대가 컸다는 것을 의미한다.

이곳 수도권에서 친구들이 승용차로 가는데 동행하길 권유했으나 이를 사양하고 안양시외버스터미널에서 고속버스를 타고 고향인 태안을 행하여 떠났다. 그것은 친구들이 싫어서가 아니라 나만의 시간을 갖고 싶은 마음에서 그랬다. 무엇보다도 이번 고향방문 중에 신두리 사구에 대한 기대가 컸으며 설레는 마음을 깨뜨리고 싶지 않았고 잠시나마 혼자서 그 마음을 간직하고 현장에 가고 싶어서 그렇게 했다.

태안 버스터미널에 도착한 뒤에 나는 동문예식장 앞에서 대기하고 있는 관광버스로 갈아타고 1년 전에 만났던 동창생들과 일일이 반가운 악수를 하고 자리를 잡았다. 고향을 지키며 살아가고 있는 동창회 임원들의 정성 어린 준비에 감사했다.

우리는 일정대로 오전 10시 40분경에 태안군 원북면 신두리에 있는 사구를 향해 떠났다. 동창회장은 버스 안에서 인사말과 오늘의 일정을 알리고 특히 신두리 사구에 대한 설명을 다음과 같이 곁들였다.

서산군에서 태안군이 분군(分群) 되기 전에 자신이 서산군 태안면 북부출장소에 근무할 당시 신두리 해안의 빈지(濱地)를 조사했는데 그 결과 98만여㎡(약 30만 평)의 무주물인 해안 토지를 찾아서 이를 국유지로 등기를 마치고 관리했는데 바로 이 토지가 신두리 사구라고 하면서 그때 민간인에게 일부를 분양해 준 토지가 오늘날 건물이 세워져 있는 곳과 현재 건축행위가 이루어지고 있는 곳이 바로 그 사유지라고 설명했다.

그는 국유지 일부가 어떻게 해서 민간인에게 분양되었는지? 그 사유에 대하여서는 설명이 없었고 그때 그 빈지를 찾아낸 것은 잘한 일이라고 생각했다고 말했다. 그러나 오늘날 난개발 되고 있는 신두리 사구를 볼 때마다 그 빈지를 찾지 않았더라면 좋았을 것을… 하는 생각도 했다고 한다. 동창회장도 일부이긴 하지만 그 사구가 훼손된 것이 못내 안타까워서 그런 말을 한 것으로 생각한다.

나는 성지를 순례한다든가, 문화유적지 등을 답사할 때 미리 대상지에 대한 역사나 현지 상황을 알아보는 버릇이 있다. 신두리 사구에 대한 것도 마찬 가지었다. 이 사구는 보존가치가 크기 때문에 정부에서 국가지정문화재로 2001년 11월 30일에 '태안신두리해안사구'(泰安新斗里海岸砂丘)를 천연기념물 제431호로 지정했다. 위치는 태안군 원북면 신두리 산 263-1번지 일원이며 지정규모는 길이가 3.4㎞, 폭이 0.2㎞~1.3㎞이고 면적이 982,953㎡(약 297,340평)이며 그 관리자를 태안군청으로 했다는 것을 알았다. 그리고 사구의 형성, 사구의 기능, 사구의 생리 등에 대하여 관심을 가지고 관계문헌과 태안군청 홈페이지 등을 통하여 내용을 파악해 보기도 했다.

이 사구(砂丘)의 형성은 어떻게 되었을까?

사구라는 말을 생소하게 듣는 사람들이 있을지 모른다. 사전적 의미로 사구는 바람으로 운반된 모래가 쌓여서 만들어진 '모래언덕'이다. 그것은 규모가 큰 것도 있고 작은 것도 있으며 내륙지방에도 있고 해안지방에도 있다. 내 고향 신두리 사구는 우리나라에서 규모가 가장 큰 모래언덕이며 해안에 있다.

그러면 신두리 사구를 형성하고 있는 모래알갱이의 고향은 어디일까? 를 살펴보자. 일반적으로 모래는 여러 가지 요인에 의하여 만들어지는데 학자들은 지표면의 암석이 물리적 또는 화학적 풍화작용과 물의 침식작용으로 만들어진다고 한다. 이렇게 만들어진 모래는 바람을 타고 풍향에 따라 옮겨지거나 하천의 물에 실려 흘러가게 한다. 그런데 신두리에는 모래를 운반해 줄 만한 하천이 없다. 그렇다면 그 모래는 어디서 왔을까?

신두리를 비롯한 주변 지역은 지형적으로 외해로 돌출되어 있으며 북서 계절풍을 직접 강하게 받는 지역이다. 따라서 강한 북서 계절풍에 의해 주변 산지의 운모편암(雲母片巖)이 깎여 바다로 들어간 뒤 파랑(波浪)을 타고 다시 바닷가로 밀려들거나 파랑의 침식으로 깎여나간 침식물들이 해안가로 밀려와 일정한 지역에 쌓임으로써 형성된 것이 바

로 모래 해안 즉, 사빈(砂濱)이라고 한다. (태안군청 홈피 참조)

그리고 동해안보다 서해안 특히 태안반도에는 신두리를 비롯하여 사빈이 발달하여 곳곳에 해수욕장(만리포, 신두리 등 28개 해수욕장)이 있으며 사질 간척지가 발달해 있어 모래를 지속해서 공급해 주고 있다고 한다.

신두리 사구는 조수 차에 의한 넓은 조간대와 겨울철에 북서 계절풍으로 국내에서 가장 큰 규모의 사구 지형을 형성하고 있다고 한다. 오랜 세월을 두고 바다로부터 뭍을 향하여 불어오는 강한 바람이 모래알갱이를 시나브로 안고 왔으며 해변에 밀어 올려놓은 모래알갱이가 빙하기 이후 약 1만 5천 년 전부터 서서히 신두리 해안에 사구를 형성하기 시작했다(같은 홈피 참조). 그리고 이렇게 형성된 해안사구는 약 150만㎡(50만 평)가 된다고 한다.

후손들에게 물려줄 유산 중에는 문화유산, 자연유산 그리고 복합유산으로 구분할 수 있는데 문화유산은 인공으로 아름답게 건립되었거나 축조된 구조물들이 세월의 흐름에 따라서 문화적 가치가 부여된 것들이다. 그런데 자연유산은 자연적으로 장구한 세월 동안 형성된 것으로 보존가치가 있다고 인정된 유산이다. 외국의 것들은 그만두고 우리나라의 예로 제주도 용암 동굴, 경남 창녕의 우포늪 등이 그것이고 신두리 사구도 이에 해당한다.

동창회장의 신두리 사구 난개발에 대한 설명을 들으면서 우리 일행을 태운 관광버스는 마른 갈대숲 사이로 개설된 도로를 지나 해변 가까운 곳에 주차하고 우리는 일단 차에서 내렸다. 나는 바다 쪽에서 불어오는 강한 바람을 받으면서 바닷가도 걸어보고 갈대숲도 헤쳐보고 멀리 길게 누운 유선형 모래언덕도 조망해 보았다. 내가 신두리 사구의 전체를 살펴보지는 못했지만, 지금 처음 지켜본 상황이 마음에 들지 않았다.

첫 번째로는 우리가 타고 온 관광버스가 지난 온 도로는 분명히 자동차 도로이다. 그 도로부지가 국유지이든 사유지이든 또는 임시이든 영구이든 인공을 가해 자동차도로가 개설된 것에 대하여 그 사구가 그만큼 상처를 입었다는 느낌이 들었다.

두 번째로 우리가 해변에 도착했을 때 썰물 중이었는데도 강한 바람은 물결을 만들어주었으며 그 바람에 힘입은 파도는 해안에 밀려왔다. 해변에 축조된 옹벽에 부딪히는 파도는 모래알갱이를 쓸어안고 흘러가고 있었다. 미세한 모래알갱이이기 때문에 육안으로 보기에 어렵지만, 모래를 빼앗긴 해변의 옹벽 석축은 엉성해 보였다. 이것은 옹벽 안쪽에 있는 모래가 썰물에 씻겨 나갔다는 것을 입증해 주는 것이다. 그러니 그 옹벽 위에 세워진 건축물은 언젠가 붕괴할 위험을 안고 있다.

세 번째로는 신두리 사구 해안 주변에는 대도시의 호텔을 방불케 하는 콘도인지, 펜션인지 이미 지어져 있고 짓고 있는 것도 있다. 그 땅은 민간인의 소유이고 그 소유자의 건축행위 때문에 자연경관이 훼손되었으며 또 사유지의 모래언덕은 현재는 아니더라도 어떠한 형태로라도 훼손될 것이다. 자연경관 보존은 자연 그대로 놓아두는 것이 보존이다. 사람들의 발에 밟히면 그때부터 자연경관은 훼손되게 마련이다.

이러한 사구(砂丘)의 기능은 무엇일까?

나와 함께 신두리 사구를 살펴본 동창생 친구가 이 사구에 대하여 깊이 있는 말을 던져주었다. 이 사구가 없었더라면 농경지가 바닷물로 침수되었을 텐데 이 사구가 천연의 제방 역할을 한다고 말했다. 위에서 이미 말했듯이 약 1만 5천여 년 동안 바람을 안은 물결이 모래알갱이를 싣고 와서 해안에 내려놓고 이렇게 수없이 반복하여 오늘날 크고도 아름다운 모래언덕을 만들었던 것이다. 더군다나 흙이 섞이지 않은 양질의 모래라고 한다.

그 친구는 일반적으로 모래 하면 물이 금방 새어 나가는 것으로 생각하는데 이 사구 밑 부분에 수질이 좋은 민물이 저장되어있다고 한다. 전문가들의 말을 빌리면 "사구에는 입자 사이에 공간이 아주 많아서 여기에 빗물이 스며들어 사구 아래에 저장되는데 이때 바닷물은 밀도차이 때문에 침입하지 못하게 된다고 한다. 그뿐만 아니라 해안사구 자체가 모래의 정화능력 때문에 그 수질을 더욱 깨끗하게 한다는 것이다. 이 때문에 사구에 저장된 지하수는 순수한 물이며 사구의 배후에는 습지가 형성되기 쉽다고 한다. 그러므로 사구가 훼손될 때 이것은 곧 수질과 토양의 오염으로 이어진다."고 한다(2004.06.04 연합뉴스 사회면 참조).

또 그 친구는 이곳 사구에는 일반 육지에서는 발견하기 어려운 동식물들이 살고 있다고 말했다. 그 친구는 신두리 사구에서 사는 식물과 동물의 이름을 말해 주었으나 다 기억할 수 없었다. 식물로서는 갯그령, 통보리사초, 갯완두, 해당화, 갯메꽃, 갯방풍, 모래지치, 갯쇠보리, 통보리사초 등이다(같은 홈피 참조). 내가 80년대 초에 처음 사우디아라비아에 출장 갔을 때 사막에서 어린아이의 손가락만 한 이름 모르는 풀을 발견하고 신기해서 그 풀을 뽑아보았다. 그러나 뽑히지 않고 윗부분이 잘렸다. 비슷한 종의 풀을 찾아서 30㎝ 정도 깊이 파도 그 뿌리의 끝을 보지 못했다. 아마 그 이상의 깊이로 파더라도 그 뿌리의 끝을 보지 못했을는지도 모른다. 수분이 있는 곳까지 내려갔기 때문이라고 생각한다.

신두리 사구 안에 서식하는 동물로서 해안 초지구역에서는 도마뱀, 아무르장지뱀, 표범장지뱀 등의 파충류와 황조롱이 등과 같은 조류, 포유류로서 고란이, 너구리 등이 서식하고 있다. 그리고 사구 습지지역에서는 금개구리, 참개구리, 산개구리, 청개구리 등의 양서류와 고라니, 황조롱이 등과 같은 포유류 이외에 다양한 조류도 서식하고 있다고 한다(같은 홈피 참조). 위에서 말했지만, 사우디아라비아 공사현장 주변을 걸었을 때 체구가 비교적 작은 들쥐와 꼬리 부분에 독침이 있는 전갈(全蠍)을 보기도 했다. 아마 그들은 생태 조건이 열악하더라도 그들에 맞기 때문에 살아가고 있을 것이다. 신두리 사구와 같은 좋은 생태 조건에서는 더 많은 생물이 서식할 수 있을 것으로 생각해 보았다.

그 친구는 지금처럼 서해에서 강한 바람이 불고 식물들이 말라서 사구가 황량한 사막처럼 보이지만 자연경관으로서의 미적 가치가 크다고 한다. 바람이 빚어내는 각종 모양의 모래언덕의 형태 그리고 계절에 따라 달라지는 색상에서 자연의 아름다운 경관을 찾아볼 수 있다고 한다.

사구(砂丘)는 무생물이지만 어떠한 생리가 있을까?

모래언덕은 강한 바람으로 일렁이는 파도를 타고 장구한 세월 동안 해안에 밀려든 모래알갱이들이 바닷가에 쌓이고 그 쌓인 모래알갱이들이 햇볕에 건조되면 강한 바람에 날려서 형성한다. 마치 사막에서 바람에 의하여 모래언덕이 이동하고 각종 기묘한 모양을 만드는 원리와 같다. 이것이 모래언덕을 만드는 자연의 순리이다. 그 모래를 펴서 썰물에 띄웠다고 물결이 그 모래알갱이들을 안아 가고 마는 것은 아니다. 그 모래알갱이들은 밀물에 밀려서 다시 해안에 쌓이게 마련이다. 그것이 사구 형성의 순리이다.

그러나 인공구조물이 해안에 있게 되면 거역의 생리가 발동한다.

그것이 석축으로 만든 옹벽이건, 시멘트 구조물이건, 해안에 인공을 가해서 자연의 구조를 변경시키었건 그때부터 모래언덕에 변경을 가져온다. 예컨대 석재나 시멘트 구조물로 옹벽을 축조한 때에 파도는 해변에 싣고 왔던 모래알갱이들을 다시 싣고 갈 뿐만 아니라 이미 쌓였던 모래알갱이들까지 안고 간다.

왜 그런 생리가 생길까? 그것은 자연의 순리에 장애가 발생했기 때문이다. 인공구조물에 파도가 부딪히면 그 파도는 새로운 각을 세우게 마련이다. 즉 파도가 순리대로 밀려오는 것이 아니라 역리로 되돌아갈 때 주변의 모래알갱이를 안고 나간다. 그러기 때문에 인공구조물이 있는 곳의 모래알갱이는 바다로 쓸려가게 마련이다. 신두리 해안에 석축으로 만들어진 옹벽 바로 앞의 모래를 파도가 싣고 간 흔적이 있고 옹벽 틈새로 해수가 모래알갱이를 빼내가 석축이 엉성한 것을 볼 수 있었던 것도 그 원리에서이다.

이런 현상은 꼭 파도에 의해서만 이루어지는 것이 아니다. 장구한 세월 동안 같은 방향으로 불어서 모래알갱이를 실어왔고 모래언덕을 만들어주었으나 그 바람의 방향이 인공에 의하여 장애를 받거나(예, 의항리 방조제 건설, 해안도로 건설 등) 기상이변에 따라서 풍향이 바뀔 때 사구의 모습은 달라지게 마련이며 사구의 모래가 유실한다.

장마로 인하여 산사태가 나서 존귀한 인명과 막대한 재산상의 피해를 주는 것도 자연에 무지하게 인공을 가했기 때문에 엄청난 재해가 인간에게 돌아온다. 물론 인공재해만 있고 자연재해가 없는 것은 아니다. 그러나 자연재해는 자연의 순리이지 엄밀한 의미에서 재해가 아니라고 생각한다. 미국에서는 자연발화로 산불이 나면 끄지 말라는 학자가 있다고 한다. 산불이 발생하는 것도 자연현상이며 타는 것도 자연현상이라고 보기 때문이다. 우리 인간은 자연 일부이므로 자연에 순응하며 살아야 한다.

그러나 자연적으로 형성된 해안사구는 풍향이나 풍속 그리고 해류의 변화가 없고 모래가 고갈되지 않는 한 모래언덕은 살찌게 마련이다. 이러한 모래의 생리를 모르면 사구는 계속해서 유실될 것이다.

내가 초등학교 동창생들과 함께 신두리 해안사구를 답사한 계절은 늦은 봄이었다. 그때 그 해안사구는 광활한 사막과 같이 보였다. 가까운 곳에서 마른 갈대숲이나 통보리사초 등이 있었지만 멀리 바라볼 때 그런 것들도 다 모래언덕으로 보였다. 나는 중동에서 잠시 생활한 기회가 있어서 그때 지평선을 이룬 사막을 감상해 본 적이 있다. 풀 한 포기, 나무 한 그루도 없는 나신이었지만 그렇게 아름다울 수가 없었다. 순간적으로 신두리 해안사구와 그곳의 사막과 연계시켜서 보았다. 유선형으로 쌓여 있는 고운 모래언덕은 아름다운 곡선미를 보여주었다. 그 곡선미는 선이 완만하고 부드러운 느낌마저 들었다. 그것은 바람이 만들어낸 예술품이다. 아무리 사람의 손으로 잘 만든다 하더라도 그러한 걸작을 빚어낼 수 없을 것으로 생각하였다.

동창생 친구의 말을 빌리면 지금은 전체가 사막처럼 보이지만 봄이 지나고 여름에 접어들면 갈대가 자라기 시작해서 넓은 숲을 이루는 지역도 있고 통보리사초 등이 자라서 푸른 융단이 깔린 것 같은 지역도 있으며 이곳저곳에 갯메꽃, 해당화 등의 아름다운 꽃도 볼 수 있다고 한다. 그 친구는 한 계절만 와서 보고 신두리 해안사구를 말할 수 없다고 한다. 여름에는 전국 최대의 해당화 군락지에서 홍자색의 아름다운 꽃을 감상할 수 있으며 가을로 접어들면 갈대꽃이 처음에 자주색으로 피었다가 담백색으로 변하여 그때그때 장관을 이루고 겨울엔 한없이 걷고 싶은 충동을 자아내는 아름다운 설원(雪原)을 만들어 주기도 한다고 한다.

내 고향은 이렇게 아름다운 해안사구를 품고 있다. 그러니 어찌 자랑스럽지 않으리오. 정부가 이 사구를 천연기념물로 이미 지정했으므로 인제는 그 관리가 중요하다. 위에서도 이미 말했지만, 사구에 사람의 발길이 잦아지면 훼손되게 마련이다. 자연 그대로 살아가게 해 주어야 한다. 그것이 바로 사구를 보전하는 유일한 관리방법이라고 생각한다.

서해안 안면도 해변이나 만리포, 천리포의 해수욕장 해변에 인공을 가해서 해변의 모래가 유실된 것을 볼 수 있었고 최근에는 동해안에도 해변의 모래가 유실한다고 지역주민의 걱정이 대단하다. 그것은 옐리뇨 현상이라고 주장하는 사람도 있지만, 전문가들은 해변에 옹벽을 설치하는 등 관리를 소홀히 했기 때문에 그런 현상이 일어났다고 지적하고 있다. 그런데도 관청에서는 대책을 세우지 않고 예산 타령만 하고 있다고 한다.

일부이긴 하지만 신두리 해안사구도 해안에 옹벽을 설치함으로써 거역의 원리에 의하여 파도가 모래알갱이를 안고 가버린 것이다. 태초와 같은 환경을 만들어 주지 않으면 그 유실된 모래는 다시 찾아오지 않을 것이다. 그런 현상이 있기 전에 관리에 만전을 기하여야 한다.

신두리 사구는 바람이 빚어놓은 세계 최대의 모래언덕(해안사구)으로 환상의 분위기 속에 원시적 생태 관광지로 손색이 없다(같은 홈피 참조)

고 한다. 이 사구의 아름다운 경관을 여러 사람이 감상하면서 즐길 수 있도록 보전을 위한 관리를 철저히 하여야 하며 공익적 차원에서 국유나 공유지를 제외하고는 개인이 소유한 일부 사구라도 정부에 그 재산을 매각하든지, 대토하든지, 아니면 소유자가 그 재산을 기부채납(寄附採納)해 주었으면 좋겠다. 이 사구의 자연경관을 보전하고 즐기게 하기 위해서는 국가가 그 소유자가 되는 것이 좋다고 생각한다.

우리 동창회의 신두리 해안사구 답사계획에 따라 다녀오기는 했으나 전체를 다 보지 못하고 그것도 주마간산 격으로 보았기 때문에 아쉬움이 많았다. 이번에는 늦은 봄에 다녀왔으니 다음에는 여름, 가을 그리고 겨울에 답사해서 계절에 따른 신두리 사구의 진면모를 파악해 보고 싶다.

(2006.05.30.)

다듬잇돌에 얽힌 애환

오래간만에 고풍스러운 음식점에서 점심을 했다. 옛날 초가집을 음식점으로 개조한 집인데 그 음식점에서 옛날 우리 할머니, 어머니들이 사용하셨던 다듬잇돌을 보았다. 마루 밑 토방에 다듬잇돌을 놓고 이 돌을 디딤돌로 해서 손님들이 마루에 오르내리고 있다. 그것 이외에 방 한구석에 화초장(花草欌)도 있고 못에 달아맨 다듬잇방망이도 있으며 심지어는 키 이외 체도 걸려 있다. 그리고 그 집의 출입문이나 창문은 전부 전통적인 한옥 양식인 격자문(格子門)이다. 나는 다듬잇돌과 다듬잇방망이에 눈길이 멎었다.

우리 또래들은 누구나 어릴 적게 이 다듬잇돌과 다듬잇방망이를 보며 자랐다. 어느 가정이고 이 두 가지가 없는 집은 없었으니 말이다. 옛날에 우리 집에는 엷은 청색과 검은색의 다듬잇돌 둘이 있었다. 이 다듬잇돌은 옷감, 이불감 등의 천을 다듬을 때에 밑에 받쳐 사용하는 것으로 돌로 만들어진 것도 있고 단단한 나무로 만들어진 것도 있다고 한다. 돌로는 화강암, 대리석 등의 석재를 사용했는데 나는 나무로 만든 것을 보지 못했다. 그리고 다듬잇방망이는 박달나무, 느티나무 같은 단단한 나무로 만드는데 박달나무로 만든 방망이가 제일 좋다고 한다.

위에서 말했듯이 옷감을 다듬을 때 여인네들이 이 방망이질을 했다. 나는 혼기를 앞둔 누나들이 직접 그 다듬이질하는 것을 보았다. 그때 옆에서 어머니께서 다듬이질하는 방법을 가르쳐주셨다. 다듬이질은 오른손과 왼손으로 각각 방망이를 잡고 한쪽 손의 방망이를 강하게 치면 다른 한 손의 방망이는 약하게 치는 것이라고 말씀하시고 방망이로 다듬잇돌의 모서리를 쳐서는 아니 한다고 하셨다. 그 이유는 옷감을 상하게 하기 때문이라고 설명하셨다. 두 사람이 방망이질할 때에는 다듬잇돌을 중심으로 마주앉아 다듬이질하는데 상대방의 방망이에 얽히지 않도록 주의해야 하며 서로가 박자를 맞춰서 두들기라고 하셨다. 그리고 특히 주의할 것은 손바느질한 혼 솔기를 뜯어서 세탁해야 하며 그렇지 않으면 특히 덜 마른 옷감을 다듬이질할 때 그 혼 솔기가 잘 터지므로 주의해야 한다고 하셨다.

다듬이질은 필요에 따라서 수시로 하기도 하지만 여름 장마가 지나고 가을로 접어들면 추수도 하거니와 겨우살이를 위하여 여인네들은 빨래(세탁)하고 그 옷감을 다듬기 위하여 다듬이질하는데 일반적으로 낮에나 초저녁에 한다. 지금은 옷감에 푸새하는 일이 없으나 옛날에는 이불잇, 욧잇, 어른들의 두루마기, 바지저고리 그리고 여인네들의 옷 등에 푸새하여 완전히 건조한다. 그 건조된 옷감에 입으로 물을 뿜거나 손으로 골고루 물을 뿌려서 빨랫보에 싸서 물기가 옷감에 골고루 밴 다음에 솔기를 맞춰서 갠 다음 다듬잇돌 위에 올려놓고 방망이로 두드려서 다듬었다. 그리고 푸새한 모시, 무명, 광목, 당목 등의 필목(疋木) 옷감은 홍두깨에 감아서 홍두깨틀 위에 올려놓고 그 밑에 다듬잇돌을 받쳐서 홍두깨를 돌이며 다듬잇방망이로 두들기면 구김살이 잘 펴진다. 그렇다고 해서 홍두깨틀이 집집마다 다 있는 것은 아니다.

일반적으로 큰 옷감을 혼자서 다듬이질하기는 버거워서 동서나 시누이와 함께 그리고 자매들이 같이 다듬이질했다. 다듬이질하는 방법은 위에서 말했듯이 양손의 방망이를 강약으로 리드미컬하게 두들긴다. 어느 때 누가 시켰는지는 모르지만, 전통적으로 그렇게 다듬이질을 해왔다. 이때 그 방망이 소리가 듣기에 좋다. 그 강약의 리듬이 맑고 아름답게 들리며 가까이에서보다 멀리서 들려오는 리드미컬한 다듬이질 소리는 맑은 음악과 같았다. 지금 이 순간 옛날에 들었던 양지마을의 다듬질하는 소리가 들리는 듯하다.

그런가 하면 이 다듬잇방망이 질은 시집살이로 쌓인 며느리들의 스트레스를 해소하는 데 한몫을 했다고 한다. 옛날 며느리들이 시집살이 했던 시절에 그 스트레스를 자유롭게 풀 길이 없었다. 그 시절 어렵기만 한 시어머니께 바른말을 할 수도 없고 그렇다고 남편에게 함부로 말할 수도 없었다. 남편의 거중조정을 기대하고 말했다가 시어머니로부터 더 심한 시집살이를 받을 할 수도 있기 때문이다. 또 남편이 그 역할을 제대로 해내기가 심히 어려웠다. 그래서 마음속에 서리고 얽힌 스트레스를 푸는 좋은 방법이 이 옷감을 다듬는 방망이질이었다고 한다.

위와 같은 애환이 서려 있는 다듬잇돌을 볼 때 우리나라 여성들의 힘들고 고달팠던 과거의 삶을 연상케 해 준다. 낮에 가을걷이에 피로했던 몸으로 저녁에 다듬이질하고 이렇게 다듬어진 옷감을 가지고 호롱불 밑에서 밤을 새우며 바느질을 하셨던 우리 어머니의 생각이 떠올랐다. 집안 어른들의 옷으로부터 어린아이들의 옷까지 꿰매 입히고 사셨다. 힘들고 고달프게 사셨던 분들이 어찌 우리 어머니뿐이리오. 생존해 계실 때 어머님의 은혜에 보답하지 못한 것을 생각하면서 감사의 맘과 죄송한 맘이 교차하는 가운데 다듬잇돌에 얽힌 애환을 그려보았다.

(2011.08.12.)

제 4 부

인구부양이 시급하다.

출산율 제고가 시급하다.

@정부의 통계를 보면 우리나라의 가임여성 1인이 1.19명의 아기를 생산한다고 발표했다. 서구선진국보다도 더 낮은 저출산율을 나타내고 있다. 그래서 세계에서 제일 낮은 저출산국이 되었다. 옛날에 상여(喪輿) 뒤를 따라가는 어린 외아들인 상주(喪主)를 바라보는 동네 여인들의 입에서 흘러나온 말로 "인제 저 집안 망했구나!"라고 한 말이 있다. 그 당시 한 집에서 칠팔 명 또는 그 이상의 자녀를 낳아 기르던 농업을 주로 하던 시절의 이야기이다. 집안에 사람이 없으면 농사지을 수 없으니 망할 수밖에 없다는 말이다.

아무리 현재가 산업사회이고 정보화 사회로 변환되고 있다 하더라도 로봇(robot)이 혼자서 일을 할 수 없으며 리모트 컨트롤(remote control)로 작동하더라도 결국은 사람의 손을 빌려야 한다. 더군다나 농사일은 아무리 기계화한다 하더라도 한계가 있다.

중국이 열강의 대열에 끼는 것은 국토면적이 넓다는데도 이유가 있다고 할 수 있지만, 인구가 13억 명이 넘는 나라이기 때문에 어느 나라에서나 중국을 낮게 볼 수 없다. 우리나라가 현재와 같은 저출산율이 계속한다면 앞으로 많은 외국인 근로자의 고용이 불가피하며 그렇게 될 때 임금 인상을 위한 장기파업을 하게 되면 우리나라의 전 산업은 마비되고 말 것이다.

그러므로 인구증가를 위한 대책이 필요하다고 생각한다. 국회에서 셋째 아이를 출산한 때부터 18세까지 그 아이의 양육에 대한 책임을 정부가 진다는 내용의 법률안이 만들어진 것으로 알고 있다. 현재 결혼하지 않고 독신으로 살고자 하는 처녀 총각이 늘어나고 있는데 어찌 셋째 아이부터 정부가 지원하는 것으로 법률안을 입안했는지 이해가 가지 않는다. 그것은 현실과 너무도 동떨어진 법률안으로 생각한다. 우선 청춘 남녀가 결혼하도록 독려하여야 하며 임신한 때부터 최소한 중등학교 졸업할 때까지 정부에서 적극 보살펴주어야 한다. 그 방안으로 다음과 같은 시책이 필요하다고 생각한다.

첫째로 처녀 총각의 결혼을 적극 도와주어야 한다.

매스컴을 통하여 결혼생활이 즐겁다는 것을 보여주어야 한다. 현재의 영상물을 통한 남녀 간의 관계는 괴로움과 불륜으로 점철되어 있다. 특히 결혼에 실패한 작가들이 쓴 작품을 보면 상대 성(性)을 괴롭히고 멸시하는 내용으로 쓰여 있는 경우가 가끔 있다. 옛날 20세기 초반기에 쓰인 소설을 보면 낭만적이고 가정적이며 해피엔딩(happy ending)으로 끝나는 소설이 많았다. 그러므로 국가 정책적인 측면에서 글을 쓰는 작가들은 국가의 백년대계를 위해서 결혼의 중요성과 가정의 행복함을 보여주는 내용의 작품을 많이 써야 한다고 생각한다.

둘째로 결혼을 전제로 한 임대주택 입주권을 부여하여야 한다.

처녀 총각이 뜻이 맞아서 결혼하고 싶으나 막상 결혼해도 살집이 없어서 고민하는 젊은이들이 많다고 한다. 결혼식을 올릴 날짜가 잡히면 본인의 요구로 임대주택에 입주할 수 있는 입주권을 주는 제도를 마련하여야 한다. 결혼한 부부가 안온하게 신혼살림을 꾸려나갈 수 있는 둥우리가 시급하다고 생각한다.

셋째로 지속적인 여성의 사회활동이 보장하여야 한다.

남성들 못 지않게 여성들의 사회활동 범위가 넓어졌다. 사회활동을 하다 결혼한 뒤에 직장을 그만두고 애만 낳아 기른다는 것은 유능한 인력자원을 매장하는 결과가 된다. 애를 기르는 일정 기간만 휴직하도록 해서 가정생활의 행복함과 자녀양육에서 느끼는 희열을 알도록 해주며 정부나 지방자치단체에서 자녀양육을 적극 지원해 주고 애를 낳아도 직장이 보장되고 승진에 지장이 없도록 배려하는 사회적 보장이 필요하다.

넷째로 의료비 지원과 직장마다 탁아시설을 설치하여야 한다.

임신 이후의 의료비 자원과 육아 휴직이 끝난 뒤에 자녀를 맡길 수 있는 탁아시설을 직장마다 설치해서 자녀양육을 도와주어야 한다. 이들은 정신적으로나 육체적으로나 자유롭게 그리고 건강하게 자랄 수 있도록 보살핌을 받을 권리가 있다. 그리고 이것은 자녀를 둔 여성의 업무능률 제고와 밀접한 관련이 있는 사항이다.

다섯째로 공교육을 활성화 시켜 사교육비 부담을 줄여야 한다.

교육 당국에서는 각 가정의 사교육비 부담을 덜어주어야 한다. 세번째 출산하는 애부터 정부에서 지원해 주겠다는 전시행정을 걷어치우고 공교육을 활성화해서 사교육비 부담을 줄여야 한다. 더는 기러기 아빠를 양산하는 행정을 해서는 안 된다. 왜 초등학교 학생까지 해외로 유학을 하는지? 그 이유를 분석해 보아야 한다. 미진한 교육행정이 출산율을 저하시키고 있다는 것을 알아야 한다.

여섯째로 국가유지 차원에서 독신세(가칭)를 원천징수하는 방법을 고려해 볼 만하다. 취업한 처녀 총각이 일정연령까지 결혼하지 않을 때에 일정한 부담을 주어야 한다. 바로 그 방안이 독신세의 부과이다. 이 방안은 국민건강차원에서 담뱃값을 인상하는 것과 차이가 없다고 생각한다. 그 부과범위, 그 부과율 등에 대하여는 전문기관의 심도 있는 검토가 필요하다고 생각한다. 그러면 결혼한 뒤에 아이를 낳지 않을 경우는 어떻게 할 것이냐?의 문제가 제기될 수 있는데 그것까지 정부에서 관여할 수 없다고 생각한다.

위와 같은 방안의 시행으로 가임여성 1인이 2자녀 이상 낳을 수 있도록 최선을 다하여야 한다. 30여 년 전에 보릿고개 없는 나라를 만들자고 하면서 인구증가는 원자폭탄보다 더 무섭다고 말한 적이 있다. 그러나 오늘날과 같이 인구가 감소할 때 앞으로 20년 뒤에는 국가의 존립이 위협을 받게 될 것으로 생각한다.

(2003.08.30)

시급한 인구부양책

우리나라 결혼 적령기에 있는 미혼여성들은 결혼을 기피하거나 미루고 기혼여성들은 출산을 기피하거나 미루고 있다고 한다. 이러한 현상 가운데 최근 서울에서 40대 부부가 12번째 아기를 출산했다는 희소식이 전해졌다. 그렇다고 그 부부가 넉넉한 생활을 하는 것도 아니다.

그 부부는 식당을 운영하면서 월세 14평집에 13명의 식구가 근근이 살아가고 있다고 한다. 반가운 소식은 서울시청이 그 부부에게 34평 임대아파트에서 살 수 있도록 입주권을 주었다고 한다. 그런데 그 임대아파트에 입주하기 위해서는 전세금 1억 4천만 원이 필요하다고 하는데 이의 부담이 커서 이 부부는 고민하고 있다는 보도를 읽은 적이 있다. 이럴 때 정부에서나 지방자치단체에서 특별지원을 해 주었으면 얼마나 좋을까 하는 생각을 해 보았다.

예컨대 위에서 말한 임대아파트를 무상으로 입주할 수 있도록 지원해 주고 월세만 받는 방법을 취하고 앞으로 꼭 12번째 아기의 출산이 아니더라도 출산을 촉진하는 의미에서 일정 수 이상의 아기를 출산하는 가정에는 같은 혜택을 주는 룰(rule)을 정해 놓는 것이 바람직하다.

국민은 12번째 아기의 출산 소식을 기이하게 생각하는 것보다 정부에서 그 부부에게 얼마만큼 지원해 주는지에 대하여 관심이 더 클 것이다.

정부에서 현실과 동떨어진 인구부양책을 쓰지 말고 눈에 보이는, 피부에 와 닿는 정책이 필요하다고 생각한다. 세 번째 출산한 아기부터 양육비를 지급해 준다든가, 위에서 말한 부부에게 거액의 임대 보증금이 필요한 임대아파트 입주권을 주는 그런 행정을 해서는 아니 된다.

아직도 우리 정부에서는 인구감소의 심각성을 알지 못하고 있는 것 같다. 다른 정책도 중요하지만, 인구부양책만은 지방자치단체에 맡길 것이 아니라 중앙정부가 직접 챙겨야 한다.

결혼 적령기에 있는 미혼자들은 결혼을 안 하거나 미루고 기혼자들은 출산을 안 하거나 미루고 있는 특이한 현실에서 젊은이들이 결혼하고 출산할 수 있는 사회적 분위기를 조성해 주어야 한다. 출산을 장려하는 공익광고를 한다든지, 매스컴을 통하여 출산장려의 분위기를 조성하는 등 방법이야 여러 가지가 있을 수 있다.

또 인구부양책의 시급한 것 중의 하나로 우리나라의 불임부부가 63만여 쌍이며 앞으로 늘어날 추세라고 한다. 시험관 아기 시술비가 3백만 원에서 4백만 원이라고 하는데 정부에서는 전혀 지원이 없다고 한다. 이 시술의 평균 성공률은 3, 4회라고 하니 평균 9백만 원에서 1천 2백만 원의 시술비가 필요하다. 이와 같은 시술비가 소요되는 현실에서 이들에게 시술비 중 일부라도 정부에서 지원해 주는 것이 인구부양에 큰 도움이 될 것으로 생각한다.

인구부양책을 강 건너 불을 보듯 할 것이 아니라 바싹 다가서서 심각성을 올바르게 인식하고 긴급 처방도 중요하지만, 항구적인 종합대책이 시급하다고 생각한다. 그리고 국가정책 중에서 위 자리에 놓여야 한다.

(2004.11.20.)

아기 둘 이상 낳기 캠페인

과거 공화당 정부는 식량난을 해결하기 위한 하나의 수단으로 산아제한 정책을 시행해서 인구증가를 억제했다. 그 방법으로 정관수술, 피임약복용, 콘돔사용 등을 권장하면서 '자녀 둘 낳기 운동'을 벌리더니 나중에는 '아들딸 구별 말고 하나 낳기 운동'까지 벌렸다. 그 당시 광고에 서독 분데스리 프랑크푸르트팀에 입단한 차범근 축구선수 가족이 광고의 모델이 된 것으로 기억한다.

그때 정부의 그러한 정책은 기독교계와 심한 갈등을 벌리기도 했다. 하나님께서 주신 선물인 자녀를 인위적으로 제한하는 것은 성경적이 아니라는 것이다. 그래도 정부는 산아제한 정책을 강력하게 추진해서 성공을 거두었다.

이 산아제한은 우리나라만 시행한 것은 아니다. 우리 이웃 나라 중국은 폭발적으로 증가하는 인구를 제한하기 위하여 '하나 낳기 운동'을 벌리었으며 개발도상 국가들에서도 이러한 정책을 시행하기도 한다.

지금 우리나라에서는 이러한 운동을 벌이지 않아도 인구가 감소하는 희귀한 현상이 일어나고 있다. 그래서 우리나라는 세계 최하위권 저출산국에 속해 있다. 전문가의 말에 따르면 한 부부가 2.1명 정도 자녀를 출산해야 현재의 인구를 유지할 수 있다는데 1.17명을 출산한다고 하니 인구정책에 비상이 걸렸다.

인구가 감소하면 앞으로 산업전선은 누구에게 맡길 것이며 국토방위는 누가 책임질지 걱정하지 않을 수 없다. 지금도 근로자가 부족해서 외국인 근로자를 고용하고 있는 형편인데 현재와 같은 템포로 인구가 감소하게 되면 앞으로 국토방위도 외국인 용병을 사용하게 될지도 모른다.

산업전선을 외국인 근로자로 채워질 때 이들이 노동쟁의를 벌이면 생산, 유통 등은 마비될 것이며 외국인 용병으로 국토방위를 하게 한다면 그들에게서 충성을 바랄 수 없다.

정부에서 인구증가정책으로 두 자녀 가진 가정에 유치원이나 보육료를 지급해 준다는 말도 있고 출산휴가도 늘려준다고 하며 세 번째 출산하는 자녀의 양육비를 관청에서 지급하겠다는 느슨한 정책을 발표하기도 했다. 아무튼, 인구증가를 위해서는 정부의 적극적인 정책시행이 필요하며 그 정책을 국민에게 널리 알리는 홍보가 반드시 뒤따라야 한다.

그러나 정부에서는 인구감소의 심각성과 인구증가의 시급성을 알리는 홍보가 결여되어 있는 것 같다. 정부에서 아이를 낳은 가정에 대해서는 어떠한 혜택을 얼마만큼 지원한다는 등의 구체적인 내용을 행정기관은 물론, 각종 매스컴을 통하여 국민에게 주지시키는 반면 저명인사들의 공개강연 또는 각 교회 목회자를 통하여 '아이 둘 이상 낳기 캠페인'을 강력하게 벌여야 할 것으로 생각한다.

(2005.02.01.)

숲을 보는 지혜를 갖자

요즘 결혼 적령기에 있는 젊은이들이 결혼하지 않거나 미루는 여러 가지 이유 중의 하나가 그들의 자아실현 때문이라고 한다. 각 개인이 자기의 독자적인 세계를 개척해서 그것으로부터 자아실현을 하고자 하는 뜻을 높이 평가하지 않을 수 없다. 이런 욕망이 없으면 어찌 젊은이들이라고 할 수 있을까.

그러나 나무만 보는데 집착한 나머지 숲을 보지 못하는 우를 범해서는 안 된다. 젊은이들에게 나무도 보고 숲도 보는 폭넓은 시야가 필요하다고 생각한다. 우리의 선조는 자아실현도 하면서 자녀를 낳아 기르고 사셨다.

성경에 하나님께서 인간을 창조하신 다음에 그들에게 복을 주시고 "생육하고 번성하여 땅에 충만하라"라는 말씀이 있다. 이것은 하나님의 지상명령이다. 지금 결혼하지 않은 젊은이들이나 결혼을 미루고 있는 젊은이들도 위와 같은 하나님의 명령에 따라 태어났다.

"인구가 감소하는 나라는 미래가 없다."라는 글을 읽은 적이 있다. 우리나라에서 이른바 '산업연수생'이라는 이름으로 외국인 근로자들을 고용하기 시작한 지가 15년이 넘는 것 같다. 그때부터 근로자가 부족하기 시작했다는 말이다. 현재 공식적이건 비공식적이건 30만 명 정도의 외국인 근로자들이 우리나라에서 노동에 종사하고 있다고 한다.

최근 보도에 따르면 이들은 노동조합의 결성까지 시도하고 있다. 외국인들이라고 노동조합 결성을 반대할 이유는 없다.

이들이 노동조합을 결성하여 노동쟁의를 벌일 경우를 상상해 보면 그 위력이 대단할 것이며 이 경우 그들을 대체할 수 있는 인력을 구한다는 것은 거의 불가능하다. 따라서 우리 산업이 크게 흔들릴 가능성이 있어 심히 우려된다.

그뿐만 아니라 인구가 줄어들면 국토방위는 누가 한단 말인가? 지금은 60만 대군이라고 하지만 출산율의 저하와 정비례하여 군에 입대할 공급인력의 수도 그만큼 줄어든다는 것을 알아야 한다. 인제는 이스라엘과 같이 여성들도 집총하고 국토방위에 나서야 한다는 말이 나오게 될지도 모른다.

앞으로 지금과 같은 저출산이 계속되면 국토방위 인력은 크게 부족할 것이며 결국 외국인 용병이 불가피하게 필요할 것이다. 이 용병에게 급여를 주는 예산도 크겠지만, 과연 그들에게 충성을 바랄 수 있을지 의문이다.

우리 산업의 유지·발전과 국토방위의 측면에서 인구부양책이 시급함을 살펴보았다. 젊은이들이여! 나무만 보지 말고 숲도 보는 지혜를 갖고 미래가 있는 조국을 만들기 바란다.

(2005.06.17.)

현실에 맞는 출산대책을…

최근 년부터 정부를 비롯하여 각계각층에서 인구부양책의 절실함을 강조하고 있다. 만시지탄의 감은 있으나 참여정부 보건복지부에 '저출산고령사회정책본부'를 신설하는 등 인구부양을 위하여 관심을 집중하고 저출산국의 범주를 금방 벗어날 것처럼 각종 정책을 쏟아내고 있다. 그러나 아기를 낳아 키우는 가정에는 실제적인 혜택은 거의 없다

내년 봄에 초등학교에 입학할 딸아이가 있는 큰며느리는 제 남편이 받아오는 봉급의 반 이상이나 사교육비로 들어간다고 계산하고 있다. 그것도 앞으로 학년이 높아 갈수록 쓰임새가 더 많아질 것이라고 걱정하고 있다. 그렇게 되면 둘째 녀석의 교육은 어떻게 해야 할지 모르겠다고 하면서 딸아이만 둘을 낳았기에 아들 하나를 낳고 싶은데 엄두를 내지 못한다고 한다.

그리고 작은며느리는 아들을 출산하고 동회에 출생신고를 했는데 그곳에서 조그마한 모자 수첩 1개와 아기 포대기 1장을 주었다고 한다. 이것이 행정기관에서 신생아에 부여하는 혜택의 전부이다.

출생한 지 겨우 2개월이 좀 넘은 이 녀석에게 모유를 먹여가면서 분유를 먹이는데 그 분유 값이 지금은 한 달에 10여만 원 정도 필요한데 애가 커가면서 그 액수는 30여만 원 이상으로 증가할 것이라고 한다. 그뿐만 아니라 앞으로 10여 가지 예방접종을 해야 하는 등, 이 녀석의

양육비가 어른의 생활비보다도 훨씬 많이 소요된다고 한다.

제 어미가 초등학교 교사인데 출산휴가를 마치고 애를 시부모에게 맡기고 출근하는데 학교에 가면 착유할 적당한 장소가 없다고 한다. 정결한 곳에서 편안한 마음으로 착유해서 보관했다가 퇴근길에 가지고 와서 아이에게 먹여야 하는데 참으로 난감하다고 한다.

퇴직하고 애를 기르자니 아비가 버는 돈으로는 먹고살기도 어려운데 앞으로 애를 더 낳고 싶어도 경제적인 여건이 맞지 않아서 애를 더 낳기 어렵다고 한다. 여기에 사교육비까지 지출하면 아이 하나 양육하기도 어려울 것 같다고 한다.

기혼여성들이 자녀를 낳으면 이들에게 의료비, 양육비, 교육비가 문제이다. 이에 대하여 가까운 일본의 실례를 살펴보면 임신했을 때부터 의료혜택, 출산했을 때 출산비와 보육비 그리고 중등교육을 마칠 때까지 국가에서 교육비를 지급해 준다고 한다. 우리나라도 이러한 점을 참고하여 인구부양의 특별한 방안을 강구해야 한다.

그리고 직장여성이 출산과 관련된 출산휴가나 육아휴직을 마치고 직장에 복귀할 때 유아를 돌볼 수 있는 간호사, 보육사 등이 고용된 직장부설 탁아소나 기타 공동탁아소가 있어야 한다. 자녀를 마음 놓고 맡겨야 직장에서 업무능률도 제고할 수 있다.

위와 같이 임신 때부터 시작해서 의료비, 보육비, 교육비 등이 필요할 뿐만 아니라, 보육시설인 탁아소, 출산여성들이 사회활동을 하는 데 지장이 없도록 지원하는 등 정부의 적극적인 배려가 시급하다고 생각한다.

(2005.11.28.)

젊은이들이여! "때"를 놓치지 마라.

저출산율 때문에 걱정도 많고 말도 많다. 그러나 정부에서는 뾰족한 대책을 가시적으로 내놓지 못하고 있다. 지방정부에서 불쑥불쑥 대책을 발표하기도 했으나 아직은 실효를 거두지 못하는 것 같다. 출산율이 계속하여 하강곡선을 그리고 있으니 말이다. 이러한 중대한 일은 지방정부에 맡길 것이 아니라 중앙정부 차원에서 직접 다잡아서 강력하게 추진하여야 한다.

저출산율의 해결책으로 입법부에서 이른바 '가족연령제'를 도입하고자 하는 것 같다. 그러나 이 제도는 지원기준 연령, 조혼이나 만혼 등에 따라 지원의 폭이 크게 달라지므로 형평의 원칙에도 맞지 않아서 여론이 비등할 것 같다.

저출산율의 원인을 젊은이들 자신의 가치실현 때문이라는 말도 있으나 근본적인 원인은 경제문제에 있다고 봐야 한다. 먼저 결혼 적령기를 넘은 젊은이들 대부분이 취업하지 못하고 있으며 혼인하더라도 신접살림할 집이 없고 전세금도 만만치가 않다. 또 아기를 출산한 뒤에 육아와 직장인인 출산부의 처우도 문제가 되며 사교육비의 부담이 큰 짐이 되고 있다.

하기야 위와 같은 여건이 갖추어지면 젊은이들이 혼인을 기피할 이유가 없다. 그러나 혼인여건이 100% 갖춰진 다음에 혼인하겠다는 사고는 지양하여야 한다. 혼인여건이 좀 덜 성숙하였더라도 혼인하여야 한다. 옛 어른들은 자식은 20대에, 재산은 30대에 이루어야 한다고 말씀하셨다. 그리고 좀 부족한 애들을 비하해서 말하길 칠순자제라고 말하기도 했다. 이 말은 나이 많아서 자식을 두면 그 자식이 실하지 못하다는 뜻이다. 요즘 30대 이후 출산에 대하여 의학계에서 미숙아가 많다는 경고를 보내는 것을 간과해서는 안 한다.

이처럼 자식을 두는 것은 다 때가 있으며 그때를 맞춰야 한다고 생각한다. '가족연령제'를 도입하고자 하는 뜻도 적령기에 혼인하도록 독려하여 출산율을 높이기 위한 궁여지책으로 생각한다. 구약성경 시편에 "젊은 자의 자식은 장사 수중의 화살과 같으니"라는 말씀이 있다. 이 말씀을 뒤받침이나 하듯이 옛날 우리 어른들은 위와 같이 20대 자식을 두도록 권면하셨다.

재산을 모으는 것은 나이와는 아무런 상관이 없다. 그러나 자식을 얻는 것은 그 시기를 놓치면 건강한 자식을 탄생시키기 어렵다. 왜 시기를 늦추고 있는가? 하나님께서는 "생육하고 번성하며 땅에 충만하라"고 하셨다. 이보다도 더 중요한 것이 무엇이 있는가? 젊었을 때 돈을 버는 것도 가치실현도 중요하다. 그러나 20대에 자식을 두는 것이 더 중요하다는 것을 잊어서는 안 한다.

(2006.09.27.)

인구부양책이 시급하다.

일찍 출근한 김 군이 "나는 고자 촌에 산다."고 말했다. 그게 무슨 말이냐? 고 물었더니 자기는 정관수술하고 입주권을 얻어서 아파트로 이사했는데 위층이나 아래층이나 다 자기와 같은 입주권을 받아서 이사 온 사람들이니 모두가 고자(鼓子)라는 것이다. 그러니 자기는 "고자 촌에 산다."고 너스레를 떨었다.

70년대 산아제한을 독려하기 위하여 정관수술을 한 사람에게 서울지역에서 아파트 입주권을 준 적이 있다. 격세지감이 있는 말이다. 보릿고개 넘기기가 어려웠던 때 자녀를 여러 명 둔다는 것은 가난에서 벗어나기 어려워서 "자녀 둘 낳기 운동"이 벌어졌던 때였다. 그것이 30여 년 전의 일이다.

지금은 식량이 남아돌아가기 때문에 양곡의 보관관리에 많은 예산을 배정하고 있다. 이에 반하여 출산율이 낮아져서 국가의 장래에 어두운 그림자를 던져주고 있다. 그렇다고 하여 정부에서 피부에 와 닿는 인구부양책을 내놓지도 못하고 있다.

물론 출산율이 낮아진 이유에는 여러 가지가 있다. 우리나라의 산업구조가 60년대에 농경사회에서 산업사회로 전환하기 시작했으며 그 산업화 바람을 타고 여성의 사회진출 길이 열리었고 그 활동도 대단했다. 이 때문에 혼기를 놓쳐서 결혼이 늦어지고 결혼을 포기하는 예도 생겼다. 거기에다 결혼을 적령기에 했다 하더라도 자녀를 하나 아니면 둘 정도 낳는 경향이다. 이것은 여자들이 사회에 진출해서 일하기 때문에 자녀를 돌볼 시간적인 여유가 없고 사교육비 부담이 크기 때문이라고 한다. 한술 더 떠서 결혼하기는 했으나 자녀를 아예 두지 않는 예도 있다. 이 경우는 자아실현을 위해서 그렇다는 말로 포장하고 있다.

현재 정부에서 발표한 통계를 보면 우리나라의 출산율은 전 세계에서 가장 낮은 하위권에 속한다. 그러므로 인구부양책이 무엇보다도 정부의 시급한 정책이라고 생각한다. 더구나 베이비 붐 시대에 태어난 사람들이 산업계에서 퇴출당하고 있다고 하니 이들이 퇴출당하고 나서부터는 일할 수 있는 사람들의 숫자는 계속해서 하향곡선을 그릴 것이다.

국토를 방위할 젊은이들이 부족해서 단축했던 군복무기간을 늘린다는 보도가 있었고 초등학교 학생 수가 줄어서 이를 보충하기 위하여 만 6세 아동을 조기 입학시키는 정책을 검토하고 있다고 하며 산업현장에 근로자 수가 부족해서 외국인을 고용한 지는 오래전이다. 이런 정책은 일시적으로는 가능하겠지만, 항구적인 대책은 인구부양책밖에 없다고 생각한다.

그렇다면 그 방법이 문제라고 생각한다. 최근에 보금자리주택을 건축해서 3자녀 우선, 노부모 우선 분양, 3자녀 특별분양, 신혼부부 특별분양 등이 있다고 한다. 지금 시작이기 때문에 그 정책의 성공 여부를 섣불리 말할 수 없으나 제도 자체는 좋은 발상이라고 생각한다. 그런데 3자녀 둔 가정을 대상으로 하므로 그 3자녀가 흔하지 않을 뿐만 아니라, 신혼부부는 당첨되더라도 경제력이 부족해서 입주가 쉽지 않을 것 같다.

'3자녀'란 말이 지방에서나 중앙에서나 정책입안자들의 입에 자주 오르는데 적령기를 넘어선 처녀 총각의 결혼문제를 먼저 배려하여야 할 것이다. 이들의 나이가 총각이 40세 전후이고 처녀가 30세 후반까지도 결혼하지 못하고 있다. 결혼은 저희가 알아서 할 일이라고 치부하면 할 말이 없다. 그러나 이것이 사회적인 큰 문제로 대두하기 때문에 심각하다.

물론 3자녀 이상을 둔 가정에 특별한 배려를 하여야 하는 것은 당연한 일이고 적령기를 넘어선 처녀 총각이 혼인을 서둘 수 있는 마당을 만들어주어야 한다. 주택문제가 나왔으니 보금자리주택도 분양하는 방법을 취하지 말고 임대하는 방향으로 정책 방향을 바꿔야 할 것으로 생각한다. 우리나라에 주택을 소유개념에서 재산을 증식수단인 투기개념으로 생각하기 때문에 사회적인 물의를 빚고 있는 것이다.

큰 면적의 주택을 싫어하는 사람은 없겠지만, 아파트 66㎡(18평), 67㎡(20평) 정도면 신혼부부가 살기에 적당하다고 생각한다. 이렇게 해서 신혼부부가 신접살림할 수 있는 보금자리를 만들어 주어야 한다. 그리고 이 아파트를 대한토지주택공사나 지방정부에서 관리하는 것이 좋을 것이다.

정부에서 일자리 창출을 위하여 고민도 많고 실질적으로 그 고민의 결과가 나타나고 있지만 미흡하다. 저출산율의 원인을 젊은이들이 자신의 가치실현 때문이라는 말도 있으나 근본적 원인은 경제문제에 있다고 봐야 한다.

지금은 농경사회가 아닌 산업사회라서 부부가 맞벌이하고 있다. 자녀를 키우면서 맞벌이할 수 있도록 정부와 기업이 합심하여 대책을 강구해야 한다. 그렇게 하기 위해서는 탁아소나 보육시설을 설치하여 영유아를 건강하고 안전하게 보호 · 양육하고 영유아의 발달과 특성에 맞는 교육을 제공하여야 한다. 그런데 여선생이 3분의 2 이상을 차지하고 있는 초등학교에 탁아소는 물론 착유시설도 없다고 한다. 은행도 대기업도 마찬가지이다. 그리고 육아 휴직제를 활성화해야 하며 복직했을 때의 신분상의 불이익을 줘서는 아니 한다.

특히 농촌에서는 어린애 울음소리를 들은 지가 오래다고 한다. 도심지 아파트단지에서도 어린애 울음소리를 듣기가 쉽지 않다고 한다. 그러니 아직 김 군이 살아있다면 '나 할미 할아비 촌에서 산다.'라는 너스레를 떨었을 것으로 생각한다. 아파트 위층에도 아래층에도 할미 할아비들만 살고 있으니 말이다.

(2010.02.01.)

제 5 부

음악과 함께

뜻밖에 받은 인사

내가 귀여워했던 생질녀가 벌써 딸을 낳아 귀엽게 키워서 그 딸이 결혼한다는 소식을 전해 왔다. 그 딸애는 나와 같은 대학교, 같은 계열의 후배이기도 하다. 그 딸애의 결혼식을 안암동에 있는 모교 교우회관에서 올린다고 해서 축하해 주기 위하여 오늘 참석했다.

예식을 마친 다음 피로연에 참석해서 친인척과 면식 있는 분들과 만나서 인사도 나누고 좋은 분위기에서 대화도 나누며 식사도 같이 했다. 그때 내 고향을 지키고 사는 큰 생질부가 내 앞에 다가와서 하는 말이 아가씨 친구가 외삼촌께 인사를 드리러 온다고 말했다.

그래서 누가 나에게 인사하러 오나? 이렇게 생각하면서 내 생질녀의 친구라면 내가 아는 사람은 김영숙이 밖에 없다고 생각하며 일어섰더니 출입문 쪽에서 검은색 코트를 입은 한 여인이 날 향하여 다가왔다.

나에게 다가선 그녀는 키가 훤칠하고 눈이 크며 미모도 있고 차림새가 세련되었다. 순간 아무리 머리를 회전시켜 생각해 봐도 전혀 기억이 나질 않는 여자였다.

생질부는 그 여자에게 나를 가리켜 외삼촌이라고 하며 인사하도록 했다. 그녀는 아주 정중하게 인사했다. 마치 옛 스승을 만나서 인사드리는 것처럼 말이다. 나는 인사를 받으면서 "나는 잘 모르겠네요."라고 하면서 말끝을 흐리었다.

그러니 인사하러 온 그녀는 얼마나 황당했을까? 그것은 확실히 비례를 범한 것이다. 그러나 모르는 사람을 아는 것처럼 인사를 받을 수도 없는 노릇이다.

사실은 잘 모르는 것이 아니라 이름도 생소하고 일면식도 없는 여자였다. 영숙이를 먼저 생각한 선입견 때문에 나도 모르게 "집이 서산인가요?"라는 말이 가볍게 튀어나왔다. 내가 생각해도 전혀 거리가 먼 물음이었다. 그녀는 아니라고 하면서 저는 외삼촌을 잘 알고 있다는 표정으로 날 응시하는 것 같았다. 그 표정을 읽고 나는 어떤 잘못이나 저지른 것처럼 마음이 위축하였다.

나도 자기를 잘 알고 있을 것으로 생각하고 인사하러 왔는지? 아니면 소녀 시절에 뵌 그분이 지금은 어떻게 변했는지? 궁금해서 알아보기 위하여 왔는지도 모르겠다.

아무튼, 나는 할 말이 없어서 "지금 어디에서 사시나요?"라고 물었다.

그녀는 "수지에서 산다."고 대답했다.

나는 "참 좋은 고장에서 살고 있네요."라고 말했다.

그녀는 우리가 식사 중인 것을 알고 더 이상의 말을 잇지 않고 돌아가겠다는 표시로 다시 정중하게 인사했다.

나는 그 인사를 받으며 낮은 목소리로 "잘 가요."라고 하면서 그녀의 뒷모습을 물끄러미 쳐다보았다.

동성(同性)끼리라면 다시 한 번 만나자거나 아니면 전화번호라도 물어서 받아썼을 것이다. 나는 다시 한 번 생각해 보았으나 그녀를 전에 만난 기억이 전혀 나질 않았다. 식사를 계속하면서 나는 깊은 생각에 잠기었다.

내 생질녀가 전에 나에게 그녀를 소개했을 때 내가 건성으로 소개를 받고 말았는지? 아니면 내가 나이가 들었고 또 오래된 일이라서 소개를 잘 받고도 잊어버렸는지 모르겠다. 어찌했던지 날 알고 인사하러 왔다 간 그녀에게 감사했다.

웬만하면 전에 알았다 하더라도 자별한 사이도 아니고 또 세월도 많이 흘렀음에도 일부러 찾아와서 인사하고 가는 그녀의 마음을 아름답게 생각하였다.

내가 서울에서 공직 생활을 시작한 뒤에 고향에는 1년에 한두 번 정도 다녀왔고 생질녀는 결혼한 뒤에 계속하여 인천에서 살고 있기 때문에 내가 그녀를 소개받았다면 아마 내가 대학 다닐 때가 아닌가? 이렇게 상상의 나래를 펴보았다.

앞으로 그녀를 다시 만난다는 것은 어려울 것 같이 생각되었다. 내가 어디서 다시 그녀를 만난다 해도 나는 그녀의 얼굴을 기억할 수 없을 것 같다. 물론 그녀는 날 기억하고 인사할지 모르겠지만 말이다. 그녀를 만날 기회가 있다면 따끈한 커피 한 잔이라도 대접하면서 이번 결례했던 사연을 풀어보아야 하겠다는 생각도 해 보았다. 생질녀와 통화할 기회가 있으면 그녀가 어떠한 친구인지를 알아볼 생각도 하고 있다. 그러나 그때 생각나면 물어볼 것이고 잊어버리면 그냥 넘어갈지도 모른다. 지금 이 글을 쓰면서도 그녀의 뒷모습만 생각나지 다른 것은 생각나지 않는다.

그런데 생질녀 친구인 영숙이가 꼭 이 결혼식에 참석했을 것으로 생각하는데 만나지 못했다. 영숙이가 이 결혼식에 참석했다면 분명히 날 찾아와서 인사하고 갔을 것이다. 인사하러 올 것으로 생각했던 사람은 오지 않고 뜻밖의 사람으로부터 뜻밖의 인사를 받았다.

옛날 누님 댁에 가끔 왔던 단발머리에 흰 칼라(collar)를 낀 감색 교복을 입었던 영숙이를 생각해 보았다. 영숙이도 생질녀와 동갑이므로 올해로 60세의 턱에 닿았다. 벌써 40년이 흘러갔으니 참으로 세월의 흐름이 빠르다. 오늘 만났던 그녀도 영숙이도 내 생질녀도 모두 행복하게 살아가기 바란다.

(2006.01.14.)

'뜻밖에 받은 인사'의 사연

내가 외출 중에 인천 생질녀로부터 전화가 왔었다는 말을 듣고 직접 전화를 걸었다. 대화를 주고받는 가운데 지난봄에 그 생질녀의 딸 결혼식에 참석했다가 뜻밖에 정중한 인사를 받은 일이 있어서 "뜻밖에 받은 인사"라는 제목으로 '태안문학'(제16호)에 수필 한 편을 발표한 적이 있다.

내가 뒤에 안 일이지만 그때 결혼식 피로연에서 뜻밖에 날 찾아와 인사한 그녀가 내 생질녀와 중학교 동창이라는 것을 알았고 "고등학교를 졸업한 뒤에 고향인 태안읍 어느 다방에서 차를 마실 때 그녀를 나에게 인사시켰노라"고 생질녀가 말했다.

그런데 내가 태안문학에 발표한 그 글을 읽고 그녀가 내 생질녀와 통화할 때 말하길 내가 외삼촌으로부터 받은 잊히지 않는 것이 있다면서 그 사유를 다음과 같이 말했다고 한다.

그녀의 말은 "외삼촌과는 그냥 스쳐 가다 인사를 나눈 사이가 아니라, 큰 가르침(?)을 받았다."고 한다. 그 당시 태안읍에 '희' 다방이란 이름의 다방이 있었다. 내가 그 다방에서 클래식 음반을 가지고 와서 음악 감상을 했는데 그녀는 그 음악에 매료되었고 해설에 귀를 기울이었으며 그때부터 클래식 음악(classical music)에 눈을 뜨게 되었다는 것이다.

그 당시 나의 신분은 제대 군인이었다. 그러니까 20대 후반이었을 것이다. 내가 음악을 좋아하기 시작한 것은 고등학교 때부터이었다. 그 뒤에 대학에 진학해서는 가끔 명동에 있는 돌체(Dolce)라는 음악 감상실을 드나들면서 클래식 음악을 감상하기 시작했다. 그때는 체계 없이 클래식 음악 소품을 감상했을 것으로 생각한다. 음악을 좋아하는 친구들이 클래식만 들려주는 다방이 있다고 하면 원근을 가리지 않고 그곳을 찾아가 차 한 잔을 시켜놓고 음악을 감상했으며 디제이(DJ)에게 희망곡을 신청해서 듣기도 했다. 어찌 생각하면 광적으로 음악을 좋아했던 시절이었던 같다. 그래서 친구들을 만나면 주로 음악에 대한 대화가 많았다. 특히 내가 인상 깊게 감상했던 음악이 대화의 주제가 되었다.

대학 2학년을 마친 뒤에 학업에 정진하면서 다른 한편으로는 짬짬이 도서관에서 클래식 음악에 대한 서적을 찾아 읽었고 그 감상법도 익히기도 했다. 전문가는 못되지만, 음악을 애호한 것만은 사실이다. 그 당시 친구들에게 "내가 일가를 이루고 살게 되면 친구들을 초청해서 따끈한 커피 한 잔 위에 아름다운 음악의 선율을 실어서 대접하겠노라"고 말한 적도 있다. 지금도 옛날에 들었던 음악이 흘러나오면 눈을 지그시 감고 그 아름다운 음악의 선율을 타 본다. 그러나 그 당시 고향에는 내가 그렇게 좋아하는 음악을 감상할 수 있는 시설이 없었다. 전축을 소유하고 있었던 집이 별로 없었으며 라디오도 그랬다. 각 가정에서는 이른바 앰프 시스템을 이용하여 뉴스도 청취하고 음악을 들었다. 그러나 그 시스템으로는 내 마음대로 채널을 찾아 뉴스를 듣거나 음악을 즐길 수는 없었다. 겨우 태안읍 내 다방에 가야 전축이 있을 정도였다.

내 생각에는 그렇게 감상하고 싶은 음악을 듣고 싶어서 엘피(LP)반을 가지고 다방에 가서 음악을 들은 적이 있다. 그때 내 생질녀의 친구가 클래식을 어깨너머로 감상했을 것으로 생각한다.

그때의 나이로 봐서 팝송을 좋아할 나이인데 평소 음악의 소양이 있었거나 팝송을 많이 감상한 사람이 아니고는 클래식 음악을 소화하기가 쉽지 않았을 것이다. 그런데도 이를 좋아했다는 것은 음악에 대한 달란트가 있었을 것으로 생각한다.

좋은 음악을 들려줘서 감수성이 예민한 그 나이에 클래식에 관심을 두게 되었고 40년이 가까워져 오는 지금에도 그 음악을 들려준 사람을 잊지 않고 찾아와서 인사할 정도라면 클래식 음악 감상의 깊은 경지까지 들어갔을 것으로 생각한다.

먼저 습득한 지식을 직접 제자들에게 가르쳐서 훌륭한 인재를 양성하는 예도 있고 간접적으로 남에게 지식을 전하여 듣는 사람이 감동받아서 그 분야의 대가가 되는 수가 있다. 어떠한 경우이건 상대방에게 삶의 방향 또는 학문의 방향을 제시해 준 것은 그것이 의도적이었건 비의도적이었건 훌륭한 스승의 역할을 했다고 생각한다. 특히 감수성이 예민한 젊은이들에게 주는 언행은 그 젊은이들의 앞날을 좌우할 수 있는 중대한 계기가 될 수도 있다고 생각한다.

이제 인생의 황혼기에 접어든 나로서는 무엇인가 후배들에게 하고 싶은 것이 있다면 그것은 '운동력 있는 하나님의 말씀'을 전하는 것이다. 이것이 나의 여생의 마지막 삶의 모습이라고 생각한다. 특히 내 생질녀, 지난봄에 나에게 정중하게 인사한 생질녀의 그 친구가 아직 하나님을 영접하지 못했다면 그녀에게도 생명의 말씀을 전해서 영생의 길로 인도하고 싶다.

(2006.08.27.)

클래식 음악과의 산책

◇ 음악과의 만남

고등학교 1학년 2학기 어느 날 하학 길이었다. 가을 날씨가 을씨년스럽더니 비가 부슬부슬 내리기 시작했다. 나는 비를 맞지 않으려고 책가방을 머리에 이고 뛰었다. 그런데 점점 빗줄기가 굵어져서 이를 피하고자 어느 초가집 추녀 밑에서 비가 그치기를 기다렸다. 그 시절만 해도 군청 소재지에 제법 한옥이 있었다. 양옥은 추녀가 짧아서 비를 피할 수 있는 자리가 없으나 한옥인 기와집이나 초가집의 추녀 밑에는 비를 피할 수 있는 공간이 있었다.

서서 비가 그치기를 기다리고 있을 때 그 집안에서 피아노 치는 소리가 흘러나왔다. 그때 들은 그 피아노 소리가 그렇게 청아하고 아름다울 수가 없었다. 좀 시간이 지난 뒤에 그 곡은 피아니스트 바다르체프스카(Tekla Badarczewska, 1837~1861. 폴란드)가 작곡한 '소녀의 기도'(The Maiden's Prayer)이며 그녀가 결혼한 뒤에 딸에게 선물하기 위해 18세 때 이 곡을 작곡했다는 것을 알게 되었다. 아마 그때부터 내가 클래식(classic)에 대한 관심이 싹트기 시작한 것으로 생각한다.

때마침 그 무렵에 아침 등굣길에 학교 스피커(speaker)를 통하여 가끔 클래식 소품이 흘러나왔다. 여러 곡이 흘러나왔겠지만, 그때 들었던 곡으로 지금도 생생하게 기억되는 곡은 바흐의 'G 선상의 아리아', 헨델의 '라르고', 모차르트의 '터키행진곡', 베토벤의 '엘리제를 위하여' 등이다. 등교하면서 음악을 듣는 것이 그렇게 기분이 좋고 발걸음이 가벼울 수가 없었다. 그렇게 해서 나는 음악과 자연스러운 만남을 가졌고 음악을 즐겨 듣기 시작했다.

◇ 음악의 불모지대

내가 어렸을 때 농촌의 내 또래들은 음악과 동떨어진 삶을 살아왔다. 나뭇잎을 흔드는 바람 소리, 시냇물이 흐르는 물소리, 산속에서 지저귀는 새 소리 등 자연의 소리를 들으면서 살았다. 초등학교 때 일본 제국주의 강점 아래에서 식민지 교육을 받았고 해방(1945)된 뒤에는 미군정기(1945~1948)를 겪어야 했다. 그때 내 나이가 열 살이었다. 해방된 뒤에 막 바로 학교 교육을 받지 못하고 어머님의 말씀에 따라 서당에서 한자를 익히었다. 그러다가 아마 군정이 끝날 무렵에 숙부님의 손을 잡고 초등학교에 복학했던 기억이 난다. 그때 다른 친구들은 국어책을 줄줄 잘도 읽었다. 그러나 나는 그것을 읽을 수가 없었다. 그것은 나에게 한글을 가르쳐 준 사람이 없었기 때문이다.

해방 전에 내가 다닌 농촌의 초등학교에는 풍금이 두 대가 있었던 것으로 기억하고 있다. 듣기로는 해방된 뒤에 주민이 도대체 이곳에 무엇이 들어 있기에 이렇게 아름다운 소리가 나느냐? 고 하면서 그 의문을 풀기 위하여 풍금을 뜯어보았다고 한다. 그러니 떨림판(reed)이 제대로 보전될 리가 없다. 부러진 것도 있고 빼 간 것도 있었다고 한다.

이 떨림판이 한 개라도 없으면 그 풍금은 사용할 수 없다.

그때는 사회질서가 잡히지 않고 어수선한 상황이라서 학생들이 음악을 제대로 배울 수가 없었다. 선배들이 부르니까 따라서 배운 '고향의 봄', '반달', '오빠 생각' 등 몇 곡과 행사 때 부른 '삼일절 노래', '제헌절 노래', '광복절 노래' 등에 불과했다. 더군다나 나는 6학년 2학기에는 홍역을 앓느라고 등교하지 못했다. 졸업식에도 참석하지 못하고 형님께서 졸업장만 받아왔다.

중학교에 진학해서는 음악교재도 있고 음악 선생님도 계셔서 음악을 제대로 배울 수 있다고 생각했다. 그런데 입학한 지 얼마 되지 않아서 한국전쟁(6.25사변, 1950.06.25)이 발발하여 음악교재를 펴보지도 못하고 동족상잔의 비참한 전쟁에 휩쓸려야 했다. 그래서 또다시 서당에서 한자를 익히었다.

한국전쟁 때문에 우리가 공부할 수 있는 거의 1년을 고스란히 빼앗긴 뒤에 다시 등교하여 공부를 시작했으나 선생님들의 수가 절대적으로 부족했고 몇 분 되지 않는 선생님들은 선배들에게 집중적으로 공부를 가르쳤다. 그때도 국어와 영어 그리고 수학과목을 중시하여 1주일에 1시간씩 들어있는 음악 시간은 그냥 넘어가기가 일수이었다.

게다가 전쟁 중에 고등학교에 진학하게 되었는데 나이가 어려서 나의 진로를 깊이 있게 생각하지 못하고 또 주변에서 나에게 조언해 주는 사람도 없었기에 동네 선배가 자기가 다니고 있는 학교는 역사도 깊고 훌륭한 선생님들도 많이 계시다고 권유해서 농업학교로 진학하게 되었다. 농업학교의 교육과목은 다른 실업학교와 마찬가지로 대부분이 실업과목으로 짜여 있고 음악 시간은 아예 없었다. 따라서 나로서는 학우들 사이에 입에서 입으로 옮겨지는 가요밖에 배운 것이 없다.

그러므로 나에게는 음악을 감상할 수 있는 사전 준비가 전혀 되어 있지 않았다. 악보를 읽을 줄도 모르고 서양음악의 역사나 음악의 형식 그리고 작곡가들도 몰랐으며 악기는 학교 안에서 본 것 이외에 어떠한 것들이 있는지도 모르고 그저 음악이 좋아서 감상이라기보다 들었을 뿐이다.

위에서 이미 말했지만, 고등학교 시절에 비를 피하려고 어느 초가집 추녀 밑에서 들은 음악이 나의 심연에 배어들어 대학진학을 위해 공부를 열심히 해야 할 때인데도 음악에 목마른 나머지 피아노 레슨을 받아볼까 하는 생각까지도 해 보았다. 그러나 경제적인 뒷받침도 어려웠지만, 대학진학을 위한 입시 준비가 시급했으므로 가끔 들려오는 음악을 들었을 뿐, 음악을 찾아다니면서 따로 듣거나 배운 적은 없었다.

◇ 음악을 벗 삼아

인상 깊었던 '축배의 노래'

대학에 입학한 뒤에 선배님들이 종로 YMCA 강단에서 베푼 신입생 환영회에 참석했다. 이때에 영화 '황태자의 첫사랑'의 주제곡인 '축배의 노래'(Drinking Song)가 흘러나왔다. 그 노래는 미국의 인기 테너 마리오 란자(Mario Lanza 1921~1959)의 음성으로 실려 나왔다. 넓은 강당을 꽉 메운 제복의 인파와 아주 박력 있고 우람한 음성의 이 노래는 젊음과 조화를 이루어 그 강당을 가득 메웠다. 그때 학우들과 처음으로 맥주도 마셔 보았다. 물론 선배님들의 신입생 환영회도 감사했지만,

그때 나로서는 들려오는 음악이 더 좋았다.

내가 대학 다닐 때 정규음악대학 학생들은 자기 학교 음악 감상실에서 음악을 감상할 수 있는 시간이 있었다. 그러나 그렇지 못한 학생들은 주로 다방에서 음악을 많이 감상했다. 그때 다방에서 팝송(pop song)이나 클래식을 신청하면 디스크자키(disc jockey)가 음반을 골라서 음악을 들려준 다방이 여럿 있었다. 그 다방들을 일반적으로 '음악다방'이라고 했다. 그렇다고 해서 서울에 음악 감상실이 없었던 것은 아니다. 그 당시 음악 감상실로는 종로의 '세시봉'(C'est si bon), 명동의 '돌체'(Dolce), '르네상스'(Renaissance)가 있었던 것으로 기억한다. 그 음악 감상실은 담배 연기가 자욱하게 차 있어서 음악 감상하기가 좀 어려웠다. 그래도 그곳이 좋다고 젊은이들이 찾아다니곤 했다. 그 이외에 클래식만 들려주는 다방이 있었는데 그 다방이 소공동에 있었던 것으로 기억하며 그 이름은 '가화'다방으로 생각한다.

음악 감상을 위한 기초지식

음악을 체계 있게 제대로 감상하기 위해서는 음악이론을 알아야 하고 유명한 곡들과 그 곡을 작곡한 분들의 사상과 그 곡을 작곡하게 된 동기 등을 아는 것이 지름길이라는 생각이 들었다. 중.고등학교 때 음악 공부를 했더라면 개략적으로나마 음악이 무엇인가? 를 알 수 있었을 텐데 안타깝게도 그런 기회를 갖지 못했다. 위에서 이미 말한 바와 같이 내가 초등학교에 다닐 때에는 해방 뒤라서 사회질서가 제대로 잡히지 않고 어수선한 때였으며 중학교 다닐 때에는 한국전쟁(6.25사변)으로 인하여 음악교재를 받아 놓고도 음악에 접근하지 못했으며 고등학교 다닐 때에는 농업학교에 진학했기 때문에 시간표에 음악 시간 자체가 없었다. 그러니까 음악의 불모지에서 살았다.

철없는 어린 시절에 축음기(蓄音機)로 소리를 들은 적은 있다. 대학에 진학한 뒤에는 음악에 대한 이론을 체계 있게 알고 싶었으며 또 우연히 학우들 사이에서 주고받는 클래식에 대한 대화에 호기심이 있었고 그래서 음악에 대한 기초지식을 쌓아야 하겠다는 생각이 들어서 도서관에서 서양음악 서적을 섭렵해 보기도 했다.

클래식을 감상하기 위하여 처음에는 음악의 제목과 작곡가의 이름을 써 가지고 다니면서 감상하기도 했다. 표제음악(programme music)의 경우에는 그 제목을 알면 이해하는 데 도움이 되었다. 그리고 교향곡은 너무 길어서 시간상 전곡(全曲)을 감상할 수 없었다. 그러기 때문에 전 3악장, 4악장 또는 5악장 등으로 구성된 악장 중에서 핵심이 되는 악장을 골라서 감상하곤 했다. 일부 오페라도 그런 식으로 감상했다.

내가 음악을 감상하러 다니면서 겪은 일화도 어려움도 많았다. 당시 국내외의 가요를 들려주는 다방이 많았으나 클래식을 들려주는 다방을 찾기가 쉽지 않았다. 진짜 클래식을 감상하려면 클래식을 좋아하는 친구의 집을 찾아갈 수밖에 없었다. 그러나 그것도 한두 번이지 계속 친구의 집을 찾아가기가 어려웠다.

내가 지금 알고 있는 조그마한 음악에 대한 지식도 그때 주로 습득한 것이다. 그 당시 팝송을 좋아하는 친구들도 있었고 클래식을 좋아하는 친구들도 있었다. 혈기 발랄한 대학생들이기 때문에 클래식보다는 팝송을 더 좋아하는 친구들이 많았다. 우리나라의 가요보다는 그때 영미권의 팝송이 많이 유행되었다. 영미 팝송을 익힌 한국 가수들이 미8군 병영 안에서 위문공연도 했다. 그것 이외에 팝 뮤직(pop music)

으로 프랑스의 샹송(chanson), 이탈리아의 칸초네(Canzone)를 부르는 등 각 나라 언어의 팝 뮤직을 여과 없이 그대로 수용하여 부르거나 연주하기도 한다.

나는 팝송도 좋아했지만, 사실은 클래식을 더 선호한 편이었다. 그 당시 클래식 애호가들은 자기 집에 음악 감상실을 만들어 놓고 수백만 원짜리 확성기(speaker)를 별도로 구입해서 설치한 전축과 비싼 LP반을 구입하여 음악을 감상한다는 말을 듣기도 했다.

◇ 불모지로의 귀환

대학을 졸업한 뒤에 내 고향 농촌으로 귀향했다. 그때 농촌에서 음악을 자유롭게 감상하기는 거의 불가능했다. 그래서 주로 라디오를 통해 가끔 흘러나오는 음악을 들었다. 특히 음악 해설에 관심을 많이 두었다. 병역을 미필했기 때문에 취업은 엄두도 내지 못하고 군에 입대하려고 입대통지서를 기다리고 있는 처지라서 독서와 음악으로 시간을 보냈다. 그때 나에게는 음악이 유일한 벗이었다. 그러니까 고급스럽게 클래식만 감상하면서 살 수 있는 환경이 아니었다. 라디오에서 가끔 흘러나오는 대로 가요, 외국의 팝송, 가곡, 국악 그리고 클래식을 감상했다. 그러니까. 자기가 좋아하는 클래식을 자유롭게 감상한다는 것은 거의 불가능했다.

1962년 4월 초에 군 소집영장을 받고 입대했다. 병영생활에서는 군가 이외 다른 음악은 들을 수가 거의 없었다. 나는 우리나라 육군 최고사령부에서 근무했지만, 그때 내무반에 소형 라디오가 있기는 했으나 선임들이 다이얼을 독점했다. 설사 음악이 흘러나온다 하더라도 그것을 감상할 수 있는 시간적인 여유도 마음의 여유도 없었다. 그저 입에서 입으로 전해지는 우리나라 가요가 전부라고 할 수 있다. 일반적으로 사병들은 나이도 그렇고 젊은 기분에 뽕짝(트로트)을 많이 불렀다. 이런 생활을 하다가 1964년 11월에 전역해 음악의 불모지인 내 고향 농촌으로 다시 돌아왔다.

그때 내 고향에는 유선으로 각 가정의 확성기에 연결된 앰프시스템이 있었다. 면 소재지에 있는 본부에서 각 방송국의 채널과 연결해 주면 방송이 나오고 전축에 연결되면 음악이 흘러나왔다. 그 음악은 대부분 가요나 국악이었다.

그런 가운데 라디오를 사서 기독교방송국 클래식 방송 시간대를 찾아 음악을 감상했으며 그간 모아 둔 LP반을 가지고 면 소재지에 있는 다방에서 음악을 감상한 적도 몇 번 있었다. 아마 그 일이 잊혀 가는 클래식의 불씨를 다시 돋아놓은 교량적인 역할을 한 것으로 생각한다. 제대한 뒤 취업을 할 때까지 4년여 동안 나는 독서하면서 음악을 벗 삼고 살았다.

◇ 공직 생활과 음악

공직 생활을 한 때에는 거의 음악을 잊고 살았다. 70년대를 살았던 젊은이들은 음악보다 조국근대화과업에 더 심혈을 기울일 수밖에 없었다. 점심으로 도시락, 자장면, 설렁탕 등을 먹었고 가끔 퇴근길에 스트레스를 해소하기 위하여 빈대떡에 막걸리나 삼겹살에 소주를 마시었던 생각이 난다. 이렇게 먹으면서도 참으로 일을 많이 했다. 아침 8시경에 출근하면 통행금지 사이렌 소리와 함께 집에 돌아오곤 했다. 어느 때는 일하다가 늦으면 사무실에서 눈을 붙었다. 이러한 상황에서 음악을 감상한다는 것은 거의 불가능한 일이었다.

그런 가운데 1984년도부터 나는 신앙생활을 시작했다. 집사람의 간절한 기도에 응답하신 것 같다. 처음에는 집사람을 따라다니는 식으로 신앙생활을 했다. 하나님의 말씀이 기록되어 있는 성경과 하나님을 찬양하는 노래가 실려 있는 찬송가는 신앙생활에 꼭 필요한 귀중한 책이다. 주일예배를 드릴 때나 구역예배를 드릴 때 꼭 찬송가를 불렀다. 그래 나도 찬송가를 많이 배우게 되었다.

이러한 찬송가는 음악의 어머니라고 하는 헨델, 교향곡의 아버지라고 하는 하이든, 악성 베토벤, 풍족한 환경에서 태어난 멘델스존, 피아노의 시인 쇼팽, 어린이를 사랑했던 슈만 등이 작곡한 곡들도 있다. 이 찬송가는 전부 클래식이다. 나는 이런 찬송가에 묻혀 살았다. 그러므로 음악을 감상하는 것이 아니라 나 자신이 직접 교우들과 함께 하나님을 찬양했으며 앞으로도 계속하여 주님을 찬양하면서 살아갈 것이다.

1989년부터 재외공관(이란)에서 근무할 기회가 있어서 그때 클래식 오디오 테이프를 한 세트 가지고 임지로 떠났다. 그것은 음악을 제대로 감상해 보자는 뜻에서였다. 그런데 얼마 되지 않아 만찬에 초청을 받아 부부동반으로 갔었는데 만찬을 마치고 나와 보니 우리 승용차의 유리창을 깨고 차 안에 들어있던 오디오 테이프를 전부 가져갔다. 그래서 클래식 감상은커녕 모슬렘(Moslem)의 이색적인 음악을 많이 들었다. 다행히 피아노 레슨을 받을 기회가 주어져서 훌륭한 시창의 경지에는 이르지는 못했지만, 악보를 좀 읽을 수 있게 되었다는 것은 나에게는 큰 수확이었다.

재외공관에 근무할 초창기 주일예배 때 찬양 속에 묻혀 소리 없이 눈물을 흘렸고 대학원 졸업식에서 주기도문 송을 함께 부르며 눈물을 흘렸으며 2001년 2월에 이스라엘 예수눈물교회를 순례할 때 미국인 순례자들과 함께 "Amazing Grace"를 부르면서 주체할 수 없는 눈물을 흘리었다. 이 눈물은 은혜의 눈물이라고 생각한다. 나는 음악을 감상할 때 마음이 평안하고 즐거움을 느낄 수는 있었지만, 이를 감상하면서 눈물을 흘린 적은 없다. 그러나 위와 같이 하나님을 찬양하는 찬송가를 듣거나 부르면서 눈물을 흘린 적은 있다. 그것은 영이 담긴 찬양을 하고 들었기 때문이라고 생각한다. 이제는 내가 좋아하는 클래식을 귀로 감상하고 입으로는 하나님께서 좋아하시는 찬양을 부르면서 하나님께 영광을 돌리며 살고 싶다.

위에서 이미 말했지만 내가 공직 생활을 하던 당시에는 아침 일찍 출근했다가 저녁 늦게 귀가했으므로 음악을 감상할 수 있는 시간적인 여유가 없었으며 일에 파묻혀 살았고 1995년 봄에 공직의 옷을 벗은 뒤에 정부출자기관에서 일할 기회가 있었다. 그때 임원회의에서 삭막한 분위기를 바꿔 보고자 음악에 대한 의견을 나누고 출근 시간에 클래식 소품을 방송하게 한 적도 있다.

◇ 음악의 벗이 되어

공직을 물러 나온 뒤에 나 나름대로 하나님을 열심히 섬기고 교우들과 친교도 했다. 그러나 나의 무료한 공간은 메워지지 않았다. 그것은 믿음이 성숙하지 못한 탓이라는 생각도 들었다. 더군다나 대학원 학위 논문 심사를 마친 뒤에 엄습해 오는 고독을 이기기 어려웠다. 그렇다고 해서 멀리 장기간 해외여행을 떠날 그러한 처지도 못 되었다.

그때 나는 자연스럽게 음악을 찾았고 음악은 자연스럽게 날 맞아주었다. 대학 다니면서 음악을 감상했던 그 시절이 생각났고 담배 연기가 자욱했던 '음악다방'의 울림이 그대로 들리는 듯했다. 이렇게 음악은 추억을 불러주었고 그 추억 속에 인생을 재음미해 보았다.

내 앞에는 낡고 학부시절의 빛바랜 음악 노트가 펼쳐졌다. 그것을 보는 순간 음악에 대한 열정이 샘솟았다. 지금은 글 몇 줄을 읽고 뒤돌아서면 잊어버리는데 낡은 그 노트를 보는 순간 옛날에 정리된 음악이론, 불후의 명작, 그것들을 그려낸 작곡가들의 모습이 그대로 뇌리에 수놓아졌다.

컴퓨터라는 문명의 이기와 인터넷의 만남은 내가 음악에 쉽게 다시 접근할 수 있게 해 주었고 아비가 음악 감상을 좋아하는 것을 안 아들은 음질이 좋은 스피커(speaker)와 우퍼(woofer)를 사다 컴퓨터에 연결해 주었다. 내가 대학 다닐 때 '음악다방'에서 흘러나왔던 그 음악의 음질과는 전혀 달랐다. 그 당시 수백만 원짜리 스피커에서 흘러나온 그 음질보다 더 좋았다.

그리고 그 아들이 유료음악 코너에 가입해 줘서 음반이나 시디(CD) 없이도 음악을 자유롭게 감상할 수 있는 길을 터 주었다. 그래서 나는 무료함에서 벗어나 음악의 벗이 되었다. 현재 나의 음악홀더에 3천여 곡이 수록되어 있다. 이곳에는 클래식, 세미클래식, 팝송 그리고 국악, 가곡, 가요 등이 저장되어 있다. 그래서 언제든지 좋아하는 곡을 꺼내서 감상할 수 있는데 나는 주로 조용한 밤에 음악을 감상한다.

최근에는 음악에 대하여 잊었던 지식을 찾으라고 집사람과 아들이 클래식에 대한 책자를 사 왔다. 그래서 음악에 대하여 궁금한 것이 있으면 언제든지 책을 펴보고 잊었던 음악 지식을 되찾고 음악에 대한 새로운 지식을 습득하곤 한다.

어학 습득의 왕도는 외우는 것이라고 말하듯이 음악 감상의 왕도는 듣는 것이다. 음악을 여러 번 들을수록 작곡가의 작곡 의도에 가까워지게 된다. 예컨대 비발디의 사계 중 '봄'이라는 제목을 모르고 감상하더라도 봄이 오는 소리를 들을 수 있다. 작은 새들의 지저귀는 소리, 얼었던 시냇물이 녹아서 졸졸 흐르는 소리 등, 봄의 정경을 느낄 수 있다. 이러한 느낌 속에 음악이 나이고 내가 음악인 경지에 들어갈 수 있다고 생각한다. 거기에서 느끼는 희열이 음악 감상의 요체이다.

음악을 체계적으로 감상하는 방법은 바로크 음악, 고전주의 음악, 낭만주의 음악, 국민주의 음악 그리고 근대와 현대음악과 같이 시대별로 감상하는 방법도 있고 가곡, 마드리갈, 소나타, 아리아, 오페라, 서곡, 찬곡, 카논, 푸가, 교향곡, 협주곡, 소야곡, 미사곡 등과 같은 형식에 따라 감상하는 방법도 있다. 나는 처음에 두서없이 잡다하게 음악을 감상하다가 뒤에 음악사별로 감상했다.

지금 나에게는 가진 것도 직장도 명예도 멀어져 갔다. 그러나 나의 옆에는 천금 같은 음악이 있다. 늘 같이 했던 것은 아니지만, 음악을 알고 이를 통하여 희로애락을 느끼면서 살아온 지가 50여 개 성상이 되었다. 이 음악은 오래 찾지 않아도 노하지 않고 자주 찾아도 귀찮아하지 않는다. 그리고 같이 함으로써 마음의 평안과 즐거움을 얻을 수 있다.

요즘에는 가까운 지인들에게 음악을 실은 편지를 보내며 같이 감상한다. 음악 편지를 보내면 응답을 주시는 분들이 있다. 이분들에게는 마음 놓고 음악 편지를 보낼 수 있다. 그러나 그 편지를 개봉하고도 무응답인 분들이 있는가 하면 그 편지를 읽지 않는 분들이 있다. 후자는 음악 편지를 보내지 않으면 되는데 전자는 이를 보내야 하는지? 아니 보내야 하는지? 망설여진다.

하기는 음악을 좋아해도 각자 자신이 좋아하는 장르의 음악이 따로 있기 때문에 각 사람의 취향에 맞추기가 여간 어려운 것이 아니다. 팝송을 좋아하는 분들에게 클래식을 보내는 것은 차라리 보내지 않는 것만 못하다. 그러나 할 수 있으면 지인들의 취향을 파악하여 적절하게 음악 편지를 보낼 생각을 하고 있다. 나 혼자 음악을 즐기는 것보다 나 이외의 사람들과 함께 음악을 감상하는 나눔의 세상에서 사는 것도 귀한 일이라고 생각했다.

최근 년에는 음악애호가들을 위하여 국내외의 유명한 소프라노, 테너 등 성악가를 초청하여 음악회를 가지며 각 시·도립 관현악단들은 정기적으로 음악회를 개최하곤 한다. 그래서 기회가 있으면 가끔 이러한 음악회에 부부동반으로 참석한다.

원래 음악은 소리의 흐름이다. 한 점의 바람에 가랑잎이 흔들리는 소리, 냇물이 휘몰아치며 흘러가는 소리, 뒷동산에서 지저귀는 새 소리. 그런 것들도 다 가락(melody)이 있고 화성(harmony)이 있으며 장단(rhythm)이 있다. 그러한 의미에서 내 고향 농촌은 음악의 불모지가 아니라 그곳에 진짜 자연이 빚어내는 아름다운 음악이 있다. 인제는 음악을 감상하려고 하면 내 고향의 순수한 자연의 숨소리가 그리워진다.

(2010.05.03)

'무정한 마음'을 감상하면서

오늘따라 이탈리아 파바로티(Luciano Pavarotti)가 부른 '무정한 마음'(Core'ngrato)을 감상하다가 옛 추억에 잠기었다. 내가 처음 들었던 이 곡은 테너 스테파노(Giuseppe Di Stefano, 1921~2008)가 부른 것이었다. 그때 '음악다방'에서 비록 엘피(LP)반에서 지글거리는 잡음이 섞여 나오는 노래였지만 인상 깊게 감상했다. 처음 감상하는 곡이라서 구체적인 내용을 모르지만, 무엇인가 애절하게 호소하는 그런 느낌을 받았다. 청년 시절에 가슴에 부풀어 오르는 무엇인가 갈구하고 싶은 그런 심정과 맥을 같이 했는지도 모른다.

이 곡을 하도 인상 깊게 감상한지라 디스크자키(disc jockey)에게 물어서 그 곡명이 '무정한 마음'이란 것을 알았고 '카타리'(Catari)라고도 하며 다른 이름으로 '은혜를 모르는 마음'(Ungrateful heart)이라는 것도 알았다.

이 곡은 무명의 작곡가인 살바토레 카르딜로(Salvatore Cardillo, 1874~1947)가 1911년에 작곡했고 그가 이 곡을 발표했을 때 이탈리아에서는 진한 사랑을 절규해서 그런지, 저속하다는 평을 받자 그는 도망가듯이 미국에 이민했다. 그러나 이 곡을 천사의 목소리를 가진 불세출의 테너 카루소(Enrico Caruso, 1873~1921)가 부른 뒤에 선풍적인 인기를 얻었으며 이민자들 사이에서 최고의 인기곡으로 자리매김했고 그러자 그는 모국에서 활동하기 위해 곧바로 나폴리로 역이민 했다는 것 등 옛날에 알아본 것들이 내 머리를 스쳐 갔다.

그리고 이 곡은 1951년 이탈리아 영화 '순애'(Core'ngrato)의 주제곡으로 사용되기도 했으며 카르딜로는 작품을 얼마 남기지는 않았지만, '무정한 마음'이란 이 한 곡으로 그의 이름이 전 세계적으로 널리 알려졌다. 이 곡의 노랫말은 마음에 상처를 준 여인 '카타리'를 생각하며 절규하는 남자의 슬픈 탄식을 그린 것으로 사랑의 격정을 표현한 낭만적인 곡이고 이 아름다운 멜로디 때문에 누구나 한번 들으면 곧 친숙해질 수 있는 매력을 지니고 있다.

그래서 그런지 모르겠지만, 위에서 이미 말한 카루소(Enrico Caruso)는 물론 세계 3대 테너 파바로티(Luciano Pavarotti), 도밍고(Placido Domingo) 그리고 까레라스(Jose Carreras)도 이 곡을 불렀다. 그리고 성악 하는 분(테너)들은 다 이 곡을 불렀고 다 부르고 싶어 한다고 한다.

나는 이 곡이 흐르는 짧은 순간 점점 더 깊은 추억의 심연에 빠졌다. 1960년대 초반 학부를 마치고 귀향해서 농촌에서 살았던 생각도 떠올랐다. 주변에서 취업하라는 말도 있었지만, 그 당시 5.16 군사쿠데타가 일어났고 군이 정권을 장악하면서 축첩 공직자들의 축출, 병력미필자들의 취업 불허 등의 바람이 강하게 불었다. 나는 병역을 미필했다는 이유로 취업할 수가 없었기 때문에 군 징집영장을 기다리고 있었다.

내가 군에 입대한 것은 20대 중반이었다. 그때 6주간의 전반기 훈련을 마치고 배출대에서 어학 테스트를 거친 뒤에 3명이 선발되어 육군최고사령부의 부름을 받고 서울로 올라왔고 영문을 한국어로 번역하는 부서에서 근무했다. 그래서 내가 근무한 사무실의 분위기는 학교 도서관과 비슷했다. 그렇다고 해서 군인정신이 해이해졌다던가? 군기가 잡히지 않은 것은 아니었다.

'무정한 마음'이라는 클래식과 더불어 잠시 옛 병영 마당에 머물며 추억의 나래를 펼쳐본다. 나의 군대생활 중반기에 어느 부대에서 총기사건이 일어났다. 그때 말로 하극상(下剋上)이라고 했다. 그것을 중심으로 그때의 상황이 주마등처럼 스쳐 갔다.

우리 사무실 바로 뒤쪽에 군법무와 관련된 업무를 담당하는 사무실이 있었다. 그곳에서 총기사건의 증거물인 피 묻은 군복을 보았다. 그때 그 사무실에 근무하는 타이피스트가 총기사건의 내용을 간결하게 설명해 주었다.

즉 한 병사가 상사(上司) 두 명을 살해했다는 것이다. 그 가해자는 입대하기 전에 사귀어온 연인이 있었는데 그들은 클래식을 얼마나 즐겼던지…, 입대하기 전에 음악다방에서도 음악 감상실에서도 거의 매일 같이 함께 클래식을 즐겨 감상하면서 사랑을 키웠다고 한다. 한마디로 말하면 그들은 클래식을 광적으로 즐겨 감상했던 것 같다. 이렇게 음악을 즐겨 감상하다가 한 사람은 입대하여 전방에서 근무하고 한 사람은 서울에서 거주했다고 한다. 지금 같이 전화시설이 좋았더라면 서로가 전화로 사랑의 밀어를 나눌 수 있고 즐겨 감상했던 클래식에 대한 대화도 나누었을 텐데 그때의 통신수단으로 특히 전방에서는 군 통신시설을 사용하는 길밖에 없었다. 그러나 공용 이외는 그 시설을 사용으로 사용할 수는 없다. 따라서 의사소통할 수 있는 유일한 방법은 군사우편인 편지였다.

이 군사우편을 통하여 두 연인 사이에 오고 간 사랑의 편지를 개봉하여 본 상사가 그 편지에 쓰여 있는 연인 사이에 주고받은 사랑의 밀어 일부를 공개하면서 놀려댔다고 한다. 군사우편은 군의 보안상 개봉하여 검열을 받는 경우가 있는데 그 검열관은 법령상 통신의 비밀을 보장해 주어야 할 의무가 있다.

그럼에도 불구하고 그 상사는 검열한 편지 내용의 일부를 공개했으며 그것으로 그 병사는 조롱거리가 되었다고 한다. 특히 그 병사의 연인은 전에 그들이 애청한 '무정한 마음'(Core'ngrato)에 관련된 편지를 썼는데 그 노래 가사에서 나오는 '카타리'를 자기에 비유하면서까지 상대방에 대한 그립고 아쉬운 정을 실은 편지를 써 보냈다고 한다.

위에서 말한 살해당한 두 상사는 그 병사를 만날 때 '카타리'라고 부르는 등 상대방의 마음을 뒤집는 말을 하면서 놀려댔다고 한다. 하도 그런 놀림이 계속돼 화가 난 나머지 그는 이성을 잃고 방아쇠를 당겼다는 것이다. 그것도 제대를 얼마 앞두고 말이다.

여기서 문제는 군기가 확립되어 있지 않았다는 것이다. 어찌하여 서신 검열관이 군사우편을 검열하고 통신의 비밀을 지키지 않고 가해자가 사사롭게 실탄을 소지할 수 있도록 탄약관리를 소홀히 했으며 가해자가 자제력이 부족하다고 하겠지만, 상사를 살해한 것은 군기가 해이해졌기 때문이라고 생각한다.

위에서도 이미 말했지만 '무정한 마음'은 사랑하는 연인에게 버림받은 한 남자의 슬픈 이야기이다. 그 내용 자체가 비련을 그린 것이다. 그 노래의 내용과 비슷하게 군에 입대한 연인에게 자기를 비극의 주인공인 '카타리'에 비유하여 편지를 보냈고 그 편지 내용을 알게 된 상사는 '카타리'라는 말로 놀려댔으며 이 때문에 사고가 발생했고 결국 남자 연인은 총기사건 때문에 세상을 버렸고 가해자의 여인은 가슴 아픈 사연을 안고 살게 된 비극적인 추억의 이야기이다.

테너 파바로티가 "카타리 타타리…."하고 '무정한 마음'을 5분 동안 한탄조로 열창하는 가운데 깊은 추억의 심연에서 깨었다. 그것은 좋은 추억은 아니지만, 마음속에 깊게 각인된 것이라서 잊히지 않고 생생하게 기억되었다. 사랑했던 연인의 불행한 죽음을 가슴에 묻고 살아가는 그 여인의 삶에 하나님의 축복이 함께하시길 바라면서 이제 밝고 신나는 곡을 골라서 감상하며 기분전환을 하여야 하겠다.

(2010.07.23.)

음악다방의 추억

나의 학부시절의 이야기이다. 그때 나는 음악 감상을 좋아했는데 그 음악을 감상할 수 있는 음악 감상실은 서울시 내에 두셋 곳(세시봉, 돌체 등)밖에 없었다. 그래서 주로 다방에서 음악을 감상했다. 그 당시 한국 전쟁은 휴전협정에 따라 총소리가 멎은 지가 몇 년 되지 않아서 질서도 제대로 잡히지 않았을 뿐 아니라 전란을 겪은 시가지의 복구는 엄두도 내지 못하고 있는 때라서 좀 쉬면서 대화를 나눌 수 있는 곳은 다방이 유일한 만남의 장소였다.

그 당시 다방에는 담배 연기가 자욱했고 '굳세어라 금순아', '한강', '이별의 부산정거장' 등 가요가 흘러나와 시끄러워서 대화하기가 어려웠으며 입술에 빨간 루주를 짙게 바른 레지가 분주하게 손님들로부터 차 주문을 받던 생각이 난다. 그때 다방은 한가하게 차를 마시면서 시간을 보내는 한량들이 모이는 장소가 아니라 전쟁 뒤라서 먹고 살려는 방편을 모색했던 대화의 장소였으며 젊은 연인들이 만날 마땅한 장소가 없어서 다방은 그 연인들의 만남의 장소이기도 했다.

그중에서도 차를 마시며 대화도 나누지만 좋은 음악을 감상할 수 있는 다방이 몇 군데 있었다. 그런 다방은 입에서 입으로 전해져서 음악 애호가들이나 젊은이들이 비교적 많이 모여들었다. 이런 다방들도 팝송(pop song)을 주로 들려주는 다방이 있는가 하면 드물게는 클래식

(classic)을 들려주는 다방도 있었고 팝송과 클래식을 둘 다 들려주는 다방도 있었다. 팝송을 주로 들려주는 다방에는 연인들의 미팅 장소가 되어 사랑을 키워주기도 했다. 클래식을 들려주는 다방은 나이가 좀 지긋한 분들이 모이곤 했다. 그 당시 이러한 다방들을 몰아서 '음악다방'이라고 했다.

이 음악다방에는 한 귀퉁이에 마련된 뮤직 박스(Music Box) 속에 전축과 수많은 음반을 준비해 놓고 그 가운데 디제이(DJ, disc jockey)가 앉아 있었는데 듣고 싶은 음악이 있으면 쪽지에 신청 곡명을 적어서 그 박스 창구에 직접 넣거나 레지를 통하여 건네주면 듣고 싶은 음악을 감상할 수 있었다. 그 다방에 음악이 있었고 젊음이 있었고 낭만이 있었다. 여러 번 다니다 보면 아는 얼굴도 보게 되고 젊은 커플이 다니다 외톨이로 나오는 일도 있었다.

젊은이들은 왜 이렇게 음악다방을 찾았을까? 그것은 위에서 이미 말했지만, 그 당시 음악 감상실이 서울에 두세 군데밖에 없었으며 그곳에 음악 애호가들을 다 수용할 수 없었을 뿐만 아니라, 무엇인가 갈급함을 음악으로 메우고 싶은 젊은이들의 욕구 때문이라고 생각한다. 그런데 재력가들은 자기 집에 음악 감상실을 만들어 놓고 마음껏 듣고 싶은 곡을 선곡해서 감상했다.

내가 대학 초년생이었을 때 음악다방에서 본의 아니게 어느 여학생과 합석했다. 다방에 자리가 없으면 마담이나 레지가 선착한 손님의 양해를 구하고 합석을 시켰다. 그 학생이 그런 케이스에 해당하여 나와 마주 앉아서 어색한 분위기 속에서 음악을 감상했다. 합석한 그 학생은 나에게 "손님을 기다리시나요?"라고 물으면서 자기는 음악을 들으러 왔다고 말했다. 나도 음악이 좋아서 감상하러 왔다고 응답했다.

그래서 팝송(pop song)에 대한 대화가 시작되었다.

지금 흐르는 곡이 프랭크 시나트라(Frank Sinatra)의 'From Here to Eternity'라고 했더니 자기가 들어올 때 DJ에게 신청하고 온 곡이라고 했다. 그 당시에 유행했던 미국의 크로즈비(Bing Crosby), 시나트라(Frank Sinatra), 앤디 윌리엄스(Andy Williams) 등과 같은 가수들이 부른 팝송을 들었고 이어서 엘비스 프레슬리(Elvis Presley)를 대표로 하는 록 뮤직(rock music)과 이탈리아 칸초네(canzone)에 대한 대화를 나누기도 했다. 그때만 해도 나는 팝뮤직에 대한 지식은 별로 없었으며 젊은이들이 지니고 있는 고뇌 같은 것을 순화시키기 위해서 음악을 감상했다. 지금 생각하면 그 여학생과의 우연한 만남이 계기가 되어 내가 팝뮤직에 더 관심을 두었는지도 모른다.

나는 짬을 내어 그 음악다방에 가끔 들여 조용히 앉아서 따끈한 커피 향을 음미하며 눈을 지그시 감고 음악을 감상했다. 그때 나는 내가 한 가정을 이룬 뒤에 음악을 좋아하는 친구를 초청하여 따끈한 커피 향에 음악의 선율을 실어서 대접하면서 함께 음악을 즐기고 싶다는 생각을 한 적도 있었다.

이 팝뮤직은 한국전쟁(6.25사변)을 전후해서 한반도에 전래한 것으로 생각하며 그 전쟁 중 영·미 군대의 참전과 더불어 한반도에 자리를 잡는데 크게 기여했다고 생각한다. 그리고 휴전조인이 될 무렵을 전후하여 다방에서 팝뮤직을 들려주었던 것으로 생각한다. 특히 젊은이들이 이 음악을 즐겨 감상했다. 그래서 팝뮤직의 수요자가 늘어났고 다방에서는 손님을 유치하기 위하여 경쟁적으로 이를 공급했다. 그러니까 서울에서는 50년대 중반부터 그 음악다방이 생긴 것으로 추정된다.

내가 기계를 통하여 처음 음악을 들은 것은 유성기(留聲機)이다. 꽹과리, 북, 장구와 징을 치면서 새납(太平簫)을 부는 농악과 노인들이 장구를 치면서 시조를 읊거나 태평가 등을 부르는 소리와 닐리리야, 도라지타령 등의 경기민요나 강강술래와 진도아리랑 등의 남도민요 소리를 어쩌다 들은 적이 있다. 그런데 유성기라는 목제상자 속에서 흘러나오는 악기 소리와 사람의 노랫소리를 들었을 때 어린 나에게는 참으로 신기하고 놀라운 일이었다. 그때가 중학교에 입학하기 바로 전해가 아닌가. 이렇게 생각한다.

이 유성기를 축음기(蓄音機)라고도 하는데 이 축음기가 우리나라에 들어온 것은 1900년대 초라고 한다. 그 무렵에 Columbia라는 상표가 붙은 축음기는 상자 바깥의 손잡이를 돌려서 태엽을 감고 그 태엽이 풀리는 동력을 이용하여 상자 안의 턴테이블(turn-table)을 회전시키는데 그 턴테이블 위에 음반을 얹고 사운드박스(sound-box)에 꽂힌 바늘을 음반 위에 놓으면 음반의 사운드트랙(sound track)을 지나갈 때 일어나는 바늘의 진동을 받아서 음을 재생했다.

1876년에 미국 발명왕 토머스 에디슨(Thomas Edison. 1847~1931)이 바늘의 진동을 전기 신호로 변환하는 방식의 전축(Tin-Foil)을 발명하였으며 이를 전기축음기 또는 축약해서 전축(電蓄)이라고 했다. 내가 음악다방에서 음악을 감상했을 때 그 모양과 크기는 다르더라도 발전을 거듭한 전축으로 음악을 감상했다. 그때 그 전축은 음반의 사운드트랙을 지나가는 바늘이 강철로 만든 쇠바늘이 아니라, 가장 강하다는 금강석 바늘을 사용했다고 하며 그래서 음질도 비교적 좋았다.

이 턴테이블에 얹는 음반은 처음에는 SP(standard playing record)이었으나 나중에는 LP(long playing record)가 추가되었다. 그 당시 음악다방에서는 SP반과 LP반을 많이 사용했으며 클래식은 LP반에 많이 수록되어 있었다. 내가 고등학교 2학년 학기 초로 기억되는데 그때 친구들과 미군을 만나 그 군인의 영내까지 가서 놀 때 소형전축에 수평이 아니라 수직으로 세워진 턴테이블에 소형음반(도넛반)을 장착해서 음악을 듣는 것을 본 기억이 있다.

이렇게 축음기나 전축은 음반(音盤)에 저장된 소리를 재생시키는 장치로써 음악 애호가들에게 없어서는 안 될 필수품이었다. 그것은 음악 애호가들이 연주회(concerts)에 일일이 참석해서 음악을 감상한다는 것은 쉬운 일이 아니며 참석했다 하더라도 일회성에 불과했다. 따라서 음반과 소리를 재생시키는 장치인 레코드플레이어(record player)는 음악을 감상하는 데 꼭 필요했다.

종래 소리를 수록한 음반(SP, LP)과 전축으로 음악을 감상하면서 1963년에 네덜란드 필립사가 개발한 카세트테이프(cassette tape)와 테이프플레이어(tape player)로 음악을 감상하기도 했다. 테이프플레이어에는 리코더도 같이 장착되어 있어서 녹음과 재생을 다 할 수 있었다. 당시 수많은 공테이프가 쏟아져 나와서 유용하게 사용했다. 이 공테이프에 음악을 녹음해서 감상하기도 했지만, 아마 외국어 등의 학습용으로 더 유용하게 사용했을지도 모른다. 이 카세트테이프는 1977년에 일본 소니사에서 워크맨(Walkman)을 제작하게 했으며 이 워크맨은 남자의 양복 주머니에 들어갈 수 있는 정도의 크기인데 카세트테이프에 녹음하고 이를 반전(reverse)할 수 있어서 음악 감상하는데 유용했다. 또 이 워크맨은 이어폰을 낄 수 있게 되어 있어서 그간 실내에서 감상했던 음악을 실외로 끌어내는 데 큰 역할을 했다.

지금은 위에서 이미 말한 음반과 카세트테이프의 자리를 시디(CD, compact disc)가 차지하고 있으며 1980년대 초반부터 보편화 되었다. 시디에 음악을 수록하는 것을 일반적으로 '굽는다'(burning)고 하며 시디플레이어(CD player)는 오디오 콤팩트디스크(compact disk-digital audio)를 재생시키는 전자 기기이다. 이 플레이어는 가정용 스테레오 시스템, 카오디오 시스템, 개인용 컴퓨터에 설치되었고 휴대용 기기로도 제작되었다. 시디에 수록된 소리를 재생할 때 광 픽업(optical pickup) 장치에서 레이저광을 디스크에 쏘아 반사되는 빛으로 음성을 살려내므로 디스크 면에 직접 접촉하지 않아 잡음이 없고 펄스부호변조(pulse code modulation) 방식이어서 음질도 매우 좋다.

그리고 음악 등을 저장하고 재생할 수 있는 장치인 소형 엠피스리(MP3)는 1980년대 중반에 등장했으며 음질이 뛰어나서 음악 애호가들의 큰 인기를 차지하였다. 이 엠피스리는 음악을 디지털 방식으로 저장했다가 재생하는 기기이다. 여기에 자기가 듣고 싶은 음악을 선곡·저장하여 감상할 수 있다. 다시 말하면 옛날 음악다방에서의 DJ 역할을 자기가 직접 담당할 수 있다. 엠피스리에도 이어폰(earphone)이 있어 때와 장소의 제약을 받지 않고 독자적으로 음악을 마음껏 즐길 수 있다. 엠피스리의 기능은 각종 휴대전화와 스마트폰(smartphone)에도 내장되어 있다.

그래서 지금은 엠피스리나 스마트폰 등으로 시소의 제약을 받지 않고 음악을 감상할 수 있다. 그러나 "음악 감상은 음악을 음악으로서 듣는 주체적이고 능동적인 행위이며 종합적으로 음에 생명력을 부여하는 것이라고 한다."(H. Besseler). 이에 나는 음악 감상은 작곡가가 5선지에 불어넣은 작곡가의 혼을 연주가가 음형화하고 감상자가 거기에서 그 혼을 찾아내는 것으로 생각한다. 그럴진대 이어폰을 끼고 차(승용차, 버스, 전철 등)를 타고 또는 시끄러운 거리를 걸으면서 그 혼을 찾기에는 어려울 것이다. 따라서 음악 이외는 잡음이 들리지 않는 곳에서 '음악이 나이고 내가 음악'이라는 경지에 들어가야 작곡가가 5선지에 불어넣은 그 혼을 찾아낼 수 있을 것으로 생각한다.

위에서 이미 말한 바와 같이 음악을 감상할 수 있는 장치가 대형에서 소형으로, 고가에서 저가로, 잡음이 나는 음질에서 깨끗한 음질로 바뀌어 옴에 따라 그 과정에서 음악 애호가들의 발길은 음악다방에서 자연스럽게 멀어졌다. 그 시기가 1980년대 초반이라고 생각한다. 따라서 음악 감상실을 만들어 놓고 독자적으로 음악을 즐기었던 음악 애호가들도 이제는 육중한 전축이나 그 많은 음반의 관리가 골칫거리가 되었다. 이러한 음반제작을 한국에서는 1970년대 후반에 사양기로 접어든 것으로 추정된다. 하지만 앤티크(antique)로 그 음반을 애장하고 음악을 감상하는 분들도 있다. 이러한 음반 등은 '소리보전'을 위하여 절대 필요하므로 이 음반이 역사의 뒤안길에 묻혀버렸다 하더라도 이의 보전관리에 만전을 기하여야 할 것이다.

나의 학부시절에는 음악을 감상하는 장치가 여의치 못해서 음악을 대하기가 어려웠으나 인제는 한물간 카세트테이프에 이어서 시디, 시디롬(CD-ROM)을 장착한 컴퓨터 또는 인터넷, 엠피스리 그리고 스마트폰 등을 통하여 손쉽게 음악을 접할 수 있게 되었다. 그래서 내가 학부시절에 팝송과 클래식을 즐겨 감상했던 음악다방은 이제 지난날의 추억으로 남아있을 뿐이다.

(2010.12.08.)

가슴 아픈 사랑의 노래

나와 동문수학한 친구가 1970년대 초에 주사우디아라비아한국대사관에 근무한 때의 일이다. 그 친구가 부임해서 처음으로 쇼핑하기 위하여 자기부인과 함께 시장에서 물건 값을 점원에게 물어보았는데 이에 대해 대답을 하지 않기에 그를 쳐다보았더니 그 점원은 자기 마누라만 이상한 눈빛으로 쳐다보고 있더라는 것이다. 그래서 그 친구 자기 마누라를 재촉해서 다른 상점에 가서 물건을 사 가지고 왔다고 한 말을 들은 적이 있다.

그 상황을 대사관 직원들에게 말했더니 이 나라는 여자가 부족한데다가 돈 많은 사람이 여러 명의 여자를 차지하고 살고 있으며 가난한 집 총각은 신부 집에 보낼 재물이 없어서 결혼하지 못하고 노총각으로 산다고 하더란다. 그 점원은 남의 상점에 고용된 노총각일 것이라고 말했다고 한다.

필자도 중동에서 수년 동안 살면서 그곳 사람들의 결혼과 관련된 여러 가지 이야기를 들었다.

중동에서 신랑 집은 신부 집에 청혼하면서 양 등의 재물을 보내는 풍습이 있다. 이 재물은 결혼했다가 이혼하거나 남편과 사별해서 외짝이 된 여자의 생활보장 수단이 된다고 한다. 물론 이혼하지도 않고 사별하지도 않고 잘 살 때에는 친정 부모가 그 재산을 관리하고 처분할 수 있다고 한다.

그러나 이러한 재물이 없는 가정의 총각들은 결혼할 수 없다. 사실 젊은 남녀 간의 사랑은 물질의 다과나 사회적 지위의 높낮음과는 아무런 관련이 없다. 물이 스밀 데가 있으면 스며들듯이 젊은 남녀의 사랑은 자연스러운 것이며 일단 부딪힌 사랑은 불타게 마련이다. 다만 인간이 만들어놓은 풍습 때문에 그 사랑이 열매를 맺지 못하고 사랑하는 여인과 눈물의 이별을 하는 경우가 있다.

여기에 못다 이룬 비련의 노래가 있다. 그 노래가 "말라이카"(Malaika)이다. 이 말라이카는 천사를 의미하며 연인을 가리키는 말이기도 하다. 이 노래는 동부 아프리카에서 널리 불리는 민속 음악이다. 이 노래는 신부 집에 청혼하기 위하여 보낼 재물이 없어서 열정적으로 사랑한 여인과 결합하지 못하고 떠나보낸 그 연인에 대한 그립고 아쉬운 정을 생각하면서 애절하게 부르는 목동의 노래라고 한다. 그 노래의 1절만 소개하면 다음과 같다.

> "Malaika, nakupenda Malaika(나의 천사, 나 그대를 사랑하오)
> Malaika, nakupenda Malaika(나의 천사, 나 그대를 사랑하오)
> Nami nifanyeje, kijana mwenzio(그대 인생의 반려자, 난 어이 하리오)
> Nashindwa na mali sina we, Ningekuoa Malaika(난 아무것도 가진 게 없지만, 나의 천사 그대와 결혼하고 싶소)
> Nashindwa na mali sina we, Ningekuoa Malaika(난 아무것도 가진 게 없지만, 나의 천사 그대와 결혼하고 싶소)" - 크리스리의 출장여행기에서 -

이 노랫말 속에 청춘 남녀가 얼마나 열정적으로 사랑했으며 왜 결혼하지 못했는지 그 이유가 잘 나타나 있다. 즉 "난 그대를 사랑하오."라고 거듭 강조하면서 말로 표현할 수 없는 상대방에 대한 사랑을 나타내고 있으며 "그대 인생의 반려자, 난 어이하리오."라고 해서 그대는 영원히 함께 하여야 할 내 인생의 반려자라고 하면서 당신이 떠나면 난 어떻게 하라는 것이냐? 고 하면서 비통함을 토하듯이 자기 입장을 호소하고 있다. 그리고 후렴으로 "난 아무것도 가진 게 없지만, 나의 천사 그대와 결혼하고 싶소"라고 하여 자기의 가난을 직설법으로 표현하면서 내가 가진 것이 없다 하더라도 나는 그대와 결혼하고 싶다는 포기할 수 없는 뜻을 나타내고 있음을 알 수 있다. 이때 다른 집들은 수백 마리의 양을 기르던데 왜 우리 집은 겨우 먹고살 정도밖에 양이 없는가? 라고 생각하며 그 목동은 가난한 가정에 태어난 한을 삼키면서 양이 없으면 금은보화라도 많이 있었으면 얼마나 좋았으랴 하는 아쉬움을 안고 내가 오르지 못할 나무를 올려다본 것은 아닌가 하는 자책도 해보았을 것이다.

그러나 이렇게 생각하고 괴로워하고 있지만, 이미 물질이 없어서 사랑하는 연인을 떠나보낸 상실감 때문에 가슴에 파고든 쓰리고 애린 상처를 안고 눈물을 삼키며 부르는 목동의 가슴 아픈 사랑의 노래다. 비록 그대가 부득이 떠났다 하더라도 자기 마음속에 품고 있는 사랑의 감정은 변함이 없음을 나타내고 있다.

어찌 생각하면 이룬 사랑보다 이루지 못한 사랑이 더 애틋하고 아름다운지도 모른다. 그것은 순수함 때문에 그런 것으로 생각한다. 그래서 누구나 첫사랑을 잊지 못하는 이유가 바로 여기에 있다고 하겠다. 잠시 스쳐 간 사랑이 영원히 가슴속에 자리 잡고 있다. 그것은 깨끗한 화선지에 붉은 색깔의 물방울이 처음 배어든 것과 같은 순수함 때문이라고 생각한다.

젊은 남녀가 서로 사랑을 불태우면서도 물질 때문에, 사회적 여건 때문에 결혼하지 못하는 경우를 우리나라에서도 찾아볼 수 있다. 일반적으로 옛날 부모들은 가난한 집안에 딸을 출가시키려 하지 않았다. 그것은 중동처럼 재물을 받기 위해서가 아니라 딸이 결혼해서 배곯지 않고 잘 살 수 있도록 하기 위한 부모의 특별한 배려였다. 결국, 중동이나 우리나라나 딸자식의 안전한 삶을 위한 조치로 생각한다.

아무튼, 젊은 남녀의 사랑은 아름답게 맺어져야 한다. 인위적으로 만들어놓은 풍습이나 사회적 여건 때문에 순수한 사랑이 제약받아선 안 된다. 그 순수한 사랑은 하나님께서 주신 선물이다. 그러기 때문에 물질의 제약에서 벗어나 본인의 자유로운 의사에 따라서 자유롭게 맺어져야 한다고 생각한다.

(2012.03.20.)

음악을 벗 삼아 삶을 즐겁게

지난 이태 동안 우편집배원이 아닌 음악집배원 역할을 했다. 우편집배원이 편지를 잘 쓰든지 못 쓰든지 와는 관계없이 편지를 잘 배달하는 것처럼 나는 음악을 배달했다. 내가 배달한 음악은 16세기부터 탄생한 바로크 음악(Baroque music)에서 시작된 클래식 음악을 음악애호가인 지인들에게 배달했다. 음악을 감상하는 분들을 위하여 배달한 음악이 탄생하게 된 배경 등을 멘트해서 음악 감상을 돕기도 했다. 가끔은 국내외 팝송에 낭만적인 사연을 실은 음악 편지도 배달했다.

그것은 정보기술 산업이 만들어 놓은 시스템을 이용하여 전파를 타고 음악애호가들의 책상 위 단말기에 배달하였다. 그러나 중간역할을 했던 전파매체가 음악서비스를 중지하는 바람에 나도 어쩔 수 없이 아쉬움을 머금고 음악배달의 문을 닫고 말았다. 음악애호가들은 음악의 닫힌 문을 열어달라고 했고 일부 음악을 즐기는 분들은 그 아름다운 음악을 감상하는 방법을 알고 싶어 했으나 내가 정식으로 음악 공부를 하지 못했기 때문에 이를 거절하고 말았다. 그랬으나 가까이 지내던 몇몇 친구가 "자네가 음악과 함께 걸어온 길을 말해 달라"고 해서 이제 그 답변으로 다음과 같은 미천한 내용을 전한다.

창조주께서는 인간에게 오감(五感)을 주셨다. 우리는 그 오감을 통하여 즐거움을 느끼며 살아간다. 그렇다고 해서 꼭 즐거움만 느끼고 사는 것은 아니지만, 우리의 바람은 좋은 것을 추구하기 때문에 즐거운 쪽으로 가닥을 잡는다. 우리의 마음은 아름다운 꽃이나 경치를 보면 눈이 즐겁고 아름다운 음악이나 좋은 말을 들으면 귀가 즐거우며 향기로운 냄새를 맡으면 코가 즐겁고 맛있는 음식을 먹으면 입이 즐겁다. 그리고 피부에 닿는 느낌이 좋으면 촉각이 즐겁다. 그것은 다 마음으로 느끼는 것이지만 말이다.

우리는 열린 귀를 통하여 자유롭게 소리를 듣는다. 그 소리는 크게 나누어서 듣기에 좋은 소리와 그렇지 않은 소리로 구분하며 듣기에 좋은 소리 가운데 언어와 비언어인 소리의 장단, 가락, 화성으로 이루어져 전달되는 소리로 나눌 수 있다. 소리는 사람의 음성으로 전해지는 노래와 악기로 엮어지는 연주가 있는가 하면 사람의 음성과 악기가 어우러져 빚어내는 소리도 있다. 이런 것들을 싸잡아 음악이라는 단어로 간단히 표현하는데 이 음악 속에 작곡가의 사상과 감정이 묻어있는 예술이라고 생각한다.

봄에 버들잎이 피어날 무렵에 목동의 버들피리 소리, 농번기에 마을을 돌아다니면서 두들겨대던 농악 소리, 가을 달밤에 멀리서 들여오는 청아한 단소 소리, 겨울밤에 잠 못 이룬 문객들이 읊는 시조 소리에 귀를 기울이어 본 적도 있다.

농악의 장단과 고저에 취한 사람들은 어깨춤을 추기도 하고 손장단이나 발장단을 치기도 한다. 이것은 그 소리에 공감했다는 뜻이다. 장단을 맞추는 말이 나왔으니 1999년에는 영국 여왕 엘리자베스 2세(Elizabeth II)가 한국을 방문하셨을 때 그 여왕께서 안동 탈놀이공연을 직접 관람하신 적이 있다. 그때 여왕께서 그 공연의 음악에 구둣발로 장단을 맞추는 것을 텔레비전을 통하여 보았다. 그 모습을 보는 순간 음악을 공감하는 것은 동서의 차이가 없구나! 하는 생각을 했다. 그때 여왕의 마음은 그 공연의 음악과 같이 흐른 것이다. 그 음악이 무엇을 의미하느냐? 를 떠나서 순간적이겠지만, 몰아의 경지에 들어가서 음악과 한 몸이 되었다고 말할 수 있다.

일반적으로 음악(소리)은 귀를 통하여 청신경을 거쳐 대뇌피질 측두엽(前頭葉)의 청각령(聽覺領)에 이른다고 하며 그래서 그것은 즐거운 기분으로 같이 부르거나 어깨춤으로 또는 손이나 발장단으로 표현하기도 한다.

이처럼 음악을 듣고 감동하는 것이 진정한 음악 감상이라고 생각한다. 사람의 목소리나 악기나 또 그것이 어우러진 소리가 위와 같이 청각을 통하여 전달된다. 원래 사전적 의미로 "음악은 박자, 가락, 음성 따위를 여러 형식으로 조화하고 결합하여 목소리나 악기를 통하여 사상 또는 감정을 나타내는 예술"이라고 한다. 이처럼 음악은 목소리나 악기를 통하여 사상이나 감정을 표현하기 때문에 여기에 인간의 희비애락이 숨 쉰다. 그 희비애락을 얼마나 잘 표현했느냐? 에 따라서 음악의 생명이 길 수도 있고 짧을 수도 있으며 듣는 사람들이 얼마나 그 음악에 감동하느냐? 에 따라서 그 음악의 생명이 길어질 수도 있고 짧아질 수도 있다.

그러므로 내가 감상하고 있는 '음악이 나이고 내가 그 음악'이라는 경지에 이를 때 음악의 참뜻을 깨달을 수 있다. 그런 의미에서 음악이 지닌 참뜻이 내 심연에 전달돼 마음을 즐겁게 하는 것이 음악 감사의 요체라고 생각한다. 그리고 작곡가가 아무리 훌륭한 작곡을 했다 하더라도 연주자나 가창하는 자들이 그 곡의 의미를 제대로 표현하지 못하면 그것은 음악이 아니다.

음악은 들음에서 깨달을 수 있다. 그 음악의 장르가 동양음악이든, 서양음악이든, 고전음악이든, 현대음악이든… 여러 번 들음으로써 형식이나 특징을 파악할 수 있으며 작곡가를 찾고 친근해지려고 노력하게 되며 그런 노력의 결과로 작곡가의 성격이나 삶 그리고 사상을 알게 된다. 넓게는 그 작곡가의 시대적 배경을 알면 더욱더 작곡가와 친해질 수 있다. 이러한 과정을 거쳐서 음악의 진수를 알고 즐길 수 있다고 생각한다.

음악과 친해지면 심금을 울리는 음악의 선율에 감동하고자 하는 심리가 음악을 감상하고 싶은 충동을 일으켜 음악과의 산책을 떠나게 한다. 나는 젊었을 때 음악을 벗 삼아 살았고 잠시 바쁜 세상을 살아가며 음악을 잊고 살았으나 말년에 음악을 즐기면서 음악을 벗 삼아 살아가고 있다.

(2012.08.16.)

제 6 부
이렇게 생각한다.

미국이여 초심으로 돌아가라.

2001년 9월 11일에 미국 국제무역센터, 워싱턴 펜타곤 그리고 국무부도 테러를 당했다. 특히 국제무역센터는 테러분자들에 의해 납치된 미국 항공기로 테러를 당해 1백10층 대형 건물이 무참하게 붕괴되고 말았다. 이 때문에 3천여 명이 희생됐고 재산상 큰 피해를 보았다. 이에 미국인들의 분노와 슬픔이 극에 달하였고 세계 각국도 놀라고 공분했다.

그 테러를 당한 지 오랜 시간이 지났음에도 풀리지 않은 의구심이 있다. '미국은 무엇 때문에 그러한 끔찍한 테러를 당했을까?'하는 것이다. 미국은 테러분자들을 지원했다는 이유로 아프가니스탄을 침공해서 탈레반 정권을 붕괴시켰는데 과연 그 보복전이 정당한가? 미국은 보복전으로 속이 후련하게 풀렸을까? 그리고 이에 따른 후유증은 없을까? 이에 대하여 아직껏 명쾌한 설명을 들어본 적이 없다.

테러가 있었던 뒤 미국인들은 전보다 교회에 더 많이 참석했으며 평소보다 성경이 더 많이 팔렸다고 한다. 이러한 현상은 인생이 의지할 분은 오직 하나님밖에 없다는 것을 단적으로 입증해 주었다. 테러 이전에 미국 일부 교회는 성도 수가 줄었고 노인들만 예배에 참여했으며 또 일부 교회는 모슬렘 사원(mosque)으로 바뀌기까지 했다는 놀라운 소식을 들은 적도 있다.

필그림(pilgrim) 선조는 1620년에 영국에서 메이플라워(The Mayflower)호를 타고 신대륙에 건너가 먼저 교회를 건립하고 무엇보다도 먼저 하나님을 섬겼으며 갖은 고초를 이겨내면서 신대륙을 개척하여 부강한 나라를 일구었다. 이것은 하나님께서 주신 축복이요 은혜이다.

미국인들이 보복전을 했어도 마음속에 맺혀 있는 분함이 풀리지 않았을 것이고 그 후유증은 어찌하면 영원히 남을 수도 있다. 보복은 성경에서 말하는 해결책이라고 볼 수 없다. 신약성경을 보면 "악한 자를 적대하지 말라 누구든지 네 오른편 뺨을 치거든 왼편 뺨을 돌려대며"라는 말씀과 "너희는 원수를 사랑하며 너를 핍박하는 자들을 위하여 기도하라"는 말씀이 있다.

이 말씀은 무저항주의를 의미한 것이며 보복은 보복을 불러일으킬 뿐 근본적인 해결책이 못 된다는 뜻이다. 원수를 사랑하며 그를 위하여 기도하라고 하신 것이다. 미국인들이 원수를 사랑하면 그들의 가슴속에 맺혀 있는 응어리가 풀릴 것이라고 확신한다.

그런데 미국은 이라크가 9.11테러 사건을 배후에서 지원했다는 이유 등으로 이라크를 무력 공격하려고 계획하고 있으며 국제 여론의 지지를 받기 위해 계속 노력하고 있다. 전쟁의 방법은 성경적이 아니라고 생각한다. 이 엄청난 후유증을 어떻게 감당하려고 그러는지 모르겠다.

9.11테러 당시에는 슬픔과 울분의 도가니 속에서 이성을 잃고 보복하였겠지만, 이제 미국인들은 그 슬픔을 가슴에 묻고 울분을 삼키며 신대륙을 개척했던 시대로 돌아가야 한다고 생각한다. 하나님을 온전하게 섬겼던 그 초심으로 돌아가야 한다. 미국인들에게 "원수를 사랑하라"는 계명을 지키고 그들을 위해 기도하는 한 해가 되기를 소망한다.

(2003.01.18.)

학교와 교회에 남자교사가 너무 부족하다.

최근 정부에서는 심각한 초등학교 교사의 성비(性比) 불균형을 바로 잡기 위해 교육대 입학 전형에서 여성 합격자 비율을 제한하는 조치를 취하고 있지만, 역부족이라고 한다.

그동안 초등학교 여교사 비율이 해마다 높아지고 있는 가운데 올해 초등교사 임용시험 합격자 중 일부 지역에서는 여성 비율이 90%에 이른 것으로 나타났다. 초등학교 여교사 수는 1965년도에는 25.5%이었지만 지난해 4월에는 68.2%로 많이 증가했으며 매년 늘어나는 추세에 있다고 한다. 어찌 이것뿐이랴. 교회학교 유·초등부 교사들, 유치원의 교사들은 대부분 여교사가 담당하고 있다는 현실도 간과해서는 안 된다.

하나님께서 이 땅에 남자와 여자를 만들어 놓으시고 수적으로는 반반으로 했으나 품성과 역할은 다르게 하셨다. 일반적으로 여자는 정적이고 부드러우며 온순하고 사랑의 상징으로 요약할 수 있지만, 남자는 동적이고 강건하며 야성적이고 도전적인 면을 볼 수 있다. 그리고 여자에게는 고통을 크게 겪으면서 자식을 낳아 기르도록 했고 남자에게는 종신토록 수고해야 그 소산을 먹을 수 있도록 하셨다.

종전에 병역의 의무를 마친 남자들에게 일정한 가산점을 주어 어느 정도 성비의 균형을 잡아가는데 도움을 준 적도 있으나 헌법재판소의 위헌결정으로 그 가산점마저 인정되지 않아 초등교사의 성비가 큰 문제로 대두하고 있다.

정부에서는 초등학교 교사의 성비 불균형이 어떠한 결과를 가져오는지는 일언반구의 언급도 없다. 현재 프랑스도 초등학교 교사 중 78.4%가 여성이라고 한다. 그리고 남학생들의 학력이 떨어지고 열등감 때문에 폭력이 발생하는 원인 중 하나를 여교사가 많은 탓이라고 말하고 있다. 우리는 이를 강 건너 불이라고 보아서는 안 된다. 남자는 남자답게 키워야 한다. 이것이 창조자의 뜻에 합당한 교육이라고 생각한다. 내 아들이 여성화되어 간다고 생각해 보자. 그렇지 않아도 '마마보이'가 많다고 하는데 큰 걱정이 아닐 수 없다.

초등학교나 교회의 남교사는 남성 그 자체 또는 그의 일거수일투족이 배움의 대상이 될 수도 있다. 성비의 균형을 위하여 교육계와 교회가 각별한 관심을 가져야 할 것이다.

(2003.03.08.)

공교육을 먼저 살리자

영국에서는 부모들이 업무차 외국에 가서 수년 동안 체류하더라도 자녀를 데리고 가는 법이 없다고 한다. 그 이유는 모국의 기숙사 제도가 잘 되어 있기도 하지만, 자기 나라의 교육을 받도록 하자는 의미에서라고 한다.

우리나라 학생들의 해외유학 동기를 분석해 보면 원래는 두뇌가 명석한 학생들이 선진외국의 문물을 익혀 유능한 인재가 되려고 가는 것이었는데 수년 전부터는 국내대학에 진학이 어려운 고등학교 졸업생들이 유학하는 경우가 늘고 있다. 요즘은 초등학교 학생들까지 해외로 조기 유학하고 있다. 조기 유학해서 우울증에 걸렸다는 말이 있는가 하면 특히 미주지역에서는 초등학교 학생으로서는 감당하기 어려운 인종차별을 당하고 있다는 소식도 들려오고 있다. 설사 그곳에서 편하게 공부를 잘했다 하더라도 그것은 우리나라 교육을 받는 것은 아니다.

우리나라 교육행정이 왜 이렇게 변해 버렸는지 한심스럽다. 정부가 교육계획을 어떻게 세웠기에 오늘날 이런 결과를 가져왔는가? 공교육은 날이 갈수록 시들어지고 있는 데다 최근에는 정부와도 심하게 마찰이 일어나고 있어 사교육만 무성하게 자라고 있으니 학부모들이 학자금을 감당하기 어렵다. 그래서 해외유학생 수가 날로 늘어나고 있으며 자녀의 교육을 위하여 기러기 아빠를 양산하는 웃지 못 할 풍경도 벌어지고 있다. 국내에서 착실하게 기초교육을 받고 유학을 떠난 학생들은 염려되지 않지만, 초등학교 학생들이 조기 해외유학해서 무엇을 배운단 말인가?

우리나라 초·중등교육 과정에서는 국어와 국사 교육을 반복해서 점진적으로 수준을 높여간다. 왜 이렇게 국어와 국사 교육을 하고 있는지 그 참뜻을 알아야 한다. 물론 외국에서 초등교육부터 학부교육까지 받고 그 나라에서 산다면 그런 대로의 의미는 있다고 생각한다. 그러나 국내에서 기초교육을 받지 않고 해외에서 학부교육을 받고 국내로 귀환한 때에는 득보다는 실이 더 많다는 것을 명심하여야 한다.

국가의 백년대계인 공교육의 활성화가 시급하다. 교육 당국과 선생님들 그리고 학부모들이 합심하여 노력하지 않는 한, 우리나라의 공교육을 바로 세울 수 없다고 생각한다. 영국의 학부모들처럼 우리나라의 학부모들도 자녀에게 민족정기가 흐르는 우리 교육을 철저히 시켜야 한다. 그리고 해외유학은 두뇌가 명석한 학생들을 선발하여 꼭 필요한 분야에서 학문을 익혀오도록 하고 이들을 적재적소에 배치함으로써 국익에 크게 기여할 수 있도록 하여야 한다고 생각한다.

(2003.06.07.)

청소년 교육, 정도를 찾자

전에 전동차 안에서 자리를 양보하지 않은 학생에게 꾸지람한 노인을 그 학생이 계단에서 밀어 결국 그 사고 때문에 죽었다는 기사를 읽은 적이 있다. 이러한 현상은 학생의 의식과 자제력의 부족에서 연유된 것으로 생각한다. 문제는 이러한 일들이 계속해서 일어나고 있다는데 있다.

어느 특정한 시대라고 말하기는 어렵겠지만, 70년대, 새마을운동을 벌이는 등 보릿고개를 없애려는 방안의 하나로 '자녀 둘 낳기 운동'에 이어 나중에는 '자녀 하나 낳기 운동'까지 벌였다. 그 당시 태어난 자녀는 부모의 사랑보다는 과잉보호를 받고 자랐다. 그 이유는 자녀가 하나 또는 둘이라는 데도 있겠지만, 사회활동이 늘어나며 젊은 부모들이 대부분 바빴다는 데도 이유가 있다.

자식의 양육에는 사랑도 중요하지만, 완고한 통제도 필요하며 문제를 합리적으로 설명하고 격려하며 한정된 범위 안에서 벌을 주기도 해야 한다.

인내심과 자제력 그리고 분별력이 부족한 아이들은 교사를 경찰서에 신고하거나, 대중교통을 이용할 때 나만 생각하고 자리를 양보하지 않고, 급우를 따돌리거나 폭력을 가하며, 부모에게 행패를 부리는 패륜적 행위도 있다. 이런 아이들의 행동은 성인이 된 뒤 사회기강의 해이와

맞물려서 부정부패, 조직폭력, 집단 이기주의, 병영 내 폭행과 탈영, 일확천금을 노리는 절도 및 강도, 유괴나 납치, 성적 문란 등으로 이어진다고 생각한다. 조금만 더 생각하면 분별력이 생길 것이며 한 번 자제하면 평생이 편한데 그렇게 하지 않기 때문에 엄청난 사회적 물의를 일으킨다.

교육계에서는 가정교육, 학교교육 그리고 사회교육이 삼위일체가 되어야 건전한 사회인을 양성해 낼 수 있다고 한다. 그러므로 아버지가 가정에서 제자리를 찾아 교육에 관심을 가져야 하며 사교육의 팽배로 위축된 공교육을 정상화시켜 인성 교육의 기회를 확대하여야 한다.

방송이나 인터넷을 통하여 건전한 사회인을 길러 내기 위한 캠페인도 벌여야 한다. 특히 각급 교회의 주일학교에서 하나님 말씀을 중심으로 특별 프로그램을 제작하여 도덕재무장운동을 벌여야 한다. 기성인들이 앞장서서 희생을 각오하고 이들의 부족함을 채워주기 위한 노력을 게을리 해서는 안 한다고 생각한다.

(2003.07.26.)

식목일에 부쳐서

올해로 식목일은 120번째로 맞는다. 해방 이후 산의 나무를 땔감으로 베어 갔기 때문에 민둥산이 되었고 그 결과로 홍수가 나면 산사태가 일어났다. 이에 정부에서는 치산치수에 관심을 많이 뒀다. 그 시책의 하나로 입산금지를 했고 1년에 한 번씩 거국적으로 4월 5일에 식목행사를 벌여서 산림녹화사업을 전개했다.

이처럼 정부와 민간인들은 푸른 산 가꾸기에 많은 노력을 기울이었으나 그것만으로 산림녹화사업은 성공을 거두지 못했다. 그것은 식목한 뒤에 심은 나무에 거름을 주면서 잘 자라게 관리하는 것과 기존 나무를 벌목하지 못하게 관리하는 것이 중요한데 이를 제대로 이행하지 못했기 때문에 산림녹화사업은 성공을 거두지 못했다고 생각한다.

그런데 가정의 연료가 나무에서 연탄과 석유 그리고 전기와 가스로 바뀜에 따라 산에 많은 변화를 가져왔다. 산에 나무를 심자는 운동을 벌이지 않더라고 산은 푸르러 가고 있으며 전국 어디에 가든지 푸른 산을 볼 수 있다. 석유 한 방울 생산하지 못하는 우리나라에서 석유로 연료의 혁명을 일으켰다는 것은 엄청난 정책의 변화이며 경제적인 큰 부담을 안은 것이다.

산에 가 보면 자연사(自然死)한 나무도 있지만, 인공사(人工死)한 나무도 있다. 그러나 사람들이 그 나무를 가져다 연료로 사용하지 않는다.

그것은 운반의 불편함도 있겠지만, 각 가정의 아궁이가 나무를 땔 수 있는 구조가 아니라는 것이다. 전국 곳곳에 아파트가 들어서서 중앙난방식으로 바뀌었고 주방에는 가스나 전기를 사용하는 주방기기로 바뀌었다.

옛날 어머니들이 주방에서 사용하셨던 연료는 나무와 낙엽이었다. 내가 어렸을 때 산에서 고사목(枯死木)을 가져온다든가, 낙엽을 긁어온다든가, 늦여름엔 산의 풀을 베어다 그것을 건조해서 연료로 밥도 짓고 국도 끓이고 했다. 아궁이에 불을 때 주는 사람이 있으면 편하겠지만, 그런 사람이 없으면 한 참 바쁠 때 오가면서 발길로 아궁이에 나무를 밀어 넣으면서 밥을 짓고 국도 끓이었다.

연소가 잘 되면 아궁이에 불을 때는 것도 재미있는 일이나 그렇지 않으면 연기로 매워서 질식할 것 같았으며 일하기가 매우 어렵고 눈물을 흘리는 때도 있었다. 또 한여름에 아궁이에 불을 땐다는 것은 무더위에 뜨거움을 더해 주는지라 고통이 이만저만 한 것이 아니었다. 우리 어머니들은 그런 시대를 고생하시면서 사셨다.

집사람 세대는 연료가 무연탄과 석유의 시대라고 할 수 있다.

결혼한 뒤에 늦가을이 되면 월동준비로 제일 중요한 것은 연탄을 비축하는 것이었고 그다음으로는 김장하는 일이었다. 이 연탄불은 음식을 만들 때 연료로 필요했으며 추운 겨울에 난방에 큰 몫을 했다. 연탄불로 뜨거워진 아랫목에 누었을 때의 그 따끈한 촉감은 지금도 잊히지 않는다.

그러나 매일 한두 번 연탄을 갈아 주는 불편함이 있었고 연탄불이 꺼졌을 때 불을 새로 붙이는 것은 불편하다기보다 곤욕스러운 일이었다. 또 연탄 연기는 잠자고 있는 사람을 가끔 주검으로 모셔 가는 저

승사자이기 때문에 연탄 연기가 방으로 새어들어 오지 않도록 특별히 주의해야 했다. 그래서 주부들은 아파트 등 다세대주택을 선호했다.

그때부터 산림녹화라는 구호의 목소리가 낮아지기 시작했으며 '식목일'이라는 말이 명목상 있을 뿐이지 큰 행사로 치르는 경우는 별로 없었다. 그리고 연료가 무연탄으로 바뀜에 따라 연료를 구하기 위해서 입산할 필요가 없게 되었다. 따라서 산에는 풀과 나무가 자라서 우거졌고 가을이 되면 풀잎은 마르고 나뭇잎은 낙엽이 되어 산에 쌓였으며 이런 것들은 초목의 밑거름이 되어주었다. 이 때문에 산은 자연스럽게 녹화되었다. 그 반면에 봄철 건조기에 산에 쌓인 마른 풀잎과 낙엽은 산불에 노출되어 있기 때문에 연중행사처럼 산불이 일어났고 산불은 건조한 강풍을 타고 막대한 피해를 주기도 했다.

이제 며느리 세대는 전기와 가스의 시대로 연료혁명을 맞았다.

각 가정에서 주부들의 행동반경은 좁아졌고 난방기기나 주방기기는 원터치 시대로 바뀌었다. 이 때문에 주부들의 몸이 불어나는 것과 정비례하여 산도 더 살쪄가고 있다. 사람들의 편한 생활, 특히 주부들의 편한 생활에 대한 욕구는 다세대주택과 서구형의 전원주택을 더 선호하게 되었다.

이에 따라 이른바 산은 난개발 때문에 무성하게 자란 나무가 벌목되고 자연경관이 훼손되는 반면에 주부들은 다이어트시대를 맞게 되었다. 연전에 영국과 미국을 여행한 적이 있었는데 영국 여성들은 비교적 보기에 편했으나 미국 여성들은 뚱보들이 많아서 다이어트를 힘겹게 해야 할 것이라는 생각이 들었다. 이에 비춰보아 풍요와 편안함이 여성의 몸매와 무관하지 않다는 생각을 해 보았다.

유전적, 영양적 요인도 있겠지만, 연료혁명이라는 환경적 요인도 여성의 비만과 관련이 있다고 생각한다. 위에서도 이미 말했지만, 다세대 주택에 살면서 행동반경이 좁아졌기 때문에 비만을 가져왔고 이에 따라서 여성헬스클럽이 성황을 이루고 있으며 다이어트 식품이 불티가 팔리는가 하면 의사의 지시에 따르지 않고 다이어트 약을 복용해서 건강을 해치는 일도 있다고 한다.

이와 같은 변천 과정을 밟아오면서 식목일에 관한 관심도 낮아진 것이 사실이다. 그것은 산에 나무를 심는 것보다 현존하는 나무를 잘 관리해야 하겠다는 사고의 전환 때문이다. 정부에서도 식목일을 휴일에서 제외하고 이름만 식목일로 남겨놓았으며 내년부터는 달력에서 식목일 표시를 빨간색 글씨에서 검은색 글씨로 바뀐다고 한다. 아무튼, 연례행사처럼 찾아오는 산불방지에 최선을 다해 주었으면 좋겠다.

그리고 나무를 심는 식목(植木)에서 나무를 가꾸는 관목(管木)으로 바뀌었으니 수종개량도 중요하지만, 기존 산림의 관리를 철저히 해서 유용한 목재를 생산하는 데 힘써야 할 것이며 산림이 훼손되지 않도록 난개발을 적극 방지하여야 할 것이다.

옛날 식목일에 가파른 산에 오르면서 식목행사에 참여했던 때를 생각하면서 연료의 변천 과정과 그 영향을 살펴보았다.

(2004.04.05.)

전철에 독서전용 칸을...

가을은 독서의 계절이라고 하지만 독서는 특정한 계절에만 하는 것은 아니다. 책은 남의 경험을 기록해 놓은 것이므로 책을 읽으면 읽을수록 지식의 폭을 넓히고 깊이를 더 깊게 할 수 있다. 그러나 우리 사회에서는 독서를 방해하는 요소가 이곳저곳에 산재해 있다. 본인이 독서하지 않으면 어쩔 수 없는 일이지만 타율적으로 독서하지 못하게 하는 요소가 허다하다.

정보기술 산업의 발달에 따라 TV, 컴퓨터, 전자오락, 휴대전화, 비디오 등의 전자기기 때문에 특히 학생들은 독서할 수 있는 시간과 장소를 많이 빼앗기고 있다. 또 경제사정의 악화는 어린 학생들을 직업전선으로 내몰았으며 패스트푸드점 등의 열악한 근로여건 속에서 그들은 독서의 의욕을 상실해 가고 있다. 그럴수록 학생들에게 독서할 수 있는 공간을 마련해 주어야 할 의무가 어른들에게 있다. 지금은 라디오도 없고 TV도 없던 그런 시대와는 마냥 다르다.

그때 학생들은 가정에서나 학교에서나 독서할 수 있었으나 지금은 위에서 말한 바와 같은 정보기술 산업의 발달에 따라 독서에 많은 지장을 주고 있고 열악한 근로조건 때문에 더욱 독서의 열기는 식어가고 있다. 일반사회인들도 독서를 열심히 해야 하겠지만, 특히 학생들은 기초지식의 축적을 위하여 더 열심히 독서해야 하고 이때 축적된 지식은 전문지식을 받아들이는 기초가 될 것이며 앞으로 살아가는데 크게 기여할 것이다.

전철을 이용하다 보면 책을 펴들고 독서하는 학생들, 성경을 읽는 기독교인들, 서서 신문이나 잡지를 열심히 읽는 회사원들이 있는가 하면 일상적인 이야기에 열을 올리는 사람들도 있고 휴대전화로 시끄럽게 통화하는 사람들도 있다. 또 밤에는 취객들의 떠드는 소리도 있어 그렇지 않아도 만원인 전동차 안은 시끄러워서 짜증까지 난다. 이러한 분위기 속에서는 독서할 수 없다.

그래서 독서하고자 하는 사람들을 위하여 전동차에 독서전용 칸을 지정해 주는 것이 좋을 것으로 생각한다. 될 수 있으면 열차의 맨 앞 칸이나 맨 뒤 칸을 독서전용 칸으로 지정하는 것이 바람직하다. 그리고 수요에 따라 앞뒤 칸을 지정하는 것도 좋다고 생각한다.

일단 지정된 칸에는 독서하지 않는 승객을 타지 못하게 해야 한다. 전동차 안은 여름이면 냉방을 해 주며 겨울이면 난방을 해 줘서 독서하기에 알맞으며 장거리를 독서하면서 가면 지루한 줄을 모른다. 각자 사람에 따라 다르겠지만, 전동차 안에서는 특히 암기가 잘된다는 사람들도 있다. 관계 당국의 깊은 배려로 우리 사회에 독서분위기를 고취해 주기 바라는 마음에서 연초에 이런 제안을 해 보았다.

(2005.01.22.)

재난을 딛고 다시 일어서자

내가 태안 앞바다 기름유출 사고가 발생했다는 소식을 처음으로 접한 것은 지난해 12월에 "일본 속의 한민족사 탐방"을 하고 있던 때였다. 그러니까 12월 9일에 후지마루호 선상 휴게실 탁자 위에 놓여있는 조선일보를 보고 알았다. 승선해 있던 우리 탐방객들의 얼굴에도 근심 어린 빛을 찾아볼 수 있었다.

사고의 전말을 간추려보면 2007년 12월 7일 서해안 태안 앞바다에서 유조선 허베이 스피릿호와 해상크레인이 충돌하여 많은 기름이 유출된 해양오염 사고이며 삼성 예인선단 2척이 인천대교 건설공사에 투입되었던 삼성중공업의 해상크레인을 쇠줄에 묶어 경상남도 거제로 예인하던 도중에 한 척의 쇠줄이 끊어지면서 해상크레인이 유조선과 3차례 충돌을 일으킴으로써 발생하였다고 한다.

나는 태안에서 자란지라 누구보다도 태안 앞바다가 청정한 해역임을 잘 알고 있으며 어렵게 살아가는 어민들의 생활상도 잘 알고 있다. 삼면이 바다인 태안반도는 청정해역과 맑은 공기 그리고 인심 좋은 고장이라는 것을 자랑으로 여길 수 있다. 위에서도 말했지만 청정한 해수를 안고 있는 30여 개의 해수욕장, 안면도 등의 우거진 산림, H 재벌이 제방을 쌓아서 만든 B 간척지, 보존가치가 높은 신두리 해안사구 등을 손꼽을 수 있다.

일본 속의 한민족사 탐방객들은 배에 승선해서 필요한 때만 뭍으로 하선해서 탐방했기 때문에 매스컴과는 단절된 상태이었다. 태안 앞바다 기름유출사고의 소식을 접한 뒤에 기름제거작업은 어떻게 진행되고 있는지? 순간순간 마음속에는 어민들의 울부짖음이 들리는 듯했다. 내 고향 태안에서 발생한 사고라서인지 나는 꽤 마음이 착잡하였다. 우리 일행은 탐방 일정을 마치고 12월 11일 오후 2시경에 영도 국제크루즈 터미널에 안착했다.

나는 부산역 구내에 들어서자마자 조선일보를 사 가지고 KTX에 승차했다. 태안 앞바다 기름유출 사고를 이미 알고 있었지만 이렇게 큰 사고인 줄은 미처 몰랐다. 신문은 머리기사로 "기름띠, 태안반도 삼키고 확산"이라는 제목으로 기사가 실려 있으며 '검은 재앙' 언제쯤 걷힐까? 하는 설명을 곁들인 사진도 실려 있었다. 사상 최악의 충남 태안 앞바다 원유유출 사고와 관련 민·관·군이 나흘째 방제작업을 벌이고 있으나 기름띠가 태안반도 해역 전체에 번지면서 피해가 걷잡을 수 없이 확산하고 있으며 정부는 재정적 지원을 위해 피해가 심각한 지역을 '특별재난지역'으로 선포할 계획이라는 기사를 읽을 수 있었다.

이 기사에 말문이 막히고 가슴이 답답했다. 너무나 심각한 상황이다. 원상회복하기 위해서는 수십 년이 걸린다고 하니 바다만 바라보고 살아온 어민들은 어찌할 것이며 기름유출에 따른 파장은 내 고향 태안반도의 경제를 침체의 늪으로 몰아넣을지도 모른다는 생각이 들었다. 참으로 가슴 아픈 일이다.

나의 옆자리에 앉은 젊은 여자 승객은 연신 전화를 걸었다. 그녀는 기름유출 사고에 대한 현지 상황을 좀 더 자세히 알아보려는 전화였다. 어촌에 사는 초등학교 학생들에 대한 관심이 지대했다. 그녀가 전화를 거의 마칠 무렵에, 조금 전에 읽었던 신문을 그녀에게 넘겨주면서 태안 앞바다 기름유출 사고에 대하여 근심스러운 말을 건네었다. 그녀는 자기는 모항초등학교에서 근무하는 교사이며 일본 속의 한민족사 탐방을 갔다 오는 중이라고 자기를 소개하면서 바다에서 조개를 잡고 굴을 까서 번 돈으로 생활하는 가정의 학생들을 생각하면 가슴이 아프다고 말했다. 그녀는 나보다도 한 술을 더 떠 걱정이 태산 같았다. 통성명하지 않았지만 동일한 사안에 대한 깊은 관심에 금방 동지의식을 느끼었다.

그 이후 고향 사람들을 만나거나 고향에 가면 첫 번째의 화두가 태안 앞바다의 기름유출에 관한 이야기부터 시작했다. 그것은 출향인이나 현재 고향을 지키고 사는 태안군민이나 뜻이 같기 때문이다. 더구나 그것은 기름유출의 대형 사고라서 태안반도와 특별한 관련이 없는 사람들이나 기관까지도 같은 관심을 가지게 되었다.

즉 그것은 태안군민, 기름유출사고 때문에 피해를 본 어민뿐만 아니라 전 국민이 하나같은 마음을 가지게 했다는 것이다. 그뿐 아니라 외국인들까지도 관심을 보여주었다. TV 방송을 통하여 현장감 있는 화면을 통하여 기름제거작업 광경을 지켜보았다.

흰옷 등의 유니폼을 입고 기름 제거작업에 참여한 사람들의 모습에서 성지를 순례하는 순례자들과 같다는 느낌을 받았다. 나를 내려놓고 오직 진리를 찾으려는 생각은 나의 이익을 내려놓고 오직 태안군민의 평화로운 삶을 찾아주려는 자원봉사자들의 생각과 일치한다고 생각되었다.

기름유출사고가 있었던 뒤 5개월이 채 못 되었는데 도서지방을 제외하고는 외관상 옛 모습을 찾았고 태안 앞바다에는 푸른 물결이 넘실거리고 있다. 도서지방은 군이 동원되어 기름제거작업에 참여하고 있기 때문에 많은 성과를 거둘 수 있을 것으로 생각한다. 그러나 태안군민은 물론 전국 각지에서 구름처럼 모여든 1백 23만여 명의 자원봉사자들의 노력에도 그 작업에는 한계가 있다고 생각한다.

가시적인 부분은 기름이 많이 제거되었으나 바닷속에 잠겨있는 타르(tar) 덩어리와 모래나 갯벌 속에 묻혀있는 기름은 이를 다 제거할 수 없다. 날씨가 뜨거워지면 물속에 잠기었던 타르 덩어리가 수면 위로 떠오를 것이며 모래나 갯벌 속에 묻혀있는 기름도 녹아 솟아날 것으로 생각한다. 더군다나 지하암반까지 스며든 기름은 어찌 생각하면 제거할 수 없을지도 모른다. 지금까지 최선의 노력을 다해 왔고 앞으로도 하겠지만, 거기에는 인간이 해낼 수 없는 한계가 있다. 그래서 그 나머지 몫은 자연에 맡길 수밖에 없다. 이른바 자연정화작용에 맡길 수밖에 없다. 그러나 안타깝게도 그 정화기간이 수십 년이 걸린다는데 문제가 있다.

자연은 하나님께서 우리 인간에게 주신 선물이다. 당대에 잘 보전하여 그 자연으로부터 혜택을 받고 그 자연 그대로 후손에게 물려주어야 할 의무가 있다. 태안 앞바다 기름유출 사고는 고의적인 것은 아니지만, 주의했으면 사고를 미리 방지할 수도 있었던 인재였다. 앞으로 이러한 사고가 재발하지 않도록 최선의 노력을 경주하여야 할 것이다. 자연보전의 최대 방안은 인공을 가하지 않고 자연 그대로 보전하는 것이다. 태안 앞바다의 생태계가 원상 복구되어 바위에 붙어사는 해초나 모래와 갯벌에 숨어 사는 어패류와 미생물 그리고 활기차게 바닷속을 나르는 물고기 떼 등의 모습을 조속히 보길 기대한다.

태안 앞바다 1만여t 기름유출사고 때문에 받은 손해에 대하여는 어민들에게 적법한 배상 이외에 위자료까지 지급해 주어야 할 것이다. 이 사고 때문에 마음고생이 극심했으며 목숨을 버린 비극적인 사건도 있었다. 그리고 유출된 기름의 제거작업에 참여했다가 질환을 얻은 참여자들의 건강에 대하여 정부에서는 각별한 관심이 있어야 할 것이다.

이 기회에 기름유출 때문에 배상한 예를 살펴보면 1995년에 5천t의 기름유출이 있었던 여수 앞바다 시프린스호 사고 때 배상금액은 피해자들이 청구한 735억 7천만 원의 20%(147억 1천만 원) 정도에 불과했다. 문제는 피해자, 자신들이 입은 손해를 입증하는 증거물 제출이 어려웠다. 물론 소송전문가의 지원을 받았겠지만, 한국에는 기름유출사고에 따른 손해배상 관련 전문변호사가 없다. 그래서 더욱 배상에 어려움이 따르게 마련이다.

1989년에 3만t의 기름유출이 있었던 알래스카 엑손정유사 사고 때 가해자는 방제비용 및 환경오염에 대한 손해배상금으로 정부에 한화로 1조 원 정도를 지급하고 장래 새로이 환경피해가 발견될 때 추가 배상하기로 합의했다. 그리고 주민이 제기한 소송에 대하여는 실제 손해배상 5천억 원과 징벌적 손해배상이 책정되었다고 한다.

그러므로 태안 앞바다 기름유출사고에 따른 직접 피해에 대한 배상은 물론이고 간접 피해의 범위를 넓혀서 요식업자나 숙박업자 및 이들의 종업원과 조개류 채취자, 해녀들 등에도 충분한 배상이 이루어져야 한다고 생각한다. 그러나 이번 태안 앞바다 기름유출사고에 관련된 피해금액이 3천억 원을 초과할 때 추가 배상이 없다는데 문제가 있는 같다. 이것은 우리 정부가 추가기금협약에 가입하지 않았기 때문이라고 한다. 앞으로 기름유출사고가 발생해서는 아니 되겠지만, 만약을 대비하여 간접 피해를 배상할 수 있는 제도적 장치를 마련해야 할 것이다.

우리 민족은 어려운 일을 당할 때나 힘들 때 단합하는 기질이 있는 것 같다. 삼일 독립운동이 그랬고 올림픽 때의 단합과 협조가 그랬고 월드컵경기에서의 응원이 그것을 증명해 주고 있다. 이번 태안 앞바다 기름유출사고가 발생한 뒤에 전국 각지에서 자원봉사자들이 구름처럼 모여들어 칼바람 추위를 무릅쓰고 기름제거작업을 했다. 현지 주민을 비롯하여 태안군민은 이분들의 봉사에 보답하는 뜻에서라도 좌절하지 말고 이 재난을 딛고 일어나 옛 모습을 되찾아서 희망차고 활기 넘치는 삶을 이어나가야 할 것이다.

그리고 전국 어디서나 재난을 당한 고장이 생긴다면 이를 돕기 위하여 솔선해서 분연히 일어나 자원봉사의 손길을 뻗쳐야 할 것이다. 그것은 보답이라는 의미보다 우리 사회에 예부터 내려오는 상부상조의 덕목이기 때문이다. 끝으로 특별히 강조하고 싶은 것은 태안 앞바다 기름유출사고에 따른 피해 어민들의 생활과 생태계 회복을 위하여 정부에서 특별한 관심을 가져주기 바란다.

(2008.05.15.)

제 7 부
기행 에세이

천하 명산 금강산에 다녀와서

우리 부부는 지난 5월 7일 자 아들 며느리의 정성으로 금강산을 관광하기 위하여 집을 나섰다. 우리가 사는 곳이 경기도이므로 강원도에 있는 금강산으로 가는 길은 별로 먼 길이 아니다. 승용차로 간다면 하루에도 갔다 올 수 있는 거리이다. 그러나 국토의 분단 때문에 50년간 장벽보다 더한 휴전선이 가로 놓여있기 때문에 오가지 못하고 있다. 그러나 이처럼 금강산관광을 떠나게 되니 감개가 무량했다.

첫째 날, 우리가 해외여행을 하는 것이 아니므로 여권이 필요 없으나 북측과 체제가 달라서 주민등록증으로 신분확인을 해 주지 않는다. 신분증을 두 개를 주었는데 하나는 "금강산관광용"이고 다른 하나는 "출입신고용"이라고 한다. 우리 일행은 4백여 명 정도가 되었다. 사실상 해외여행을 하는 것처럼 출국신고도 하고 휴대품에 대한 보안 검사도 받은 뒤 금강호에 오후 5시경에 올랐다. 내 일생 그렇게 큰 배를 처음으로 타 보았다. 승무원 380여 명을 포함하여 1,200여 명이 승선할 수 있는 배라고 하니 말이다.

우리는 승선한 뒤 첫 번째로 한 일이 "승객비상대피훈련"과 "방북교육"이었다. 비상대피훈련은 항공기에 탑승했을 때 받았던 훈련과 비슷했으며 유익한 것을 많이 가르쳐 주었으나 방북교육은 금강산을 관광할 때 유의사항으로 휴대 금지품목, 관광할 때의 준수사항, 이를 위반한 때 벌과금을 부과 징수하겠다는 내용 등이다. 물론 체제가 다른 곳과의 일시적인 교류이므로 예측하지 못한 사고가 발생하는 것을 미리 방지하기 위한 예방책이다. 그러나 너무 속박하는 느낌이 들어서 기분이 개운치가 않았다.

배는 오후 7시에 출항했으며 항공기를 탑승한 것과 비슷하게 흔들림이 있었다. 비교적 바다가 잔잔해서 그런지, 배가 하도 커서 그런지 그 흔들림이 불쾌감을 주지는 않았다. 일행과 더불어 저녁 식사를 마친 뒤 승객을 위한 환영 공연이 있었는데 나는 별로 흥미가 없어서 조금 보다 선실로 돌아왔다. 오후 7시에 동해항을 출발한 배는 북측의 고성항에 내일 오전 7시에 도착한다 하니 장장 12시간이 소요되는 셈이다. 우리 부부는 북측의 바다를 항해하고 있는 금강호 선실에서 예배를 드렸다. 맨 먼저 분단된 국토통일을 소망하는 기도와 여행을 무사히 마칠 수 있도록 하나님께 기도를 드렸다.

그런데 내일 북녘 땅을 밟는다는 생각을 하니 가슴이 설레기도 하고 한편 국토 분단에 대한 분함도 있고 그래서 울고 싶기도 했다. 금강산을 관광한다는데 의미가 있는 것이 아니라 50년간 단절되었던 내 나라 내 땅을 밟아 본다는데 큰 의미가 있다. 그래서 잠을 제대로 이룰 수가 없었다. 엎치락뒤치락하기도 하고 에어컨디셔너에서 흘러나오는 냉기를 이기지 못해서 가끔 기침도 했다. 어떻게 잠이 들었는지 모르겠으나 기침을 하다 깨었다.

둘째 날, 내가 거실로 나왔을 때가 새벽 5시가 넘었다. 선창을 통하여 내다보니 멀리서 불빛이 비치고 있다. 조업 중인 어선에서 흘러나

온 불빛인지, 아니면 북녘 땅의 어느 마을의 불빛인지를 분간할 수 없었다. 6시 KBS TV 위성방송에 따르면 강원도 지역의 일기는 흐리다고 예보했다. 이왕에 여기까지 왔으니 쾌청한 날씨에 북녘 땅을 밟고 싶었다. 뉴스를 시청한 뒤 선창을 통하여 밖을 내다보니 멀리 고성항이 높지 않은 민둥산에 안겨있는 모습이 쓸쓸해 보였다. 건물도 두서너 채뿐이고 부두시설도 빈약하다. 금강산 유람선이 취항한다고 광고하기 전부터 귀가 닳도록 듣던 고성항(남한에서는 '장전항'이라고 함)이 눈앞에 다가왔다.

선내 방송을 통하여 리처드 크레이더먼(Richard Clayderman)의 피아노 연주가 흘러나왔다. 이는 깊은 잠에 빠진 승객들을 깨우려는 듯 볼륨이 좀 크게 들렸다. 이어 아침 식사시간을 알려주면서 8시 10분에 모여서 만물상(萬物相)으로 관광을 가는 그룹, 구룡폭포(九龍瀑布)로 관광을 가는 그룹의 집합장소와 금강산의 일기 등을 알려 주었다.

우리 조원 19명은 하선해서 깃발을 든 안내양의 뒤를 따랐다. 그녀는 신고절차를 다음과 같이 설명했다. 출입신고서를 더럽히지 않도록 특별히 주의하라고 하면서 한 줄로 서서 출입신고 심사를 받고 카메라 줌의 크기도, 휴대 물건도 검사를 받는다고 했다. 말하자면 해외여행할 때 이민국의 여권 심사와 휴대 물건에 대한 보안 및 세관 검사를 받는 것과 같은 것이다. 초등학교 학생들처럼 줄을 서서 절차를 받는데 기분이 좋지 않았다. 누가 누굴 심사하고 검사한단 말인가? 가까운 이웃에 마을 갔다 온 것처럼 맞으면 될 터인데… 일단 검사를 마치고 북녘 땅으로 들어가서 관광버스에 분승했다.

해안도로를 따라가는데 산에는 나무가 별로 없다. 조금 가다 보니 오른편으로 녹슨 철도가 있는데 안내양은 이 철도가 휴전선에서 16㎞

절단되어 사용할 수 없는 경원선이라고 설명했다. 그리고 금강산은 우리나라의 명산인 동시에 세계적인 명산이라고 하며 금강군과 통천군 그리고 고성군에 자리 잡고 있고 남북이 60㎞, 동서가 40㎞, 그 면적이 530㎢이며 지역 특성에 따라 외금강(外金剛), 내금강(內金剛) 그리고 해금강(海金剛)으로 나뉜다고 설명했다. 금강산은 비로봉(1,639m)을 주봉으로 1만 2천봉이라 불러오듯 많은 산봉우리와 천태만상의 기암절벽, 깊은 계곡들에는 폭포와 담소들이 푸른 숲과 어우러져 절경을 이루고 있다고 하면서 명승의 곳곳에는 예로부터 전해 내려오는 전설도 많아 찾아오는 사람들의 마음을 더욱더 즐겁게 해 준다고 설명했다.

안내양은 왼편 산 위에 닭알 바위가 있는 지역을 용계리(用鷄里)라고 하고 좀 지나 온정리(溫井里)에 들어서니 오른편에 온정리인민학교가 있고 그 옆에 1급수라고 자랑하는 금강산샘물공장이 있다고 설명했다. 온정각 앞마당에 내려서 "천하제일금강산"이라고 붉은 글씨로 크게 써 놓은 곳 앞에서 사진 촬영을 하고 잠시 휴식을 취한 뒤 버스에 다시 올라 구룡폭포를 향하여 달리었다. 가는 도중 오른편에 한국전쟁 당시 소실되었다 하는 신계사(神溪寺) 터가 있는데 이 사찰은 금강산 4대 명찰 중의 하나라고 하며 아직도 삼국시대에 세웠다는 3층 석탑이 의연하게 서 있다. 고성항을 떠날 때 주변은 별로 나무가 없었는데 신계사 터 주변으로부터 미인의 다리 모양의 미끈한 미송(美松)이 빼곡히 들어 있어 울창했다. 지난 4월에 산불이 나서 일부 피해를 보기도 했으나 대부분 잘 가꾸어져 있다.

우리 일행은 금강산 초입의 주차장에서 내려 좀 걸어 오르니 다리 건너편에 목란각(木蘭閣)이 있다. 아담하고 예쁘게 현대식으로 건축되었다. 전에 북측 고관들의 교육장소로 사용하기도 했으나 지금은 식당으로 쓰고 있다고 한다. 우리는 신계천(神溪川)을 끼고 계속하여 올랐다. 신계천으로 신선(神仙)이 배를 타고 올라왔다가 경관이 하도 아름다워서 이곳에서 놀았다는 선담(船潭)과 신선 다섯이 놀았다는 오선암(五仙岩)이 있다. 그리고 좀 올라가니 산삼과 녹용이 녹아 흘러나온다는 물인 삼록수(蔘鹿水)가 있는데 이 물은 올라갈 때 한 모금 마시면 10년이 젊어지고 내려올 때 한 모금 마시면 10년이 젊어진다고 한다. 금강문(金剛門)을 지나 600m쯤 올라가니 수정같이 맑은 물이 누운(臥) 폭포를 이루며 구슬처럼 흘러내린다고 하여 이름을 붙인 옥류동(玉流洞)에 이르니 옥류담에 폭포가 세차게 흐르고 있다. 이 옥류담은 높이가 해발 630m, 깊이가 6m 그리고 폭포의 높이가 58m라고 한다. 시인들은 이 절경에 취하여 주옥같은 시를 많이 썼다고 하며 은어 떼도 이곳까지 올라온다고 한다. 이곳을 지나 올라가니 구슬처럼 아름다운 초록색의 두 개 담소(潭沼)가 비단실로 꿰놓은 듯 연이어 있다고 하여 연주담(連珠潭)이라 부르는 곳에 이르렀다. 이어서 올라가니 봉황새가 날개를 펴고 꼬리를 휘저으며 하늘 높이 날아오르는 것 같다 하여 비봉(飛鳳)이란 이름을 붙인 비봉폭포(폭포 높이: 139m)에 이르렀는데 봉황새의 날개도 꼬리도 안개 속으로 사라지고 쏟아져 내리는 물소리만 비봉이 있음을 알려주는 듯했다. 연담교(連潭橋)를 건너 오른편으로 우리나라 3대 명 폭포 중의 하나인 구룡폭포(九龍瀑布)와 구룡연(九龍淵)을 볼 수 있는 관폭정(觀瀑亭)으로 가는 길이 있다. 집사람은 비교적 오르기 쉬운 관폭정 가는 길로 가고 나는 오르기 험한 상팔담(上八潭)으로 가는 길을 택했다. 돌계단도 험했지만 70˚ 이상 경사진 철제사다리를 오를 때 아찔한 느낌이 들 때도 있었다. 이러한 철제사다리를 여러 개 올라서 힘들게 상팔담과 구룡폭포를 한 눈으로 내려다볼 수 있는 구룡대(九龍臺)에 이르렀다. 상팔담은 산의 위에 여덟 개의 연못이 있다 하여 이름을 붙인 이름이며 이 연못의 물이 굽이굽이 흘러서 구룡폭포로 이어진다고 한다. 이 연못에는 '나무꾼과 선녀'의 로맨스가 깃들여 있는 곳으로도 유명하다.

그런데 '금강산아! 내가 왔다'고 외치지 않아서 그런지? 한 번 더 오라는 것인지? 내 신비한 몸을 너희에게 그리 쉽게 보일 수 있느냐? 고해서 그런지? 자욱한 운무(雲霧)에 가려진 금강산은 보일 듯 말 듯하여 더 보고 싶은 충동을 자아냈다. 못내 아쉬움을 안고 기념사진을 촬영한 뒤 관폭정에서 기다릴 집사람을 만나기 위하여 급히 내려왔다. 그러나 74m 높이에서 떨어지는 물소리만 들일뿐, 구룡폭포의 비경도 아홉 마리의 용이 승천했다고 하는 깊이 13m의 구룡연도 볼 수 없었고 집사람의 모습도 찾을 수 없었다. 다시 급히 내려오다 중간지점에서 겨우 집사람을 만나 사진 몇 장을 촬영하고 내려왔다. 안내양은 우리가 어렵게 밟고 올랐던 길의 거리는 주차장에서 상팔담까지가 4,700m 라고 알려주었다.

우리 일행은 주차장에 대기하고 있던 버스를 타고 온정각으로 내려와 오후 3시가 넘어서 점심과 휴식을 취한 뒤에 현대가 운영하는 매바위산 밑의 금강산온천에서 몸의 피로함을 조금이나마 풀 수 있었다. 이 온천은 일시에 남녀 1천 명(남자 540명, 여자 460명)이 목욕할 수 있는 시설을 갖추고 있으며 노천탕도 붙어 있다. 약한 방사능을 함유한 섭씨 40°의 중탄산나트륨으로 수질이 매우 부드럽다고 하며 노화방지, 갱년기장애, 피부질환, 관절염, 류머티즘, 고혈압, 피부미용 및 신경계통에 신비로운 효험이 있다고 알려졌다.

아침에 밟았던 절차를 역순으로 밟고 북녘 땅을 빠져나와 다시 숙소인 금강호에 올랐다. 저녁 식사 뒤에 승객을 위한 승무원들의 쇼가 있었다. 우리 부부는 북녘의 해상 선실에서 두 번째 예배를 드리며 통일을 기원하는 기도도 드렸다.

셋째 날, 오늘은 삼일포(三日浦)와 해금강으로 관광을 나섰다. 그쪽으로 가는 길은 어제와 같은 길로 가다 온정리에서 왼편 도로를 따라갔다. 그곳 산도 민둥산이다. 산이 투박해서 그럴까? 아니면 산림을 벌채하고 식수를 하지 않아서일까? 통일되면 식목행사를 자주 해야 하겠다는 생각이 들었다. 온정리를 지나서 온곡리 마을에 들어섰다. 보리 작황으로 보아 올해에는 흉작일 것 같아서 걱정되었다. 트럭에 분승하여 일하러 가는 농민들이 있기는 한데 대체로 농촌은 한가롭게 보였다. 지력이 투박하여 그런지 군데군데 퇴비를 쌓아놓기는 했으나 현재의 지력에 비료를 주면 토양이 산성화되어 비료를 준 뒤가 더 문제 될 것 같아 퇴비를 많이 생산해야 할 것 같은데 그럴만한 초지(草地)가 없다.

군인들이 곳곳에 서 있다. 안내양은 이곳은 비무장지대로 들어가기 전의 검문소라고 말했다. 고성군 체신분소를 지나 민둥산을 보면서 봉하리인민학교, 삼일포인민중학교를 지나니 넓은 고성평야가 펼쳐져 있다. 그 평야는 경지정리가 잘되어 있으나 작년에 추수할 때 벤 벼 등걸을 보니 가뭄으로 벼가 너무 빈약하게 자라서 작황이 좋지 않은 것으로 생각하였다. 벼 모판 주위는 방풍과 방한을 위하여 이엉으로 둘러 쳐있다. 머지않아서 모내기를 해야 할 텐데 논에 물이 거의 없다. 저수지가 없거나 비가 적기에 내려주지 않는다면 풍년을 기약하기 어려울 것 같다.

우리가 지나오면서 본 바로는 고성군에는 기차 간이역이 두 곳이나 있는데 그 하나는 청년회의실로 사용하고 고성평야 한가운데 있는 것은 현재 탈곡장으로 사용하고 있다고 한다. 언제 경원선 철길이 연결되어 저 역사(驛舍)가 제구실을 할 것인지… 지나가는 나그네의 마음을 답답하게 해 주었다. 비무장지대로 들어가는 검문소 바로 길옆 팻말에 붉은 글씨로 "섯"이라고 쓰여 있다. 남한식으로 하자면 "멈춤"을 뜻하는 것이라고 안내양이 설명했다. 뜻은 "섯"이나 "멈춤"이나 같으나 전자는 명령조의 말인데 반하여 후자는 그러한 느낌을 주지 않는다. 이곳에 와서 들은 말이지만 화장실을 "위생실", 달걀을 "닭알", 도시락을 "밥꽉", 아이스크림을 "얼음보숭이" 등으로 말하고 있다. 남북통일도 어렵지만, 통일 뒤에 언어의 통일도 쉽지 않을 것 같다. 따라서 남북 국어학자들은 이 점을 고려하여 미리 연구해야 할 것이다.

우리 일행은 버스에서 내려 삼일포로 갔다. 해변이나 해변의 바위들을 보고 실망했다. 안내양은 먼 옛날 어느 한 왕이 하루를 놀기 위하여 왔다가 그 경치에 매혹되어 사흘 동안 놀다 갔다 해서 삼일포란 이름을 붙었으며 수많은 사람이 즐겨 찾는 아름다운 곳이라고 설명했다. 잠시 삼일포를 돌아본 뒤 다시 버스를 타고 해금강 쪽으로 차머리를 돌리었다. 시인이며 조선조 3대 명필 중의 하나인 양사언이 앉았다 하여 그의 호를 따서 이름을 붙인 봉래대(蓬萊臺)를 바라보고 길이가 50m가 되는 흔들다리를 건너서 해금강에 이르렀다. 해금강은 바닷가의 경치와 바다 밑의 비경으로 유명한 곳이라고 한다. 53불(佛)의 피난처였다는 부처 바위를 지나니 선돌(立石)이 보이며 몇 그루의 소나무가 뛰어난 풍치에 정서를 더해 주고 있다. 여기에서는 동해의 해돋이, 바다 만물상, 바다 밑 만물상, 뱃머리 바위, 칠성 바위가 유명하다. 귀로에 동해에 안겨있는 단풍각(丹楓閣) 앞뜰에서 쉬는 동안 깊은 상념에 잠겨 보았다.

우리 부부는 큰아들 친구가 특식 예약을 해 준 북측 통제지역 안에 있는 금강원 식당에서 신선한 회, 채소, 돼지고기, 이름 모르는 패류(貝類), 도라지와 고사리나물 등의 부식과 그리고 금강 냉면으로 점심을 맛있게 먹었다. 종업원에게 팁을 주려고 하니 사양했다. 우리는 밖으로 나와 금강원 앞에서와 남북회담을 했다는 금강산호텔을 배경으로 기념사진을 촬영했다.

오후 4시부터 금강산문화회관에서 평양 모란봉교예단의 공연을 관람하였다. 이들의 공연을 보니 감탄도 저절로, 박수도 저절로 나왔다. 1시간 30분 동안의 공연이 금방 끝이 난 것 같았다. 우리 일행은 어제와 같은 순서를 밟았고 이른바 출입신고서를 북측의 요원에게 넘겨주고 나왔다. 우리는 다시 금강호에 승선했다. 오늘은 관광객들의 노래자랑이 있었으나 집사람은 멀미 기운이 있다고 하면서 침실로 들어갔고 나 혼자서 3박 2일의 금강산 관광을 뒤돌아보았다.

전 세계에 한 나라가 남북이나 동서로 갈라져 있는 나라는 우리나라밖에 없다. 작년에 이를 봉합하기 위하여 6.15공동선언이 있었으나 후속 조치가 뒤따라 주지 못하여 현재 답보상태에 있다. 장관급회담도, 적십자회담도 열리지 않고 있으며 남북을 연결하는 경원선 철도도 남측만 지뢰제거와 착공식에 이어 시공하고 있으나 북측에서는 움직임이 없으며 김정일 국방위원장도 답방하지 않고 있다. 그리고 금강산 관광도 관광객이 줄어들어 수지 타산이 맞지 않기 때문에 이 사업의 계속 여부를 놓고 각계에서 논란되고 있다. 안개에 가린 금강산을 본 것처럼 마음이 착잡하다.

우리를 싣고 동해항까지 가는 금강호가 오후 7시에 고성항을 떠나 흔들림을 계속하면서 항해했다. 북녘 하늘과 땅은 점점 멀어져 갔다. 멀어져 가면 갈수록 마음에 울적함을 안겨주었다.

넷째 날, 새벽 3시경에 선창의 커튼을 열고 밖을 내다보았다. 하늘엔 구름이 걷히고 음력 4월 18일의 밝은 달빛은 출렁이는 해면 위에 바스러지면서 은빛으로 변했다. 멀리서 희미하게 들여오는 배의 기관 소리는 귀항을 재촉하는 숨소리 같았다. 지금 우리가 승선한 금강호는 시간상으로 보아 남방한계선을 훨씬 넘어섰다고 생각하였다. 다시 잠을 청해 자다 방송 소리에 단잠을 깨었다. 선창을 통하여 동해항이 한눈에 들어왔다. 공장의 높은 굴뚝도 주변에 아파트도 보였고 삼림을 울창하게 실은 산도 점점 가깝게 보였다. 우리 일행은 정박을 기다렸다. 이웃에 마을 갔다 오는 것처럼 곧바로 입항 절차를 마쳤다. 하선하면서 왜 우리는 이렇게 분단된 조국에서 살아야 하나? 하는 생각을 하니 우울했다. 그런 마음에서도 남과 북이 합하면 무엇인가 좋은 것이 이루어질 것 같은 예감이 들기도 했다. 우리는 자기희생을 각오하고 공동이익을 먼저 생각하는 그러한 대화가 필요하다고 생각하였다. 앞으로 남북 간에 그런 대화를 하기 바란다. 우리 부부가 북녘 땅을 밟아보고 건강한 몸으로 무사히 귀환케 해 주신 하나님께 감사 기도를 드렸다.

(2001.05.15.)

이웃 나라 일본에 다녀와서

20년여 전부터 우리 집사람과 가깝게 지냈던 방미자라는 여자가 일본 재벌회사 다카하시(高橋) 회장과 결혼해서 잘살고 있다. 전부터 우리 부부를 일본에 초청하기는 했으나 지난번 그녀의 남편이 서울에 왔을 때 정식으로 초청해서 4박 5일의 일정으로 일본 여행길에 올랐다. 우리 부부가 목적지로 삼고 간 곳은 일본 요코하마 시이었다.

첫째 날 우리 부부는 오전 7시 40분에 안양시 범계 전철역 앞에서 인천국제공항으로 가는 리무진을 탔다. 항공기의 이륙시간은 오전 10시 30분인데 서둘러 떠난 것은 인천국제공항이 개항한 뒤에 한 번도 가보지 못했기에 이번 기회에 인천국제공항을 구경하고 싶은 마음도 있었기 때문이었다. 우리가 인천국제공항까지 1시간 반이 소요될 것으로 생각했는데 1시간 정도 걸려 도착했다.

내가 건설교통부에 근무할 때 이 공항 건설현장을 견학한 적이 있는데 지금 와서 웅장하게 들어선 공항시설을 보니 감개가 무량했다. 동양 최대의 공항을 건설한다고 했었는데 이처럼 시설이 웅장한 것을 보니 마음이 흐뭇했다. 이 시설을 잘 운영하여 동양의 허브(Hub) 역할을 하는 데 부족함이 없길 바랐다.

우리는 출국 절차를 마치고 공항을 둘러보았다. 일부만 보았는데 전체를 알 것 같았다. 우리가 타고 갈 나리다(成田)공항행 항공기는 미국 유나이티드 에어 란인(United Air Line)이었다.

대기실에서 기다리면서 일본 여행할 수 있도록 주선해 준 큰아들 며느리의 마음 씀을 감사하게 생각했다. 어려운 가계에서 항공표를 사주고 용돈으로 300만 원을 주면서 아끼지 말고 다 쓰고 오시라고 말하는 그 마음씨를 다시 한 번 고맙게 생각했다. 나는 이번 일본 여행이 좋은 여행이 되길 바랐다.

종전과 같이 체크인한 뒤에 공항버스를 타고 항공기까지 가는 것이 아니라 이제는 항공기에 이어진 통로를 따라서 막 바로 항공기에 탑승했다. 약 2시간 정도 비행하면 나리타공항에 도착할 것 같다. 작년 미국에서 9.11테러가 있은 뒤에 누구나 항공기에 탑승할 때에 안전에 대한 염려를 한 번쯤 하게 한다. 나도 그런 사람 중의 한 사람이었다. 집사람은 그 두려움을 표현했으나 나는 그 두려움을 표현하지 않았을 뿐이다. 다만 우리는 기도밖에 할 것이 없었다. 이륙한 뒤에 얼마 비행하지 않았는데 승무원들이 점심 준비를 서둘렀다. 나의 앞에 주어진 것은 종이 도시락이었다. 손가락에 닿는 촉감은 냉기를 전해 주었다. 내용물을 확인해 보니 오렌지주스 1컵, 크림빵 1개, 바나나 1개 그리고 과자 2봉지 그것이 기내식 전부였다.

전에 항공기에서 나오던 스테인리스 나이프와 포크는 알 카에다가 가져가 버렸다. 배가 심히 고픈 것은 아닌데 남들과 같이 점심을 먹어야 하므로 금방 원시인으로 돌아갔다. 손가락을 포크 삼고 치아를 나이프 삼아 식사를 마치고 생각하니 묘한 기분이 들기도 했다. 문명사회에서 원시인 식의 식사를 해서 그런 모양이다. 우리 부부가 탑승한 항공기는 부자나라인 미국 항공기인데 기내식이 부실할 뿐만 아니라 승무원들은 기계적으로 움직여서 인간미를 찾아볼 수 없었다. 이런 생각 저런 생각을 하는 동안 항공기는 나리타공항에 안착했다.

공항 내부는 대개 비슷하므로 낯설지는 않았으나 입국 심사대에 앉은 보안요원은 눈 매무새도 그러했지만, 실제 행동이 세밀해 보였다. 초청자의 이름을 정확하게 써 달라고 주문했으며 우리가 발음이 바르지 못하니까 정확한 발음을 알려 주기도 했다.

공항에서 짐을 찾은 뒤에 다카하시 부인에게 여러 번 전화했으나 운전 중이라는 말만 들려오고 통화할 수 없어 전에 알려준 대로 요코하마 YCAT에 가는 리무진을 타고 요코하마 터미널에서 내렸다. 나리타공항에서 이곳 요코하마까지는 1시간 30분이 소요되었다. 기다리고 있어야 할 사람이 보이지 않았다. 대기실에서 다시 나와서 타고 온 리무진 쪽으로 가서 물어보니 다른 출구로 가라 해서 나갔는데 결국 같은 대기실로 이어지는 길이었다.

우리는 그곳으로 가다가 다카하시 회장 내외를 만났다. 서로가 반갑게 인사를 나누고 다카하시 회장이 운전하는 롤스로이스(Rolls-Royce, Bentley)를 타고 운전하는 대로 갔다. 롤스로이스는 영국산의 유명한 자동차이며 이 자동차는 주문생산만 하고 한다. 승차감이 아주 좋은 승용차이다.

우리 부부는 다카하시 회장의 사무실 근방에서 내려서 그의 영업장의 하나인 묘지사업장(神奈川聖堂)으로 갔다. 그곳은 시내 변두리에 세워진 6층 건물인데 이 건물을 오르내리면서 묘지사업에 대한 설명을 들었다. 한 층에는 서민을 위한 납골당이 있는데 그곳에는 묘가 800기가 있으며 한 기당 우리 돈으로 3백만 원에서 5백만 원이라고 한다. 그 위층에 있는 부부 묘는 6백만 원 그리고 고급스러운 가족묘는 2천4백7

십만 원이라고 한다. 우리나라보다 20여 년을 앞선 장제 문화라고 생각하였다. 지금 이러한 모델을 가져다 우리나라에서도 시행했으면 좋을 것 같다는 생각이 들었다.

그 이외의 별도 건물에 있는 다카하시 회장 사무실에서 차 한 잔을 대접받고 나왔다. 그는 일본 재벌계의 32위이며 29개의 방계회사를 가지고 있다고 한다. 구체적인 내용은 모르겠으나 대학교 3학년 때 특허를 받아서 많은 돈을 벌었다고 한다. 그의 성품은 서민적이고 부지런하며 절약이 몸에 배어 있고 회사 경영능력이 훌륭하며 어려운 고비를 미리 대처해 나가는 위기관리능력도 있는 경영인이라고 사원들을 사랑하는 마음으로 인사관리를 해서 사업이 발전된 것으로 생각하였다.

우리는 다카하시 회장이 경영하는 호텔 선포트(SUNPORT)에서 여장을 풀었다. 이 호텔은 다카하시 회장이 20년 전에 세운 호텔인데 이곳은 숙박업이 주가 아니라 결혼식인 예식업을 주로 했다고 한다. 한 때는 이 예식업으로 많은 돈을 벌었는데 결혼식 패턴이 바뀌어 지금은 사람들이 좀 비용이 덜 드는 교회나 사찰에서 결혼식을 올리는 것을 선호하기 때문에 예식용으로 교회를 사서 운영하고 있고 한다. 현재는 교회에서 예식업을 해서 벌어들인 돈으로 예식장 호텔(SUNPORT)의 적자를 메운다고 한다. 교회의 예배는 금요일에 드리고 토요일과 일요일에는 결혼식을 할 수 있도록 하고 있다.

저녁은 다카하시 회장 내외와 우리 부부가 차이나타운(China Town)에서 했다. 이 차이나타운은 요코하마 시가 형성될 무렵부터 생기기 시작했으며 현재는 약 600개의 음식점이 있다고 한다. 두 사람이 하는 가게가 있는가 하면 수십 명의 종업원이 일하는 음식점도 있다고 한다. 그런데 요코하마 시민 중의 5% 정도가 이곳에 와서 이용하고 나머지는 관광객들이 이용한다고 한다.

저녁 식사를 마치고 노래방에 갔다. 첫 번째 간 노래방에는 50세가 넘어 보이는 아줌마가 일하고 있었고 두 번째 간 노래방에는 79세와 66세의 두 할머니가 운영하고 있다. 우리나라 가요도 많은 종류가 준비되어 있어서 몇 곡의 노래를 불렀다. 할머니들은 한국의 흘러간 노래인 '목포의 눈물'을 불러달라고 부탁하기도 했다. 그런데 다카하시 회장의 노래 솜씨가 이만저만 한 것이 아니었다. 또 사람이 위트가 있고 겸손하며 분위기에 맞추어 말도 잘했다. 이런 것으로 보아 우리 부부의 일본 여행이 즐거울 것 같았다.

우리는 내일 오전 5시에 만나기로 하고 헤어졌는데 우리가 타고 호텔에 간 택시의 운전사는 80세가 넘어 보이는 고령의 노인이었다. 나리타공항 은행 환전 창구도 노인네들이 근무하고 있고 공항 주변에도 노인들이 일하고 있는 것으로 미루어 보아 일본은 노인들의 취업에 대하여 정부에서 배려를 많이 하고 있는 것 같았다. 하기는 일본이 우리나라보다 고령화 사회가 먼저 왔기 때문에 이에 대한 대비책을 미리 강구했을 것으로 생각하였다.

일본에 처음 와서 느낀 것은 우선 거리가 깨끗하고 건물이 조화 있고 아담하게 지어졌으며 차량은 차도가 비교적 좁았으나 물이 흐르듯이 조용히 운행하고 있다는 것이다. 그리고 조경이 아름답고 짜임새 있게 됐고 소나무는 별로 찾아볼 수 없으며 향나무와 노간주나무 등의 잡목이 많았다. 이러한 면에서 보면 일본은 여성스러운 나라라는 생각이 들었다.

둘째 날 오전 5시에 다카하시 회장이 호텔로 와서 우리 부부를 픽업

(pick up)하기로 했는데 6시에 만나 군마(群馬)컨트리클럽에 가기 위하여 북관동자동차도로에 올랐다. 왕복 4차선 고속도로인데 길은 비교적 좁았다. 자연지형을 최대한 이용하여 만든 도로라서 교량이 많고 에스(S)자형의 길이 많았다. 산에는 잡목이 많이 들어차 있으며 곳곳에 무성한 대나무 숲이 보였다. 우리나라는 고속도로 건설을 할 때 산허리를 잘라내는 경우가 있고 또 고속도로는 곧고 길게 뻗어야 하는 것으로 알고 있는데 일본의 경우와는 대조적이다.

길을 가면서 다카하시 회장으로부터 일본의 60세 이상 고령자들에 대한 취업과 처우에 대하여 알아보았다. 자기네 회사에서는 60세 이상의 고령자를 고용하고 있으며 급여는 60%만 지급하고 나머지 30%는 정부에서 지급한다고 한다. 아마 고용보험에서 지급될 것으로 생각한다. 그러니까 노동능력이 있는 사람들은 나이가 60세 이상이라 하더라고 취업이 보장되어 있다. 톨게이트를 지나오면서 50세 이상으로 보이는 여자수금원이 부스 안에서 일하고 있는 것을 보았다. 도시 안이나 농촌이나 산간이나 조용한 분위기였다. 노인네들이 일할 수 있는 여건을 마련해 주고 있는 일본사회가 부러웠다. 북관동자동차도로를 3시간 이상 달렸는데 노면이 좋았는지 롤스로이스를 타서 그런지 승차감이 좋아서 차를 타고 가는 것이 편안했다.

다카하시 회장과 도시 인구에 대한 말을 주고받았는데 한국의 인구는 4천7백만 명인데 수도 서울의 인구가 1천만 명이 넘게 살고 있다고 말했더니 그는 일본의 인구는 1억 2천만 명인데 수도 동경의 인구가 1천2백만 정도라고 한다. 일본 인구의 10%가 동경에서 거주하는데 한국은 25%가 서울에서 살고 있다고 지적했다. 그는 기업경영 이외에도 해박한 식견을 가지고 있는 것 같다. 하기는 기업을 경영하려면 각 분야에 대하여도 다양한 지식이 필요할 것으로 생각하였다. 우리 서울의 과밀화 현상을 해결하기 위하여 서울의 인구 분산정책을 시급히 수립하여 시행하여야 한다는 생각을 해 보았다.

우리 부부와 다카하시 부부는 오전 10시 반에 골프를 치기 시작했다. '연습도 하지 않고 어떻게 골프를 치느냐?' 하던 집사람은 그런대로 잘 쳤으나 나는 오비가 많이 났다. 항공기를 탄 당일이나 그 다음날 또 자기가 평소에 쳤던 골프채가 아니 경우에는 일반적으로 골프의 스코어가 좋지 않다. 하도 내가 골프를 치지 못하니까 다카하시 회장은 항공기 후유증 때문이라고 말했다. 하기는 골프 스코어가 좋았으면 더욱 좋겠지만, 일본에서 골프를 쳐보았다는데 뜻이 있다고 생각한다.

골프를 마친 다음 붉은색 사과 수십 개가 둥실둥실 떠다니는 욕조에서 목욕했다. 나는 욕조에서 나오면서 다카하시 회장에게 "닝고가 다구상 아리마스네(にんごが たくさん ありますね)"라고 말을 건넸더니 큰 눈이 둥글게 뜨고 의아해 하는 것 같았다. 내가 일어를 전혀 못하는 것으로 생각했는데 일어를 좀 하니까 이상하게 생각한 모양이다. 이곳에 와서 일어를 자주 들으니까. 옛날 초등학교 1학년 때 배운 일어 단어가 하나둘씩 살아나기 시작했다. 그래서 일인들이 말하는 것을 조금은 알아들을 수 있었다. 이렇게 한 6개월만 이곳에 있으면 일어 회화를 어느 정도 할 것 같다.

이곳은 오후 5시경이 되니까 어둠이 대지를 덮기 시작했다. 산이 높아서 그런지 아니면 오후 5시가 되면 이곳은 어두워지는지 잘 모르겠다. 우리는 숙소를 향해 차의 속도를 높였다. 숙소는 다카하시 회장이 경영하는 호텔 관소(關所)다. 이 호텔은 콘도로 분양하기 위하여 건축한 것이라는데 분양이 안 돼서 호텔로 운영하고 있다고 한다. 호텔의 로

비에는 토산품을 팔고 있었다. 이곳에서 영업을 시작할 때 지역주민의 반대가 많았다고 하면서 심지어 돌을 던지는 주민까지 있었는데 지금까지 명맥을 유지하고 있다고 다카하시 회장이 들려주었다. 우리는 그가 비즈니스로 만난 사람들과 같이 일본스타일로 저녁 식사를 했다. 음식의 양은 적었으나 오밀조밀하게 만들었으며 그런대로 특이한 맛이 있었다. 이 호텔 회장의 저녁상이라서 신경을 많이 쓴 것 같다.

이곳은 산골 마을인데 단풍이 들기 시작했고 호텔 앞으로 흐르는 강물은 맑기도 했다. 그리고 저녁 식사 때 창을 통하여 보인 월출의 장관에 좌중이 넋을 잃고 바라보았다. 이곳 호텔 이름을 '관소(세키쇼)'라고 하는데 그것은 옛날 이곳이 국경지대이어서 지금의 이민국 세관 역할을 한 곳이라고 하며 그래서 관소(關所)라는 이름이 붙었다고 한다.

저녁 식사를 마친 다음에 남자들끼리 노래방에 가자고 해서 나왔는데 날씨가 추웠다. 일본 유가다를 입고 게다를 신고 걷는데 좀 추웠다. 나도 모르는 사이에 "돗 데모 사무이데스네(どっでも さむいですね)"라는 일어가 튀어나왔다. 동행하던 일본 친구가 "소데스네(そうですね)"라고 응수했다.

그들은 노래방이 아니라 술집으로 들어갔다. 나는 술을 먹지 못하므로 TV를 시청했다. 가끔 광고를 제외하고 북한의 15세 소녀와의 인터뷰한 내용을 계속해서 방영하고 있다. 지난번 일본 총리의 북한 방문으로 왕래의 물고가 트는 것 같았으며 강제로 납치해 간 일인들을 영구히 귀국시킨다는 말이 있었는데 이 15세 소녀는 "일본인인 자기 엄마는 13세 때 북한으로 왔다"고 말하고 "자기 아빠가 조선인이기 때문에 자기는 일본에 가지 않겠다"는 말을 하고 "국교가 정상화되면 어른들이 왕래할 수 있는데 그때 외할머니와 외할아버지께서 방문해 주셨으면 좋겠다."고 말하면서 울며 인터뷰했다.

그런데 술을 먹는 일본 사람들은 이것에 대하여 별 관심이 없는 것 같았다. 나는 그 친구들과 말도 잘 통하지 않고 또 담배를 자주 피워서 연기로 곤욕스러운 시간을 보냈다.

어제 잠자리는 물렁물렁한 침대에서 잠을 자서 그런지 아니면 골프 쳐서 그런지 허리에 약간의 통증이 오는 것 같아서 오늘은 방바닥에서 잠을 잤다.

셋째 날 6층에 있는 욕실로 갔다. 욕조의 물은 뜨거웠고 노천에 있는 물은 식어서 몸을 담그기에 편했다. 한 시간쯤 욕조에서 목욕을 즐기었다. 아침 식사 뒤에는 해발 1천3백 미터가 되는 백근산(白根山)에 갔다. 이것은 다카하시 회장이 대동대학(大東大學) 세미나실을 인수할 생각을 하고 현지답사 차 간 것이다. 이를 인수해서 공기 좋은 이곳에 고령자들을 수용할 계획이었다 한다. 그런데 현지 답사결과가 좋지 않았다.

우리는 귀로에 점심으로 '소바'(そば)를 먹고자 소바 전문 음식점에 갔다. 소바란 음식은 메밀가루로 만든 칼국수와 같은 것이다. 반죽과 넓게 미는 것은 사람이 직접 하는데 자를 때에는 특수한 칼을 사용했다. 얼마를 기다렸다 소바를 먹고 왔는지 꼭 음식을 얻어먹은 느낌이 들었다.

오늘 다카하시 회장은 요코하마까지 가야 한다고 하면서 이곳에서 요코하마까지는 6시간이 소요한다고 한다. 그러니까 서울에서 부산 가는 거리보다 더 멀다는 말이다. 더군다나 가다가 유황온천을 구경하고 가야 한다고 하니 밤 9시가 넘어야 요코하마에 도착할 것 같았다. 유명한 유황온천이라는데 급한 나머지 눈요기만 하고 사진 몇 장을 촬영한 뒤에 떠났다. 다카하시 회장이 운전을 잘하기는 했으나 날씨가 어둡고 또 비가 가끔 내리기 때문에 걱정이 되었다. 집사람은 한참 동안 잠을 자더니 멀미를 한다고 한다. 에스자형의 도로를 이리저리 흔들며 달리니까 멀미 기운이 오는 모양이다.

나는 일본에 와서 여러 곳을 다녀 보지 못했지만, 교회를 본 적이 없었다. 다카하시 회장이 돈을 벌기 위한 수단으로 운영하고 있는 교회 이외는 하나도 보지 못했다. 그런데 동경을 거쳐 오는데 도로 오른쪽에 붉은색 큰 십자가를 보았다. 외벽에 붙어있는 교회 이름은 '東京愛宣基督教教會'이다. 그래도 동경한 복판에서 교회를 보니 마음이 안심되는 것 같았다. 우리나라와 같이 교회 십자가 탑을 세우지 않았다. 그렇다면 건물 벽에 붙어 있든지 아니면 네온사인으로 되어 있으면 교회명을 밤에 볼 수 있을 텐데 이것을 발견할 수 없다. 우리는 무사하게 예정했던 시간보다 빨리 요코하마에 도착하여 지난번 와서 짐을 풀었던 선포드 호텔로 다시 돌아왔다.

저녁 식사를 다카하시 부부와 우리 부부가 같이했는데 이번에는 고급 양식으로 식사했다. 우리에게 대접을 후하게 해 준 데 대하여 감사했다. 다카하시 회장이 서울에 온다 하더라도 우리는 그런 대접을 할 수 있는 경제력이 없다. 그는 일본의 재벌회사 회장이다. 우리나라 같으면 목에 힘깨나 줄 텐데 그는 그런 것이 전혀 없다. 인품이 이란(Iran)에 살 때 전셋집 주인이었던 제너럴 후세인과 같은 사람이라고 나도 그렇게, 집사람도 그렇게 생각했다. 자정께 주형이로부터 아빠의 생신을 축하한다는 전화를 받았다. 그래도 큰 자식이라고 아비의 생신을 생각해서 축하의 전화를 해 준 데 대하여 고맙게 생각한다.

넷째 날 아침에 집사람이 다카하시 부인이 왔다는 말을 해 주었다. 아마 8시가 아니었나? 이렇게 생각되었다. 나는 힘이 없었다. "지난밤에 설사했다"고 집사람에게 말해 주었다. 그리고 "아침은 먹지 않더라도 예배는 드리어가겠다"는 말을 하고 찬물 한 잔을 마시고 옷을 입었다. 기분이 몹시 나쁜 아침이다. 좋은 기분으로 예배를 드려야 하는데 오늘은 그렇지가 못하다. 기분이 나쁘더라도 예배에는 참여해야 하므로 어쩔 수 없이 무거운 몸을 움직였다.

다카하시 부인의 아들(도모)과 그녀의 동생도 와서 같이 전철을 타고 신주쿠에 가서 소개받은 한 성도를 따라서 개척교회인 신주쿠순복음교회(新宿純福音教會)에 갔다. 교회는 우리나라 상가에 세를 얻어 예배를 드리는 것과 같은 조그마한 교회이다. 창 옆에 간판처럼 新宿純福音敎會라는 교회 이름이 붙어있어 밤이면 그 간판에 불이 들어오게 되어있다. 우리나라처럼 단독건물이 아니므로 지붕에 십자가가 없는 것이 당연했다. 우리를 안내한 성도는 이곳에도 개신교가 여러 개 있다고 말했다. 이 교회의 담임목사님은 김상회라는 60세가 넘어 보이는 여 목사였다. 성도는 우리까지 합해서 10여 명은 넘었다. 예배는 오전과 오후로 나누어 드린다고 한다. 설교는 '주의 말씀을 청종하자'(출애굽기 23:20-26) 라는 제목으로 말씀을 증거 하셨는데 주의 말씀에 순종하면 복을 받는다는 내용의 설교였다. 김 목사님은 청주에서 기도원을 운영하고 있는데 한국과 일본을 오가면서 설교를 하신다고 한다. 설교 말씀 중에 1년에 20배씩 성도가 늘어난다고 하면 머지않아서 수천 명의 성도가 될 것이라는 희망적인 말씀도 했다. 일본에 와서 제일 반가운 말을 들었다. 잡신이 많다는 이 땅에 하나님의 백성이 운집하는 교회가 많이 생길 바란다.

우리와 헤어진 다카하시 부인은 우리를 위해서 쇼핑을 하러 그의 아들과 동생과 같이 갔다. 예배를 마친 다음에 안내했던 성도가 연락해서 다시 만나기로 했는데 약속한 장소가 엄니식당인데 근방에 똑같은 지점이 있어 우리는 본전에서 그들은 지점에서 서로 기다린 것이다. 나중에 만나기는 했으나 한 참을 헤매었다. 엄니식당에서 집사람이 나에게 미역국 백반을 시켜 주었다. 외국에서 생일을 맞으니까 손수 음식을 준비할 수는 없고 해서 미역국 백반을 시켜 주는 것으로 생각한다. 그러나 괴로운 나의 기분은 풀어지지 않았으며 음식은 짰다. 내 입맛이 그래서가 아니라, 원래 일본 음식은 우리 음식보다 짜다. 기후 탓으로 생각한다.

점심을 마치고 도쿄탑(Tokyo Tower)과 일본 황궁 앞에 있는 니쥬우바시(二重橋)를 관광하기 위해서 시내 관광버스를 찾았으나 시간이 맞지 않아서 택시를 타고 도쿄탑으로 갔다. 도쿄탑의 높이는 280m의 철구조물이었다. 철강제품으로만 건축된 구조물이라는 점에서 파리의 에펠탑과 같은 것이나 에펠탑의 높이는 도쿄탑보다 20m가 더 높은 300m(984 피트)이다. 프랑스를 상징하는 에펠탑과 같이 도쿄탑도 일본을 상징하는 것인지는 모른다. 에펠탑은 1889년에 만국박람회를 기념하기 위하여 세워진 것으로 한 해에 무려 5백만 명 이상의 관광객이 찾을 정도라고 한다. 일본의 도쿄탑은 부의 상징물로 보였으며 에펠탑에 버금가는 관광객들이 찾을 것으로 생각한다. 우리 부부는 엘리베이터를 타고 150m까지 올라갔다. 나는 280m까지 올라가고 싶었으나 시간적인 여유가 없는 것 같아서 포기하고 말았다.

다음은 택시를 타고 니쥬우바시(にじゅうばし)를 찾았다. 옛날 국민학교 때 국어교과서에서 본 그 니쥬우바시가 보였다. 황궁(皇宮)은 강으로

둘러싸여 있는데 이 황궁을 가기 위해서는 니쥬우바시를 건너야 한다. 설명자의 말에 따르면 특별한 경우에 일왕이 니쥬우바시 건너편 건물에 나타나 손을 흔들 때도 있다고 한다. 니쥬우바시 뒤쪽에도 다리가 있다. 황궁의 주변 공원에는 잔디와 소나무가 잘 가꾸어져 있고 광장은 조약돌이 깔려있다. 이곳에 오니 전에 가 보았던 영국 여왕궁이 연상되었다. 한적한 모습이나 관광객이 모여드는 것이나 상징적인 권부라는 의미에서 연상된 모양이다. 니쥬우바시 앞에서 동편 건물을 바라보니 해가 느릿느릿 지고 있었다. 사양에 비친 건물들은 고풍스러운 건물도 있었는데 그중에는 전에 우리나라에 중앙청으로 사용했던 석조 건물과 비슷한 건물이 아직 있는데 건축연대가 비슷한 것 같다. 우리는 황궁 앞에서 약 500m를 걸어서 도쿄 지하철에 도착했다. 우리나라의 전철은 8개 노선밖에 되지 않는데 일본은 29개 노선이 있다. 어느 분의 이야기는 도쿄 지하철은 개통된 지가 오래되었기 때문에 낡아서 볼품이 없다고 했는데 실제로 타보니 우리나라 것과 같이 깨끗했는데 전동차는 여성적인 느낌이 들었다. 우리는 도교에서 지하철을 타고 요코하마에 왔다.

도모는 제집으로 갔고 우리는 다카하시 회장 댁에 쇼핑한 물건을 내려놓고 다카하시 회장과는 오후 7시 반에 만나기로 약속했기 때문에 좀 시간이 남아서 도모의 집을 방문했다. 11평형 원룸인데 참 아기자기하게 잘 꾸며 놓았다. 나는 이것을 보는 순간 우리 부부도 나이가 더 들면 이러한 원룸을 사서 살았으면 하는 생각이 들었다. 어미와 아비를 떨어져 혼자서 사는 도모가 외로워 보였다. 도모의 원룸도 다카하시 회장이 사 주었다고 한다. 현재 13살로 중학교 1학년 학생이란다. 공부를 잘해서 외국유학을 간다면 다카하시 회장이 학자금을 지급하겠다는 말을 들었다. 그는 돈을 쓸 줄 아는 분이로구나 하는 생각을 했다. 우리나라에 전래하여 오는 말에 '돈을 벌기 쉬우나 그 돈을 쓰기는 어렵다'는 말이 있다. 나는 그들에게 꼬집어서 말하지는 안 했지만, 도모는 사랑이 많이 필요한 학생이라는 말을 해 주었다.

집사람은 1만 엔을 도모에게 주었다. 우리나라 돈으로 10만 원이다. 그의 어머니가 우리에게 너무도 잘해 준 것도 있지만, 사랑을 많이 받지 못하고 즉, 어린것이 어미와 같이 살지 못하고 혼자서 사는 것이 가여워서 돈을 주었는지도 모른다.

다카하시 회장이 우리에게 고급 음식인 게 음식을 대접했다. 채소를 제외하고 모든 음식이 게로 요리되었다. 이 요리를 먹기 전에 도모 엄마가 케이크를 사 가지고 왔다. '왜 나의 생일을 알려서 번거롭게 만들었느냐?'라고 집사람에게 말했는데 이 말을 듣자 그녀는 "아줌마에게서 들은 것이 아니라 지난 26일에 주형이가 저에게 전화했을 때 꼭 아빠하고 통화할 일이 있다고 해서 그 연유를 캐물으니 아빠의 생신이 27일이기 때문에 축하의 인사를 하려야 한다."고 말해서 그녀가 내 생일을 알았다고 한다. 그래서 생일케이크를 사 온 것이며 다카하시 회장 내외가 내 생일 파티를 열어주었고 이어서 정식 게 요리를 먹었다. 새우튀김이라고 보이는 튀김 요리도 그 내용물이 새우가 아니라 게였다. 이렇게 하여 난생처음 먹어 보는 게 요리로 대접을 받았다.

식사를 마친 다음에 각자 숙소를 돌아가고 우리 부부는 택시로 선포트 호텔에 왔다. 나는 온종일 기분이 좋지 않더니 또 설사했다. '게 음식은 절대로 설사하지 않는다.'는 말을 들었는데 그 음식과는 관계가 없는가 보다. 이것은 순전히 기분에 관한 것이다. 내가 지난밤에 스트레스를 너무 많이 받아서 그런 것으로 생각한다. 집사람은 내일 떠날 짐을 챙기었다. 물가가 하도 비싸서 쇼핑을 거의 못했다. 못했다기보다 하지 않았다는 말이 맞다.

다카하시 회장이 초청해서 그가 우리의 숙식을 해결해 주었는데 쇼핑까지 할 것 같아서 집사람이 미리 10만 엔을 도모 엄마에게 주었다. 명분은 도모 컴퓨터를 사 주라고 말하면서 주었다고 한다. '가는 정이 있어야 오는 정도 있다'는 속담처럼 받기만 할 수 없기 때문이다. 서로가 마음을 맞추기 위하여 노력해야 한다. 우리는 다카하시 회장에게 복음을 전하는 방향으로 이끌어 보았는데 말이 겉돌며 받아들이지 않았다. 이들을 위해서 기도해야 하겠다. 조속히 하나님 백성이 되어 영생할 수 있도록 말이다.

다섯째 날 아침 6시경에 일찍 잠을 깨었다. 집사람의 숨소리를 들으면서 집사람이 잠을 더 자길 바랐다. 어제 설사해서 수분이 필요한지 물이 먹혀서 몇 모금의 물을 마신 뒤 커튼을 젖히고 밖을 내다보기도 했다. 어제의 기분을 씻기 위하여 많은 노력을 했다. 도모 엄마가 자기 집에서 아침 식사 대접한다고 해서 기다렸는데 9시경에 도모 이모가 우릴 모시러 왔다. 우리는 짐을 가지고 다카하시 회장 댁으로 갔다. 9시 20분경에 아침 식사를 마치고 도모 이모는 도모의 집으로, 집사람과 도모 엄마는 쇼핑할 것이 있다고 나갔다. 나는 '야인시대' 비디오를 보기로 했다. 여행의 후유증도 있고 해서 쉬는 것이 제일 좋다고 생각했다.

집사람과 도모 엄마는 무엇인지 사다가 짐을 열심히 꾸리었다. 여자들은 마음이 같은가보다. 일본 상품이나 한국 상품이나 별로 차이가 없다고 생각하는데 무언가 사주고 싶고 무언가 사고 싶어 하는 그 심정 말이다. 짐을 다 챙기고 난 다음에 집사람과 도모 엄마는 무슨 말을 하는지 한동안 이야기의 꽃을 피우는 것 같았다. 오후 1시 반경에 약속대로 다카하시 회장이 와서 짐을 싣고 리무진터미널로 가다 점심을 먹었다. 우리가 식사한 식당은 한 접시에 100엔이며 음식가짓수가 48종이나 있었고 별도로 식혀서 먹는 음식도 따로 있었다. 그간은 다카하시 회장 부부가 음식값을 지급할 기회를 주지 않아서 못했으나 오늘 처음으로 우리가 점심값을 지급했다.

다카하시 회장이 우리의 짐을 싣고 리무진터미널까지 태워다 주었다. 그와 헤어질 때의 마음은 다정한 친구와 헤어질 때의 그것과 같은 아쉬움이 있었다. 다시 만날 기회가 또 있을 텐데 말이다. 이것은 다카하시 회장의 훌륭한 인품 때문일 것으로 생각하였다. 우리 부부는 도모 엄마와 작별 인사를 나누고 터미널에서 리무진을 타고 나리타공항을 향해 떠났다. 항공기는 오후 7시에 이륙 예정인데 좀 이른 감이 있지만 우리는 요코하마에서 나리타공항을 향하여 3시 30분에 출발했다.

출국 절차를 전부 마치고 23번 게이트에서 마냥 기다리면서 일본 도심지에 대해 생각을 해 보았다. 어제 지하철을 타고 신주쿠 시와 도쿄에 갔다 왔는데 도로 주변에 자전거가 즐비하게 서 있던 생각이 났다. 중국 북경에서 자전거를 보는 것과 비슷하다. 아무튼, 자전거를 타는 시민이 많은 것은 틀림이 없다. 서민은 자전거를 타는 것이 가계에 큰 보탬이 될 것이고 도시의 공해를 덜어주는데도 큰 역할을 할 것으로 생각한다. 이것은 정부에서나 지방자치단체에서 자전거를 탈 수 있는 도로를 만들어 주는 등 배려를 많이 했다는 것이다. 우리는 대도시 3개를 돌아보았는데 모두가 우리나라 대전광역시처럼 평평한 곳에 도시가 형성되어있다. 건물들이 높은 빌딩도 많이 있지만 비교적 아담하게 지어져 있으며 조경이 잘되어 있다. 그리고 도시가 영국과 같이 깨끗했다. 도시 안에 공해를 뿜는 공장이 없어서인지 아니면 나무가 많아서 그런지 비교적 공기가 맑다고 생각되었다.

이렇게 생각하는 사이에 시간은 흘러서 6시 20분경에 유나이티드 에어라인에 탑승했다. 출국할 때에는 햇빛을 안고 갔으나 귀국할 때에는 야음을 타고 인천국제공항에 9시가 좀 넘어서 안착했다. 공항대기실 문을 나오자마자 '할머니!' 하고 뛰어오는 손녀의 모습을 보는 순간 우리는 행복한 부부로구나 하는 생각을 했다. 아들 며느리 그리고 귀여운 손녀 재희까지 인천국제공항으로 마중 나와서 사랑하는 가족을 반갑게 만날 수 있었다. 며느리가 타고 온 밴을 타고 편안하게 귀가할 수 있었다. 4박 5일의 일본여행은 이렇게 해서 막을 내렸다.

(2002.10.31.)

일본 속의 한민족사를 탐방하고 와서

첫째 날(12/5)은 '일본 속의 한민족사 탐방'(조선일보사 주관)을 위한 6박 7일의 일정으로 탐방객들은 부산항 국제크루즈터미널 출국장에 집결하여 출국 절차를 마친 뒤에 일본 하카타(博多)항을 향해 출항할 예정이다.

나는 2003년도에 일본 다카하시(高橋) 회장의 초청으로 부부 동반하여 하늘길로 일본에 다녀온 일이 있다. 그런데 이번에는 위에서 이미 말한 바와 같이 일본 속의 한민족사를 탐방하기 위하여 바닷길로 오늘 그 장도에 오르게 되었다. 일본의 문화 속에 숨 쉬고 있는 한민족의 숨소리를 들을 수 있다는 생각에서 가슴이 벅차고 설레었다.

며칠 전에 산 승차권으로 광명역에서 KTX(Korea Train Express)를 타고 오전 10시 16분에 출발하여 2시간 반 동안 질주하여 종착지인 부산역에 12시 50분경에 도착했다.

우리 일행은 국제크루즈터미널에서 출국 절차에 이어서 23,000톤급 후지마루(Fuji Maru)호에 승선했다. 승객은 교사 394명, 일반인 144명 계 538명이며 승무원이 135명으로 총 673명이 승선했다. 나이별로 보면 최고령자가 81세이고 최연소자가 9세라고 한다. 우리 일행은 저녁 6시에 일본 하카타(博多)항을 향해 출항했다.

이번 탐방 코스는 ①나고야성박물관(名護屋城博物館)과 그 성터 ②후나야마고분(船山古墳) ③벳푸온천(別府溫泉) ④우스키석불군(臼杵石佛群) ⑤도다이지(東大寺) ⑥호류지(法隆寺) ⑦이시부타이고분(石舞臺古墳) ⑧다카마쓰고분(高松古墳) ⑨고류지(廣隆寺) ⑩니죠성(二條城)과 킨카쿠지(金閣寺) ⑪오사카성(大阪城) ⑫오사카역사박물관이다.

우리 일행은 항진을 계속하고 있는 배에서 저녁 7시 반부터 선상대학 강의에 참석했다. 강사는 단국대학교 정영호 교수이다. 불상에 대한 해박한 지식을 소유하고 있으며 특히 삼국시대 불상에 대하여는 타의 추종을 불허할 정도로 유명하신 분이다.

정 교수는 '대마도(對馬島)를 통해 본 한일관계(韓日關係)'라는 주제로 강의를 시작했다. 그는 수차에 걸친 대마도 여행을 통하여 일본에 전한 불상에 대해 연구했을 뿐 아니라 대마도 학자들과 교류하면서 일본의 불교는 한반도로부터 전해졌다는 것을 알려주고 그들의 무지함을 일깨워 주었다고 한다. 그리고 일본 본토의 학자들과의 교류를 통하여 불교문화를 같이 연구하면서 한일 사이의 불교문화교류에 큰 역할을 했다고 한다.

둘째 날(12/6)은 오전 7시경 하카타항에 입항하여 입국 절차를 마친 뒤에 나고야성박물관, 나고야성터 그리고 후나야마고분을 돌아볼 예정이다.

◇ 아픈 상처를 건드려 준 나고야성 박물관(名護屋城博物館)과 그 성터

우리 일행은 오전 7시경에 하카타항(博多港)에 도착해 입국 절차를 마친 뒤에 후쿠오카(福岡)에 상륙했으며 오전 11시 반경에 사가현(佐賀縣) 가라쓰(唐津)로 갔다. 그것은 첫 번째로 나고야성 박물관(정확히 말하면 사가현립나고야성박물관=佐賀縣立名護屋城博物館임)을 관람하기 위해서이다. 전시된 유물을 관람하기 전에 우리나라에서 파견된 연구원이 동영상을 보여 주며 이 박물관에 대하여 자세한 설명을 해 주었다. 이 박물관은 일본이 조선침략을 반성한다는 뜻에서 건립해 한일 사이의 문화교류와 관련된 역사자료를 전시하고 있고 우리나라 진주에도 이와 비슷한 박물관이 건립되어 있으며 그래서 안모 연구원이 여기에 파견되어 있다고 한다.

우리 일행은 설명을 다 들은 뒤에 박물관으로 들어갔다. 이 박물관은 한일 사이의 교류사를 주제로 하여, 우호관계를 중단시킨 임진왜란(壬辰倭亂)·정유재란(丁酉再亂)(1592~1598)의 무대가 되었던 나고야성터과 진영 터에 대하여 그 역사적 위치를 명확히 하는 것을 목적으로 하고 있다. 그래서 그 목적에 따라서 전시실을 다음과 같이 4코너로 구분하고 있다.

즉 ①나고야성 이전 코너에는 중세에 이르는 한일 사이의 역사 모습과 일본 문화의 형성과 발전에 큰 영향을 준 한반도 문화를 보여주는 고고(考古) 문헌, 공예 자료를 전시하고 있으며 ②역사 속의 나고야성 코너에는 한일 양국의 입장에서 임진왜란·정유재란의 실상을 명확하게 밝히고자 관련 자료를 전시하고 있다. 그 당시 축성되었던 나고야성과 그 성을 중심으로 발달했던 마을의 모습과 모모(桃山)시대 사람들의 생활상을 보여주는 자료도 전시하고 있다. ③나고야성 이후 코너에는 에도(江戶)시대 조선통신사의 왕래 이후 현대까지 한일 사이의 관계를 보여주는 자료를 전시하고 있다. 끝으로 ④나고야성터과 진영 터 코너에는 이 성과 전국에서 모인 각 다이묘(大名)들의 진영 터에서 출토된 유물과 모형을 전시하고 있다.

그런데 임진왜란에 대하여 일본이 패배하였다는 표현은 하지 않고 이 전쟁 초기에는 일본군이 우세하였으나 명장 이순신(李舜臣, 1545~1598) 장군의 활약으로 그 전세가 많이 변화했다고 했다. 7년간의 전쟁은 조선의 발전에 큰 장애가 되었고 이를 복구하기 위하여 조선은 많은 세월이 소요되었다는 편파적인 설명만 있다.

임진왜란 때의 명장 이순신 장군의 영정이 있고 전함인 거북선과 일본의 아다케후네(安宅船)의 모형도 함께 전시되어 있다. 그리고 적장인 도요토미 히데요시(豊臣秀吉)의 영정도 있고 조선통신사행렬도(朝鮮通信使行列圖)도 전시되어 있으며 한일 양국의 교과서를 한글 또는 일어로 번역해 놓은 것을 보았다. 특히 학자들이 한국과의 관계를 개선하기 위하여 노력하고 있는 흔적은 보이나 관람하는 사람들이 중정의 판단을 할 수 있는 자료의 설명이 부족하다.

위에서 이미 말한 사가현 가라쓰(唐津)라는 이름은 그 당시 조선과 중국을 호칭하는 당나라 '당(唐)'자 와 나룻배가 닿고 떠나는 나루 '진(津)'자로 만들어진 지명이다. 당시 중국 및 조선과의 무역이 성행했던 것임을 알 수 있으며 가라쓰는 대외무역의 관문이라고 할 수 있다. 우리나라의 충남 당진(唐津)도 같은 뜻으로 당나라와의 무역의 관문이었다. 그 관문의 역할을 한 곳이 당진 채운포(彩雲浦)인데 일제 강점기에 간척사업으로 없어졌다.

사가현 가라쓰는 가라쓰 도기(陶器)로 유명하다. 임진왜란 때 강제로 끌려간 조선 도공들이 규슈(九州) 일대와 이곳 가라쓰에서도 도자기를 만들었기 때문이다.

그리고 두 번째로 가라쓰(唐津)를 찾은 것은 도요도미 히데요시(豊臣秀吉)가 16세기 임진왜란과 정유재란을 준비하기 위하여 축성한 나고야성(名護屋城) 터와 진영(鎭營) 터를 돌아보기 위해서이다. 그는 일본에서는 1백 년간의 정국혼란을 수습하고 그 여세를 몰아서 1592년 4월에 15만 명의 군사를 이끌고 1차 조선을 침략하여 임진왜란을 일으켰으며 1597년에 제2차 침략하여 정유재란(일본에서는 文祿慶長의 역, 중국에서는 萬曆의 역)을 일으켰다. 이 때문에 우리 민족에게 씻을 수 없는 상처를 입혔다. 그 당시 율곡 이이(李珥, 1536~1584)의 10만 양병설(養兵說)이 채택되어 병력을 양성하였더라면 왜구에 의한 수모를 당하지 않았을 수도 있었을 것으로 생각해 보았다. 나고야성터의 총면적은 17㎢이며 이 성터는 1591년부터 시작해서 3개월 만에 주요 부분이 완성되었다고 한다. 그 당시 건물은 전부 해체되었고 현재 성터에는 돌 성벽만 남아 있다.

◇ 백제의 솜씨로 빚은 후나야마고분(船山古墳) 유물

우리 일행은 나고야성박물관을 관람한 뒤에 후나야마고분으로 갔다. 이 고분은 후쿠오카(福岡)에서 구마모토로 가는 길 다마나(玉名)시에 있다. 날씨가 안 좋은 데도 정영호 교수는 이 고분에 대한 설명을 자세히 하였다. 후나야마고분은 1873년 1월 4일에 발굴되었다고 말하고 이 고분 앞쪽은 네모진 모습이며 뒤쪽으로는 둥그런 모양이라서 전방후원분(前方後圓墳)이라고 한다고 하며 그 고분 안에는 집 모양의 석관(石棺)이 있는데 화산 돌로 만들었으며 이 석관의 길이는 2.2m, 폭은 1.1m 그리고 높이는 1.24m이며 관 뚜껑은 좌우로 열 수 있게 되어있다고 설명했다.

이 고분에서 출토된 유물은 모두 92건인데 그 대표적인 것은 청동거울(6개), 구슬(7개), 관옥(管玉 14개), 유리옥(90개), 갑옷(3벌), 칼(7개), 창신(4개), 금동제 관모(1개), 금동제 관(3개분), 금동제 신발, 말 재갈(2조), 금귀고리(2쌍), 금팔찌(1쌍), 도자기 잔(1조) 등이라고 한다. 이 중에서 금동제 관모와 금동제 관 등 유물과 함께 청동거울과 철제 칼에는 글자까지 새겨져 있다. 대단한 유물의 발견임에 틀림이 없지만, 일제(日帝)는 이런 사실을 즉각 공표하지 않고 학자들의 연구를 거쳐서 발표했다.

그런데 청동거울은 우리나라 공주 무령왕릉(武寧王陵)에서 출토된 것과 비슷하다. 이런 거울들은 후쿠오카(福岡) 등, 백제와 신라 이주민(移住民)들이 상륙한 지점에 따라 분포되어 있다는 것은 우연한 일이 아니다. 그리고 아름다운 금귀고리는 우리나라 삼국 초기 가야지역(伽耶地域)에서 출토된 것과 닮았다. 또 금동 신발은 앞에 거북껍질 무늬를 연속으로 눌러 찍혔고 그 사이에 금줄로 보요(步搖)와 유리구슬을 달았다. 그리고 밑바닥에 운동선수의 스파이크 슈즈(spiked shoes)처럼 4개의 징이 박혀있다. 그러나 이 신발은 실제로 신기 위한 것이라기보다 의례용일 것이다. 여기의 금동 신발이나 금동제 관(3개)은 우리나라 공주 무령왕릉이나 익산시 웅포면 입점리 산 174번지 익산고분(益山古墳)에서 출토된 유물과 크기만 다를 뿐 모양은 같다.

이 고분에서 여러 개의 큰 칼이 출토되었는데 이 가운데 은상감(銀象嵌)으로 글자를 새겨 넣은 대도(大刀)가 발견되었다. 이 대도는 손잡이가 없으나 길이가 85㎝나 된다. 12개의 국화 무늬와 말이 상감 되어 있는 명품이다. 이 칼은 서치대왕(瑞歯大王) 때 아구(牙口)라는 사람이 8월 중순께 대도를 여러 번 두들겨서 좋은 칼을 만들게 했다고 한다. 이 칼을 차는 자는 자손만대에 은혜를 입을 것이라 하며 칼을 만든 도공은 이태기(伊太加), 글자를 쓴 이는 장안(張安)이다. 이 칼의 제작 연대를 5세기 전반으로 보고 있다. 그런데 다른 부분의 글씨는 잘 보이나 결정적인 부분은 X 레이로도 판독할 수 없다고 한다.

일부러 글자를 마모시켰을지도 모르는 석산신궁(石山神宮)의 칠지도(七支刀)와도 같은 현상이 이 고분에서 출토된 은상감 칼에서도 나타난 것이다.

이 후나야마 고분에서 출토된 유물을 놓고 한일학자 사이에 고구려(高句麗)의 것, 백제(百濟)의 것, 가야(伽倻)의 것이라고 각각 다른 견해를 밝히고 있다. 이들 유물은 일본의 국보로 지정되어 실물은 도쿄박물관에 전시해 있고 이곳에 전시된 것은 모조품이라고 한다.

현장에서 설명한 정 교수는 이 고분 발굴 당시 일본 국수주의 학자들에 의하여 자기 나라에 이로운 대로 유물의 중요한 글자를 마모시켰을지도 모른다고 한다. 위에서도 이미 말했지만, 칠지도(七支刀)가 그렇고 고구려 광개토대왕의 비문의 중요 부분을 변조한 그들의 삐뚤어진 심리가 이곳에서도 나타난 것 같다.

※칠지도(七支刀): 임나일본부설의 허구와 관련된 이 철제 칼은 백제(百濟) 왕이 왜왕(倭王) 지(旨)에게 하사(일본은 헌상이라 함)한 것이며, 길이 74.9cm로 현재 일본 나라현(奈良縣) 덴리시(天理市) 이소노카미신궁(石上神宮)에 보관되어 있다. 곧은 칼의 몸 좌우로 가지 모양의 칼이 각각 3개씩 나와 있어 모두 7개의 칼날을 이루고 있으므로 칠지도라고 이름을 붙여졌다고 한다.

우리 일행은 후나야마 고분을 견학한 뒤 일본에 와서 처음으로 해상이 아닌 벳푸(別府) 스기노이 호텔에 투숙했다. 이 호텔의 부대시설로는 대형 온천장이 2개 있으며, 골프장, 박물관, 극장, 한증막, 야외 풀 증기탕 등이 있다. 야외에는 인공폭포와 연못, 정원 등이 있어 산책과 휴식하기에 좋다. 나의 룸메이트는 취침 전에 목욕하자고 했는데 나는 내일 아침으로 미루고 두 분만 갔다 오라고 했다. 그분들은 목욕을 즐기고 왔다. 나도 욕심은 있었으나 감기가 덜 치유되었기 때문에 목욕을 삼갔다.

셋째 날(12/7)은 9시 반 경부터 지옥의 온천을 돌아보고 우스키로 이동하여 우스키 석불군을 돌아볼 예정이다.

◇ 지옥온천으로 상징되는 벳푸온천(別府溫泉)

우리 일행은 오전 9시 반 경에 투숙했던 호텔에서 나와서 지옥 온천(地獄溫泉)이라고 불리는 벳푸(別府)온천을 찾았다. 이곳 오이타현(大分縣) 벳푸는 일본을 대표하는 온천 및 관광도시이다. 이 도시는 동쪽으로 잔잔한 벳푸만을 끼고 있으며 시내 곳곳에 수증기가 피어오르는 온천지가 있다. 벳푸 팔탕(八湯)을 비롯하여 온천수가 나오는 곳이 3천8백여 개가 있으며 온천 열기를 이용하여 만두를 쪄 먹거나 달걀을 삶기도 하고 그 열기로 채소, 꽃을 재배하기도 한다.

이곳에는 지하 250~300m에서 100℃ 전후의 열탕과 분탕이 분출하는 모습이 마치 지옥을 연상시킨다고 해서 지코쿠(地獄)이라고 불린다. 온천의 물이 피와 같이 붉다고 해서 붙인 혈(血)의 지옥(地獄), 백지(白池), 금룡(金龍), 귀산(鬼山), 해지옥(海地獄) 등이 있다. 혈의 지옥이라는 곳의 물은 예부터 붉은 점토와 액체를 분출하여 이채롭고 못 전체가 붉어서 '혈의 지(血之池)'라고 불린다.

그리고 해지옥(海地獄)은 1200년 전 쓰루미오까 폭발로 생긴 광대한 연못이 바다와 같이 보인다고 하여 이 이름이 지어졌다. 수질은 산성으로 라듐, 유산철을 포함하고 있고 5만여 평의 부지에는 1천여 명을 수용할 수 있는 휴식 및 대욕탕, 일본 최고의 바나나 온실 등과 3천 수백 그루의 열대 식물원 그리고 큰 연잎과 성무연이라고 일컬어지는 희귀종 열대성 수련 등 남극 정취와 보기 드문 경관이라고 자랑하고 있다.

족탕(足湯)이란 곳도 있는데 이곳에서는 관광객들이 신과 양말을 벗고 발을 담그는 곳이다. 그런데 족탕이라고 하니 어감이 이상했다. 우리나라에서 족탕은 "쇠족(牛足)과 사태를 넣어 끓인 국"인 음식을 말하기 때문이다. 나는 그 족탕에 관광객들이 발을 담그는 것을 보고 지난 봄에 "사도 바울의 전도여정에 따른 성지순례"할 때 터키 파묵칼레(Pamukkale)의 노천 온천물에 발을 담그던 생각이 났다. 관광객들의 표정으로 봐서 이곳의 물이 그곳의 물보다 뜨거운 것 같다.

이곳 지옥 온천을 구경한 뒤에 우리 일행은 우스키(臼杵)로 발길을 옮겼다.

◇ 천년의 세월을 담은 우스키 석불군(臼杵石佛群)

우스키 석불군은 오이타현 우스키시(臼杵市)에 자리 잡고 있으며 이를 돌아보기 전에 탐방 중 강의를 담당한 정영호 교수는 "이곳 석불군은 우리 석불 문화가 전해 준 것"이라고 말하면서 일본화된 부분도 간단하게 설명해 주었다. 우스키 석불군은 천 년 가까운 기간의 풍우를 견

텨내고 오늘에 이르고 있다. 이 석불군은 12세기 후반에서 13세기에 걸쳐 조각되었다고 전해지며 그 규모, 수량 그리고 수준 높은 조각은 일본 안에서도 그 유례를 찾아볼 수 없다고 한다. 이 석불군 중에서 1995년 6월 5일에 마애불상(磨崖佛像)은 최초로 일본 국보로 지정되었다.

마애불(磨崖佛)을 보니 내 고향 충남 태안군 백화산 정상 바로 밑에 있는 태안마애삼존불(泰安磨崖三尊佛. 국보 제307호)이 생각났다. 백제 초기의 것으로 추정되며 거대한 바위의 동편에 감실(龕室)을 마련하고 삼존불입상(三尊佛立像)을 새겼다. 그뿐만 아니라 충남 서산군 운산면 용현리에 있는 백제시대 서산마애삼존불(瑞山磨崖三尊佛. 국보 제84호)에서는 그 유명한 백제의 미소를 읽을 수 있다.

우스키석불군(佛像群)은 4군으로 나누이며 지면에 따라 호키석불(崖陰石佛)1군, 호키석불(崖陰石佛)2군, 산노우잔석불(山王山石佛) 그리고 코엔석불(古園石佛)로 나눈다. 모두 응회암(凝灰巖)으로 산 표면에 만들어져 있어 목조불상에도 필적할만한 걸작이며 표정이 풍부하고 우수한 불상으로 보인다.

정 교수의 설명을 따르면 경주 석굴암 석불을 예를 들면서 이 석불군은 우리의 석불과 다르게 글자 그대로 무리를 지어있고 우리의 마애불상은 천의(天衣)로 가슴부위를 가리고 있는데 일본의 마애불상은 가슴부위까지 노출된 것이 다르다고 한다. 그리고 미술학도들은 반드시 이곳에 와서 석불의 모습을 감상하여야 한다는 조언을 잊지 않았다.

비단 이곳뿐 만은 아니지만, 특히 불상군(佛像群)이 있는 산에는 걱정 근심 없이 자란 귀공자처럼 하늘을 향하여 치솟은 왕대 나무숲이 장관이다. 일본에서 대나무로 만든 젓가락을 많이 사용하는 이유를 알만하다. 그리고 대나무처럼 곧게 그리고 길게 자란 인공림인 삼나무(Japanese cedar)가 인상적이었다.

우스키석불군을 돌아본 뒤에 후지마루호에 승선하여 오이다(大分)항을 출발했다. 저녁 8시에 선상대학 강의가 이어졌다. 오늘은 강원대학교 손승철 교수가 "조선통신사(朝鮮通信使)와 한일관계(韓日關係)"라는 제목으로 강의를 담당했다.

먼저 손 교수는 강의 벽두에 일본역사 탐방의 맥을 짚어주었다. 즉 사찰문화(寺刹文化), 신사문화(神社文化), 성곽문화(城郭文化) 그리고 고분문화(古墳文化)로 4분 해 주었다. 사찰문화로는 도다이지(東大寺), 호류지(法隆寺), 고류지(廣隆寺) 등이고 신사문화는 야스쿠니신사(靖國神社), 후타라야마신사(二荒山神社) 등이 이에 해당하며 성곽문화는 나고야성, 오스카성, 니죠성 등이고 끝으로 고분문화는 후나야마고분(船山古墳), 다카마쓰고분(高松古墳) 등이 그것이라고 한다.

손 교수의 강의를 중심으로 왜구의 만행 내용을 다음과 같이 요약해 보았다. 고려 말 1350년 이후 42년간 495회를 침입했는데 1회 출동할 때 적게는 2척에서 3척, 많게는 500척의 배로 1만여 명을 이끌고 우리나라를 침입했다고 말하고 도서, 해안지방 그리고 강을 따라 내륙까지 올라와서 갖은 만행을 저질렀다고 한다.

그 만행의 내용으로는 식량과 가축을 약탈했고 부녀자와 아이들 3만여 명을 납치했으며 관청을 습격했다. 또 고려 종 5개, 불화 95점, 불상 8여 구 등 문화재를 약탈해 갔다.

또 1592년부터 1598년까지 2차에 걸친 왜군의 침략으로 일어난 임진왜란(壬辰倭亂)으로 인하여 전국 326읍 중에서 162읍이 유린당하였으며 경제적 피해로는 150결 피해를 봤고 문화적 피해로는 경복궁 등 궁궐, 불국사 등 사찰, 사고(史庫)소실, 서적, 도자기 등 문화재를 약탈해 갔으며 부녀자들의 집단성폭행, 살인 및 납치 등의 만행이 있었다. 또 서너 살짜리 여아의 배를 갈라 내장을 꺼내고 그곳에 쌀을 넣고 고사를 지낸 뒤에 그 쌀로 밥을 지어먹었다는 천인공노(天人共怒)할 만행을 저질렀다고 한다.

그리고 손 교수는 동국신속삼강행실도(東國新續三綱行實圖)에 나타낸 그림을 보여주면서 다음과 같이 설명하였다. ①아기에게 젖을 먹이는 엄마 심 씨 목을 잘라 죽이는 모습. ②죄 없는 백성 배 씨를 세 토막으로 잘라 살해하는 모습. ③무고한 이 씨의 사지를 잘라서 죽이는 왜구의 잔인함을 설명해 주었다.

손 교수는 한일 사이의 우호관계를 증진하기 위하여 주한일본외교관 부인들을 상대로 매주에 2회씩 한국역사 강의 시간에 그 그림을 보여주었을 때 일본의 한 외교관 부인이 주체할 수 없는 눈물을 흘리며 우리 일본이 경제 대국으로 좋은 나라로 알고 있었다고 하면서 조상이 이런 끔찍한 만행을 저지른 것을 처음 알았다고 하며 머리를 들지 못하더라고 말했다.

조선통신사 파견은 임진왜란으로 조일 사이의 국교가 단절되었는데 임진왜란을 일으켰던 도요토미 히데요시(豊臣秀吉)가 죽은 뒤 일본의 새로운 지배자가 된 도쿠가와 이에야스(德川家康)는 조선의 침략을 깊이 반성하고 양국 사이의 우호관계를 회복하고자 통신사 파견을 요청하였다. 일본은 임진왜란 때 강제로 잡혀간 조선 사람들을 돌려보내고 조공을 바치며 다시는 조선을 침범하지 않겠다고 약속했다. 이에 조선은 1609년 사절단을 일본에 파견하였다.

이때부터 총 12회에 걸쳐 파견했는데 처음 3회까지는 임진왜란으로 일본에 끌려간 사람을 귀환시키는 것이었고 4회 이후로는 양국 사이의 신뢰구축과 조선의 선진문화를 일본에 가르쳐주기 위해 파견되었다. 통신사 규모는 300명에서 500명에 달했으며 정사, 부사, 종사관과 통역, 군관과 병사, 의원, 화원(화가), 인쇄공, 악공, 뱃사공 등으로 구성되어 학문, 기술, 예술분야에 뛰어난 사람들을 선발하여 파견하였다.

일본은 최고 권력자가 새로 정해졌을 때 대마도 영주를 조선에 파견하여 그 사실을 알리고 이어 통신사 파견을 요청하였다. 일본 사절단은 왜관에서 대기하고 있다(상륙하지 못하게 했음)가 한양(서울)에서 통신사 일행이 내려오면 이들을 쓰시마 섬(對馬島)까지 안내하고 대마도부터 에도(도쿄)까지는 대마도 영주가 안내를 맡았다.

조선통신사가 일본에 갔다 오는 데는 그 당시 6개월에서 8개월 또는 그 이상이 소요되는 고생길이었다고 한다. 그러나 우리의 탐방은 23,000톤급 후지마루호를 타고 가기 때문에 6박 7일에 다녀올 수 있었다.

조선통신사(通信使)의 길은 부산(왜관)에서 대마도를 거쳐 규슈(九州)로 해서 오사카(大阪), 나라(奈良), 교토(京都), 도쿄(東京)로 이어지는 길이었지만 이번 우리 일행의 탐방 길에서는 대마도를 제외했다. 그것은 우리가 타고 간 후지마루호는 하도 커서 대마도 항구에 접안이 불가능하기 때문이다. 그리고 도쿄도 제외했다.

나는 이 강의를 경청하면서 일본이 제2차 세계대전 때 아시아 대륙을 침략하면서 저지른 만행 중 이른바 종군위안부에 대한 생각이 났다. 전쟁이 끝난 지 60여 년이 지난 지금도 일본 정부는 외국 부녀자들을 강제로 동원해서 성 노예로 삼았던 것을 인정하지 않고 있다. 이와 관련하여 지난 7월에 미국 하원을 비롯하여 11월 네덜란드 의회와

캐나다 연방회의에서 일본의 만행을 입증하는 안건이 통과되었다. 전 세계가 다 알고 있는 사실을 그들만 부정하고 있다. 일본의 오만함과 잔꾀에 대하여 분노를 느끼었다.

넷째 날(12/8)은 8시경에 오사카항을 출발, 나라(奈良)로 이동하여 도다이지와 호류지를 견학한 뒤에 다카마쓰고분과 아스카 석무대를 돌아보고 오사카항으로 귀환할 예정이다.

◇ 나라(奈良)의 대사찰 도다이지(東大寺)

도다이지가 위치한 도시를 '나라'라고 하는데 이 도시는 서기 794년 교토(京都)로 천도하기까지 우리나라 삼국시대의 문화를 받아들여 일본 최초의 국가를 세웠다고 한다. '나라'라는 이 도시의 이름도 국가라는 우리말인 '나라'에서 유래하였다고 한다. 왜가 이 절을 창건한 가장 중요한 이유 중의 하나는 한민족과 완전히 결별하고 동아시아 새 질서에 진입하겠다는 것을 선언하기 위한 것이었다고 한다. 나라(奈良)는 도시 전체가 박물관인 우리나라 경주(慶州)와 결연을 한 도시로서 나라(奈良)도 도시 전체가 박물관이다.

우리 일행은 도다이지(東大寺)를 견학하기 전에 정영호 교수로부터 이 사찰에 대한 개략적인 설명을 들었다. 도다이지는 나라시대의 중엽(710~794)에 쇼무황제(聖武皇帝)의 발원으로 로벤(良弁) 스님이 창건하였으며 이 스님의 조상은 일찍 백제에서 도일해 오오미에 정착했다고 한다. 나라 시에 있는 이 사찰은 '나라시대'의 대표 유적이다.

나라시대는 8세기 현 나라 시에 도읍을 정했던 때로, 국가의 율령이 정비됐으며 특히 불교문화가 융성했다. 여전히 수많은 불교유적이 나라 시 전역에 걸쳐 있는데 도다이지는 나라 불교문화의 꽃으로 손꼽히는 사찰이다. 지난 1998년 '나라역사기념군' 중의 하나로 세계문화유산으로 등재되었다.

정 교수는 일본 기와지붕의 원래 형태는 직선으로 내려와서 물매가 빠른 데 비하여 지붕의 추녀 부분이 버선의 코 부분처럼 추켜 오른 것은 한국 스타일이라고 설명했다. 지금까지 본 일본 사찰의 지붕은 한국 기와지붕의 모양을 닮았다. 그래서 그런지 일본 사찰 건물이 낯설지 않았다. 다만 일본 스타일(용마루 모습, 처마의 모습 등)로 변한 부분을 제외하고 봐야 할 것이다.

도다이지에 들어가는 길에 일본에서 가장 훌륭한 조각물이라고 하는 난다이몬(南大門)을 지나 도다이지 금당(金堂)인 국보 다이부츠덴(大佛殿)은 멀리서 보면 사무라이 투구같이 양쪽 용마루에 꼬부라진 금색 소뿔한 쌍이 있다. 대불전(大佛殿)은 바로 세계 최대 목조 건물로 가로가 57.01m, 세로가 50.48m, 높이가 무려 48.74m에 이른다. 대불전에 모신 비로사나(盧舍那) 본전 다이부츠(大佛, 奈良大佛이라고도 함)도 역시 국보로 세계에서 제일 큰 청동상(靑銅像) 중 하나다. 높이 16.2m(얼굴이 4m, 눈이 1m, 코가 50cm, 귀가 2m 60cm)이며 437톤의 청동과 130kg의 금으로 만든 불상이다.

이 대불을 위해 나라 안의 구리란 구리는 모두 수집하고 51만 명의 인원을 동원해서 10년 만에 완성했으나 불신(佛身)에 칠할 금이 없어서 애를 타고 있을 때 백제 패망 뒤에 일본에 건너온 백제 경복왕(敬福王) - 제13세 천황으로 기록된 성무천황(成務天皇. 326~370) - 이 이 소식을 듣고 일본 자기 임지에서 금을 캐서 황금 900냥을 보낸 덕분에 겨우

불체에 금색도금을 가능하게 했다고 한다. 이렇게 해서 1200여 년 전에 이미 백제의 기술은 세계 최대의 주조물인 대불을 만들게 하였다.

도다이지 주변에 있는 쇼쇼인은 8세기 일본 왕실의 유물창고로, 쇼무황제의 유품 등 각종 문화재가 보존돼 있다.

도다이지를 견학하기 전에 가이드가 이곳은 사슴을 방목하고 있는 사슴공원이라고 말하고 1,200마리의 사슴이 있는데 사슴들이 사람을 무서워하지 않고 관광객들이 먹이를 주기 바란다고 한다. 그래서 사슴이 관광객과 뒤섞여 있으며 관광객이 손에 쥐고 있는 과자나 종이를 덥석 물어 뺏어 먹으니 주의하라고 했다.

우리 일행은 정 교수의 설명을 들은 뒤에 본당으로 들어갔다. 본당 문 언저리는 사진을 촬영하는 관광객으로 붐비었으나 본당 내부는 넓어서 살펴보는데 별 지장이 없었다. 도다이지를 견학 뒤에 호류지로 발길을 옮기었다.

◇ 담징의 벽화가 없는 호류지(法隆寺)

호류지(法隆寺)는 나라현 이코마군 이카르가정(奈良縣 生駒郡 斑鳩町) 나라 공원에서 아스카로 가는 논 한가운데 있다. 정영호 교수의 이 사찰에 대한 설명이 시작되었다. 요메이천황(用明天皇)은 자신의 병을 고치기 위하여 절을 짓고 불상을 만들라고 명하였으나 완공을 보지 못하고 세상을 떠났다. 뒤에 이 사찰은 쇼토쿠태자(聖德太子)가 요메이천황의 유언을 받들어 607년에 건립하고 본존의 약사 여래상을 제작했으나 670년에 소실되고 현재의 것은 재건된 것이라고 한다.

호류지는 세계에서 가장 오래된 목조 건축물이다. 호류지 금당에 보전되었던 '아미타정토도(阿彌陀淨土圖, 일명 '金堂壁畵')'는 승려이자 화가인 고구려 담징(曇徵. 579~631)이 그렸다. 그는 일본의 초청으로 610년에 백제를 거쳐 일본으로 건너갔다. 담징의 이 그림은 동양 3대 미술품 중의 하나로 꼽혔다. 이 그림은 경주의 석굴암, 중국의 원강 석불과 함께 동양의 3대 미술품으로 유명하다.

일본서기를 따르면 이 절을 건축할 때 백제로부터 와박사(瓦博士), 조사공(造寺工) 등 수 많은 사원 건축 기술자들이 건너왔다는 기록이 있고 이 절의 배치 양식 등으로 보아 우리의 옛 조상의 손길을 통하여 우리의 얼이 배어있는 것 같다.

그런데 1949년 1월 이 금당의 내부보수공사 중에 전기취급 부주의로 화재가 발생하여 그 유명한 금당벽화는 소실(燒失)하고 말았다. 현재 호류지 금당에 있는 12면 벽화는 소실된 뒤에 일본 화가들에 의하여 복원·제작된 것이다. 일본은 이 사건을 대단한 충격으로 받아들여서 '문화재보존법'을 제정하기도 하였다.

따라서 우리 한반도 미술문화의 정수이기도 한 금당벽화는 그 어느 곳에서도 찾을 길이 없게 되었다. 참으로 안타까운 일이 아닐 수 없다. 담징은 일본에서 학문과 그림뿐만 아니라 종이와 먹(墨)의 시조로 오늘날에도 존경을 받고 있다. 그리고 물레방아도 그가 만들어주었다고 한다.

또 백제 제27대 왕 위덕왕의 아들인 아좌태자(阿佐太子)는 그림을 잘 그려 화가로 알려졌다. 그는 597년(위덕왕 44) 일본에 건너가 쇼토쿠태자의 스승이 되었다. 그가 그린 쇼토쿠태자(聖德太子)의 초상화가 나라현(奈良縣) 호류지(法隆寺)에 남아 국보로 전하였는데 1949년에 담징의 금당벽화와 같이 소실되었다.

나는 정 교수의 설명을 들은 뒤에 아쉬운 나머지 호류지 금당으로 달려갔다. 금당 안의 문에 철망을 쳐 놓았기 때문에 내부를 들여다보기가 어려웠고 손전등을 비치해 놓아 그것으로 비춰보았으나 실내가 너무 어둡고 전등불의 밝기가 약해서 일본 화가들에 의하여 복원되었다는 벽화도 제대로 보지 못했다. 담징이 그린 벽화가 없는 금당만 촬영하고 퇴로에 기념품을 파는 매점에서 담징이 그린 금당벽화 복사본으로 액자를 제작하여 파는 것을 발견하고 카메라에 이를 담아왔다. 옛날 국민학교(초등학교) 교과서에서 보았던 그 사진과 같은 벽화라는 것을 금방 알아볼 수 있었다.

◇ 아스카의 대표적인 유적 이시부타이(石舞臺)

우리 일행은 호류지 견학을 마치고 아스카(飛鳥)로 이동했다. 아스카는 일본 문화의 고향이라고 한다. 6~7세기 한반도를 비롯한 대륙으로부터 불교 등 여러 문물을 받아들여 일본의 문화를 꽃피웠던 고장으로 고문화지구(古文化地區)로 지정되어 있다. 아스카의 대표적인 유물로서는 이시부타이(石舞臺), 다카마쓰고분(高松古墳), 아스카지(飛鳥寺) 등이 있다.

여기서 흥미로운 것은 '아스카'라는 지명이다. 아스카는 한자로 '明日香'(명일향. 현지에 "明日香の夢市'란 屋號가 있음) '飛鳥'(비조)의 두 갈래 표기법이 있다. '明日香'을 일본말로 '아스카'(あすか)라고 읽는 데는 이견이 없으나 '飛鳥'를 '아스카'라고 읽는 것은 아무래도 이해하기 어렵다. 일본식 한자의 음독·훈독을 총동원해도 '飛鳥'를 '아스카'라고 읽을 수 없기 때문이다.

'飛鳥'를 일본말로 '도부토리'(とぶとり, 나는 새의 뜻)라고 읽는다. '飛

鳥'가 '아스카'로 읽는 데 대하여 일본학자들 사이에 여러 가지 설이 있으나 합리적이거나 문헌적인 근거를 제시하지 못하고 있다. 이에 대하여 우리나라 학자가 이두식으로 이를 풀었다는 것은 흥미롭다.

즉 '飛'라는 한자의 새김은 '날'이며 '鳥'의 한자의 새김은 '새'이다. 이 두 자를 합하면 '날새'(밤이 가고 날이 새는 것을 의미함)이다. 밤이 가고 날이 새면 대지는 아침을 맞는다. 그러니 날새 즉 '飛鳥'와 '아침의 땅' 즉 明日香은 한 뜻의 낱말이라고 할 수 있다. 따라서 '飛鳥'도 '아스카', 明日香도 '아스카'로 읽는 연유가 여기에 있다. 우리말을 모르고는 도저히 지을 수도 풀 수도 없는 문학적인 이름이다. (李寧熙 지음 '노래하는 역사'에서)

이것은 무엇을 의미하는 것일까? 아스카 마을을 최초로 개척한 집단은 우리나라에서 건너간 우리 조상이었다는 사실을 의미한다.

아스카(飛鳥) 마을을 한가운데로 흐르는 아스카강(飛鳥川)을 따라 가야노무리(伽倻栢森) 계곡을 들어서기 전 왼쪽 들판에 거대한 석조물이 있다. 이것이 '이시부타이'(石舞臺)라고 불리는 바위무덤이다.

이곳에서 배포된 안내지에 따르면 이 고분은 횡혈식(橫穴式) 석실이 있는 일본의 대표적인 장대한 방형분(方形墳)인데 축조는 7세기 초경으로 추정한다. 이미 고분 위 봉토가 완전히 없어지고 거대한 천정석(天井石)이 노출되어 있다. 무덤에 묻힌 사람은 정확히 알 수 없으나 6세기 후반, 이 지역을 지배했던 소가노 우마코(蘇我馬子, 626년 5월 졸)의 묘라고 전해진다.

일본에 불교를 처음으로 도입하고 한반도와 대륙의 문화를 왜에 심기 위해 힘쓴 이가 우마코(馬子)의 아버지인 소가노이나메(蘇我稻目)였다. 그리고 그의 아버지 이름이 고마(高麗, 고구려를 뜻함)였던 것으로 보아 그들은 고구려계 이주민 집안이었을 가능성이 높다.

쇼이와(昭和) 8년 10월에 본격적인 발굴조사가 해졌다. 그 결과 현실의 길이가 약 7.6m, 폭이 약 3.5m 그리고 높이가 약 4.7m이며 크고 작은 화강암을 사용하였는데 천정에 사용된 돌의 무게가 북측은 약 64톤 남측은 77톤, 해서 총중량이 약 300톤이 되는 대규모의 고분으로 판명되었다고 한다.

이 석무대의 이름의 유래는 옛날에 여우가 여성으로 변해서 밤마다 돌 위에서 춤을 추었다고 전해지며 또 이 지역에 온 연예인들이 이 대석을 무대로 하여 연기한 적이 있다는 말도 전해진다. 그래서 석무대(石舞臺)라고 불린다고 한다. 그러나 오늘날에는 이 돌 위에 오르는 것조차 금하고 있으며 음식도 원거리에서 먹도록 했다고 한다.

◇ 고구려의 혼이 배어있는 다카마쓰고분(高松古墳) 벽화

우리 일행은 다카마쓰고분이 있는 아스카지방으로 이동했다. 이 고분은 아스카지방의 서남부에 있으며 이곳은 히노쿠마(檜隈)로 불리고 있다. 특히 이곳에 고구려에서 건너온 이주민(移住民)들이 많이 살고 있었다고 전해지고 있으며 주변에는 천무(天武), 특통(特統), 흠명(欽明), 문무(文武)의 각 왕릉과 나카오산(中尾山)고분, 기토라고분 등이 있다.

다가마쓰고분은 문무천황(文武天皇, 在位 697~707)의 능이 아닌가? 하는 전승된 기록이 있다. 이 고분 근처 사람이 무덤 언덕의 남측 경사면에서 농작물 저장용 구덩이를 파고 있을 때 응회암(凝灰巖)을 다듬어 만들어진 석실을 발견했고 이를 관계 당국에 신고했으며 이를 계기로 하여 1972년 3월부터 조사가 시작돼 벽화를 발굴한 것이라고 한다. 여기서 발굴된 벽화를 일본에서는 확대하여 고분석실에서 채색 벽화를 발굴했다고 세계에 대대적으로 광고했다. 이 다카마쓰고분(高松古墳)이라는 이름은 그 고분 발견 당시 고분 꼭대기에 큰 소나무 한 그루가 있다고 해서 붙인 이름이라고 한다.

여기의 벽화는 국보로 지정되어 보존상 일절 공개하지 않기로 되어 있고 그 고분에서 가까운 곳에 다카마쓰주카벽화관을 건설하여 성곽 내부의 모형과 벽화의 모조품이 전시된 것이 있다. 고대사 해명의 귀중한 문화재로서 해외에서도 널리 주목을 받고 있는 채색 벽화이다.

다카마쓰고분 석곽의 규모는 가로가 20m, 세로가 25m 그리고 높이가 9.5m이며 벽화의 전개도를 보면 벽화는 천장부와 사방의 벽면에 그리고 남쪽 벽면의 주작(朱雀)은 도굴 당시 소멸한 것으로 추정한다. 북벽에 현무(玄武), 서벽에는 남자군상(男子群像), 월상(月像)·백호(白虎)와 여자군상(女子群像)이 그리고 동벽에는 남자군상(男子群像)과 여자군상(女子群像)은 비슷하며 일상(日像)과 청룡(靑龍)이 채색으로 그려있다.

일본인들은 다카마쓰고분의 벽화를 당(唐)의 영향을 받은 것이라고 했다. 가야, 백제의 영향까지는 모르겠지만, 고구려의 영향을 받은 것은 인정하기 싫어한다. 그러나 이 고분의 여인들과 남자들의 복장은 당시 고구려의 것이며 남자들은 고구려인처럼 머리에 모자를 썼고 바지 위에 긴 두루마기를 입었다. 특히 4명의 여자는 머리카락을 뒤에서 묶었고 상의는 소매가 길고 허리띠를 매었다. 그리고 치마를 땅에 끌 정도로 입었는데 그 문양이 세로로 난 색동주름치마이다. 평안남도 대안 덕흥리고분(德興里古墳), 강서 수산리고분(修山里古墳) 그리고 평양 부근의 쌍영총(雙楹塚) 벽화고분 속에 있는 여인의 그것과 빼닮았다.

그래서 다카마쓰고분을 축조한 사람들도 고구려인이고 그 고분에 묻힌 사람도 고구려인이며 그 무덤의 벽화를 그린 화공(畵工)도 고구려인으로 보고 있다.

다섯째 날(12/9)은 오전 8시에 교토(京都)로 이동하여 고류지(廣隆寺)를 견학하고 니죠성(二條城)과 킨카쿠지(金閣寺)를 돌아본 뒤에 오사카로 이동할 예정이다.

◇ 백제의 숨결이 들리는 고류지(廣隆寺)

교토(京都)는 천년 고도(古都)이며 헤이안(平安)시대부터 메이지(明治) 유신시대까지 1천 년 동안(794~1869) 일본 천황이 살던 곳으로 역사의 도시 나라(奈良)와 함께 일본을 대표하는 역사 깊은 도시이다.

어제와 같이 오늘도 정영호 교수의 설명이 이어졌다. 고류지(廣隆寺) 앞에 세워진 그 절의 연혁을 새긴 화강암 비석은 1971년에 세워졌는데 어느 누가 그 비문 중 이 절의 창건자 秦河勝(진하승)이 (신라에 건너온) 渡來人(도래인)이라는 글씨를 고의로 훼손했다. 그 뒤에 훼손된 부분에 화강암을 깎아 땜질해서 공백인 채로 남아있다고 설명했다. 그 비문을 확인할 결과 정 교수의 설명과 같았으며 여기에도 역사를 왜곡한 일본인들의 삐뚤어진 심리를 읽을 수 있었다.

고류지(廣隆寺)는 진언종(眞言宗)의 사원으로 스이코천황(推古皇帝) 11년(603)에 쇼토쿠태자(聖德太子)가 건립했다고 전해지고 있으며 야마시로지방에서 가장 오래된 사찰이고 쇼토쿠태자가 건립한 일본 7대 사원 중의 하나이다.

1165년에 건립된 강당(講堂)의 높이가 약 2.40m에 이르는 아미타여

래상(阿彌陀佛如來像, 국보)을 중심으로 그 오른쪽에는 지장보살상(地藏菩薩像), 왼쪽에는 허공장보살상(虛空藏菩薩像) 등이 안치되어 있다. 강당의 뒤쪽에는 대웅전에 해당하는 조구오인(上宮王院)이 있으며 본존상(本尊像)은 33세 무렵의 쇼토쿠태자(573~621) 상으로 전해 내려오는 목조 조각상이 안치되어 있다. 현재의 건물은 1720년에 재건된 것이라고 한다.

경내 북쪽에는 1251년에 건립된 게이큐인(桂宮院, 국보)이 있다. 게이큐인은 1층의 팔각원당 건조물로 1면의 길이는 약 2.30m, 지붕은 노송 껍질로 이어져 있다. 이는 역사적으로 중요한 건축물로 일반적으로는 핫카쿠도(八角堂)라고 불린다.

또한, 조구오인의 뒤쪽에는 영보전(靈寶殿)이 있으며 이곳에는 다수의 귀중한 불상이 안치되어 있다. 그중에 신라 양식으로 알려진 유명한 목조미륵보살반가사유상(木彫彌勒菩薩半跏思惟像)은 1951년 국보 제1호로 지정되었다.

이 반가사유상은 이곳 사전(寺傳)에 따르면 한반도에서 전해진 기록이 있다고 한다. 이 기록을 둘러싸고 논란이 많았다. 일본 사람들은 이런 것들이 못마땅해서 부정하고 싶은 것이다. 그래서 위에서 이미 말했지만, 고류지 연혁을 기록한 화강암 비석 비문 중 이 절의 창건자가(신라에서) 도래한 "秦河勝"이라는 글씨를 고의로 훼손한 것이다.

그리고 정 교수의 설명 중 이 반가사유상을 좋아한 대학생이 만지작거리다가 실수로 손가락을 부러뜨려서 그것을 손수건에 싸서 냇가에 버리고 온 뒤에 불안해서 교수님과 상의한 결과 그 버린 손가락을 찾아서 자수하라고 했다고 한다. 그 학생은 교수님이 시키는 대로 했다고 한다. 이 때문에 학생은 벌을 받았겠지만, 그 부러진 손가락의 재질을 검토한바, 그 손가락 재료는 적송(赤松)이었다고 한다.

그런데 이 적송은 일본에서는 생산되지 않으며 한반도 경북 청송과 춘향, 무안 등지에서만 자라는 나무이기 때문에 신라에서 건너간 것이라는 것이 밝혀진 셈이다. 그것도 이 반가사유상을 신라에서 신라인이 만들어서 일본으로 보냈을 수도 있고 재료만 가져다가 (신라에서) 도래한 사람이 만들 수도 있다. 이처럼 이 반가사유상은 한국의 정서가 깃들어있다.

위와 같은 사실이 알려지자 일본 사람들은 국보 제1호가 큰 의미가 있는 것은 아니라고 말했다고 한다. 이들은 한반도에서 불교문화가 저들의 나라로 유입된 것을 부정하고 싶어 하는 심사의 표출이다. 그것은 오만이며 그것은 왜인들의 편협한 생각이다. 그래서 한일관계가 더 불편하다.

일본의 국보 제1호인 이 미륵보살반가사유상은 오른 팔꿈치를 무릎에 괴고 오른 손가락을 유연하게 볼에 가까이 대고 있는 슬기롭고 매력적인 목제불상이며 눈을 내려 깐 채 조용히 웃음을 머금은 표정이다. 독일의 철학자 칼 야스퍼스(Karl Jaspers 1883~1969)는 "이 반가사유상을 보고 희랍이나 로마시대이래 서양 조각이 탈피하지 못했던 인간적 비린내를 말끔히 탈취(脫臭)한 초월 경지를 보여 주고 있다."고 말하고 "그것은 지상에서 모든 시간적 속박을 초월해서 얻은 인간 존재의 가장 청정하고 가장 원만하며 가장 영원한 모습의 상징이다. 나는 오늘날까지 철학자로서 일해 왔으면서 이렇게까지 인간실존의 참다운 평화를 구현한 예술품을 접한 적이 없다."고 말했다고 한다.

이 반가유상은 일본이 국보 제1호로 지정할만한 오묘함이 무궁한 조각품이며 백제 예술의 극치이다. 이 반가사유상은 우리 국보 제83호인 금동미륵보살반가사유상(金銅彌勒菩薩半跏思惟像)과 자태가 너무나 흡사하여 같은 영향권의 일본 조형이라는 설, 한반도에서 건너간 장인이 조각한 것이라는 설 그리고 한반도에서 만든 것이 건너갔다는 설이 있어 논란이 되어 왔다.

그런데 일본의 한 전문가가 우리 국보 제83호 반가사유상을 자세히 살펴보고 난 다음에 일본국보 제1호 반가사유상은 동일 공방(工房)에서 동일 장인이 동일 의장(意匠)으로 만든 것이라는 설을 내놓았다고 한다. 고류지는 신라의 호족인 진하승(秦河勝)이 세웠으며 622년과 629년 두 차례에 걸쳐 신라에서 건너온 불상을 이 절에 안치했다는 기록이 있다. 일본 목조불상(木彫佛像)의 재질을 연구한 임학자(林學者) 고바라 박사는 일본 목조불상은 대부분이 활엽수인 데 비해 이 반가사유상은 침엽수인 조선 소나무로 만들었다는 것을 과학적으로 입증했다고 한다.

나는 고류지의 반가사유상을 살펴보고 여기에 한국의 정신이, 한국의 문화가 깃들어 있음을 생각하고 가슴 뿌듯함을 느끼었다.

◇ 난공불락의 요새 니죠성(二條城)과 황금색의 킨카쿠지(金閣寺)

우리 일행은 고류지를 견학한 뒤에 니죠성(二條城)으로 갔다. 이 니죠성은 1603년 도쿠가와계의 초대장군 이에야스가 교토 고쇼의 수호와 장군이 교토를 방문한 때 숙소로 사용하기 위하여 만들었다고 한다. 니죠성 주변은 견고한 성벽으로 둘러싸여 있으며 그 성은 강을 방불케 하는 인공 호수로 둘러싸여 있는 난공불락의 요새이다. 그래서 당시 이에야스의 침소가 어딘지 알지 못했다고 한다.

3대 장군인 이에미쯔가 후지미성의 잔류 유물들을 정리하여 1626년에 완성했다고 한다. 그리고 이에야스가 세운 케이쵸년대의 건축물과 이에미쯔가 지시, 제작된 그림이나 조각 등이 총집합된, 말하자면 모모야마(挑山)시대 문화를 한눈에 볼 수 있는 곳이다.

1867년 15대 장군 요시노무가 통치권을 천황에게 반환함에 따라 니죠성은 정부의 소유가 되었고 더불어 1884년 리큐(황국에서 분리된 궁궐)로 바뀌었으며 1939년(昭和 14년)에는 축성 400년을 맞이하였다. 이 니죠성은 1994년에는 유네스코 세계유산으로 등재되었다.

우리 일행은 니죠성을 둘러본 뒤에 킨카쿠지(金閣寺)로 발길을 옮겼다. 이 절은 아시카가 요시마쓰가 쌀 1백만 석에 해당하는 돈을 들여 건설한 이 킨카쿠(金閣)는 기타야마 문화(北山文化)의 상징으로 유명하다. 2층과 3층 전체에 금박을 했기 때문에 금각이라고 한다. 그래서 킨카쿠지(金閣寺)라고 불리고 있으나 정식 명칭은 '로크온지(鹿苑寺)로서 임제종(臨濟宗) 쇼코쿠지(相國寺)파의 선종사원이다. 이곳은 가마쿠라(鎌倉)시대 사이온지 킨쓰네(西園寺公經)의 별장인 기타야마(北山) 저택이었으나 무로마치(室町) 막부의 3대 장군 아시카가 요시미스(足利義滿)가 매우 좋아하여 1397년(應永 4년)에 사이온지 가문으로부터 이를 물려받아 신장 기타야마 별장으로 개축하였다.

킨카쿠(金閣) 전각을 중심으로 한 정원과 건축은 극락정토(極樂淨土)를 현세로 표현하였다고 전하며 한 편 이 시대는 중국 명나라와 활발한 무역을 펼치며 문화발전에 공헌하였던 시대로 특히 이 시대의 문화를 기타야마(北山) 문화라고 부른다.

요시미쓰(義滿)의 사망 뒤에는 그의 유언대로 무소(夢窓)국사를 초대 주지로 하여 요시미쓰의 법명인 로쿠온인전(鹿苑殿)에서 두 자를 따서 로쿠온지(鹿苑寺)로 명명하였다고 한다. 이 로쿠온지는 1994년에 세계문화유산으로 등재되었다.

여섯째 날(12/10)은 9시경에 오사카성과 오사카역사박물관을 돌아보고 오사카 항으로 이동하여 출국 절차를 마친 뒤에 부산항을 향하여 출항할 예정이다.

◇ 군웅이 할거한 모습을 보여준 오사카성(大阪城)

우리 일행은 어제 오사카로 이동하여 '리가 로얄 호텔'에서 하룻밤을 쉬고 오사카성으로 발길을 옮겨놓았다. 관광버스에서 내려서 한참을 걸었다. 걸으면서 가이드는 오사카성 좌편에서 좀 떨어진 곳에 큰 교회가 있다고 말했다. 나는 그 말이 반갑게 들렸다. 일본에 와서 교회 십자가를 볼 수가 없었다. 우리나라는 밤에 시내에 나가면 곳곳에 붉은 십자가를 볼 수 있는데 일본은 그런 것을 볼 수 없었다. 건물 벽에만 십자가 표시를 했는지? 모르겠지만, 아무튼 십자가를 보지 못했다. 국내외서 들은 말이지만 일본은 다신교라고 하며 잡신이 많은 나라라고 한다.

북한선교에 온 정성을 다 쏟고 있는 모 목사님이 일본 선교에도 관심을 기울이고 있다는 말을 들은 것이 생각난다. 그분의 뜻을 이해할 만하다. 하나님의 말씀을 땅 끝까지 전해야 한다는 사명감이 내 머리를 새롭게 했다.

이 오사카성은 원래는 절이었으나 도요토미 히데요시(豊臣秀吉)가 대규모 축성공사를 하였고 히데요시가 그 성 안의 천수각(天守閣)에서 살았는데 이 천수각은 겉으로 봐서는 층수를 알 수 없으며 지붕은 청기와로 덮여있고 벽은 백색이다. 그는 죽음 직전에 그의 부하 중에서 믿을 만한 부하인 도쿠가와 이에야스(德川家康)에게 그의 단 하나뿐인 아들을 보살펴달라는 유언을 남겼다고 한다. 그러나 1615년 이에야스가 그 성을 쳐들어갔으며 그때 히데요시의 아들은 자결했다고 한다. 그 당시 성의 규모는 현재의 규모보다 5배나 컸으나 전란으로 소실되고 그 뒤 도쿠가와 이에야스가 재건한 것이 오늘날의 모습이라고 한다.

오사카성도 주변은 견고한 성으로 둘러싸여 있으며 그 성은 강을 방불케 하는 인공 호수로 둘러싸여 있는 난공불락의 요새이다. 천수각 관람순서는 엘리베이터로 8층까지 올라가서 1층으로 내려오면서 보게 되어 있다. 내부 전시실에는 영상시스템이 갖춰있어 영상물을 볼 수 있고 전투모형물 그리고 그림이 있어 군웅이 할거했던 시대의 모습을 찾아볼 수 있었다. 그뿐만 아니라 도요토미 히데요시와 관련된 유물과 그의 동상 등도 있다.

그중에 청동으로 만든 호랑이 조형물이 있고 건물의 상층부 외벽에도 호랑이 조형물을 볼 수 있다. 그 호랑이는 도요토미 히데요시가 조선에서 본 용맹스런 호랑이를 인상 깊게 받아들였는지…. 그 모습을 이 건물에 표시하도록 해서 건물 안 내벽에도 건물 밖 외벽에도 청동으로 된 호랑이 조형물이 표시되어 있다.

◇ 오스카역사박물관(大阪歷史博物館)

우리 일행은 오사카성을 돌아보고 10여 분을 걸어서 오사카역사박물관으로 갔다. 엘리베이터를 타고 10층까지 올라가 내려오면서 박물관 안에 진열된 유물들을 살펴보았다. 고대층에는 나라(奈良)시대의 나니야노미야(難波宮)가 있다. 축약해서 복원된 공간에는 직경이 70㎝나 되는 붉은 칠을 한 원형기둥이 줄지어있고 관인들이 정렬해 있다. 대형스크

린에서는 궁정의 양식을 소개했다. 중세 · 근세층에는 누부가나(信長)와 전쟁했던 혼간지(本願寺)의 시대, 에도(江戶)시대의 장면에서는 분락(文樂) 인형, 나니와야(浪花屋)과 함께 물의 도시를 볼 수 있다. 근대·대층에는 다이쇼오(大正) 말기에서 쇼오와(昭和) 초기의 신사이바시수지(心薺橋筋), 도톰보리(道頓掘) 등을 재현한 기록 영상과 함께 번영한 현대 도시 오사카를 볼 수 있었다.

그런데 4층부터는 빈방이다. 몸이 피로해서 그런지? 아니면 남의 나라 것이라서 그런지? 별 흥미를 느끼지 못했다. 오사카성이나 오사카 역사박물관을 주마간산 식으로 돌아보았다.

우리 일행은 버스로 후지마루호가 정박해 있는 오사카항으로 가서 출국 절차를 마치고 귀국 준비에 들어갔고 오후 2시경 오사카항을 출항하기 전에 출항식이 있었다. 그 큰 후지마루호 몸체에 오색 빛깔의 테이프를 늘여놓았고 브라스밴드(brass band)로 올드 랭 사인(Auld lang syne)을 연주했으며 우리를 수송한 관광버스의 운전사들도 한자리에 모여서 손을 흔들었다. 우리 일행은 우측의 선창과 갑판 그리고 그들과 가장 가까운 3층과 4층에서 아쉬운 작별의 손을 흔들었다.

브라스밴드의 계속되는 올드 랭 사인 연주는 서글픈 상념에 잠기게 했다. 이 곡은 전 세계적으로 이별할 때 불리고 있으나 사실 내용은 다시 만났을 때의 기쁨을 노래한 것이라고 한다. 아무튼, 이 연주를 듣고 서글픔과 외로움이 스며드는 것을 느꼈다. 내 옆에 있어야 할 사람이 없다. 그래서 나는 더욱 쓸쓸함을 느꼈는지도 모른다. 우리 일행 중 다시 이 항구에 올 사람도 있을 것이나 대부분이 이번에 가면 다시 오지 못할 것이다. 그래서 작별의 아쉬움이 더 한지도 모른다.

여기에는 불구대천의 원수로 여겼던 일본 사람들도 없고 피압박민족의 한을 품고 살아온 한국 사람들도 없다. 오직 인간 본연의 마음속에 스며드는 이별의 아쉬움만 있었다. 둔탁하고 긴 뱃고동소리와 함께 후지마루호는 서서히 움직였다. 앞으로 23시간(오사카항-부산항, 691㎞) 동안 쉼 없이 목적지인 부산항을 향하여 항진할 것이다.

일곱째 날(12/11)은 오후 2시경에 부산항에 도착하여 입국 절차를 마친 뒤에 해산할 예정이다.

아침 6시 반에 모닝콜이 울리었다. 7시부터 아침 식사를 시작한다고 한다. 각 방에서는 풀어놓았던 짐을 챙기느라고 분주하다. 여행 중에 산 선물 꾸러미가 있기 때문에 여행을 해 보면 늘 짐이 늘어나게 마련이다. 나는 집에서 가지고 온 짐 이외에 세라믹제 식칼 두 개를 산 것이 전부다. 하나는 우리 집에서 사용하고 다른 하나는 큰며느리에게 주려고 샀다. 그것을 추가하더라도 짐의 부피가 별로 늘어날 것 같지 않다.

오전에는 영화 한 편을 감상했다. 조금 늦게 입장해서 제목은 모르겠으나 그런대로 볼 만한 영화라고 생각되었다. 이것이 끝난 뒤에 신한은행 차장의 재테크 강의가 있었다.

점심을 한 뒤에 승객들은 각자 자기 가정으로 돌아간다는 생각에 들떠 있다. 갑판에 나가서 바람을 쐬는 사람, 친구들끼리 못다 한 대화를 나누는 사람, 사진을 촬영하는 사람, 어젯밤에 늦도록 술타령을 하고 속이 쓰려서 괴로워하는 사람들도 있었다.

나는 갑판(甲板)에 올라가 망망대해를 바라보면서 우리 한반도의 문화가 일본으로 전해져 그들의 문화발전에 불쏘시개 역할을 한 것에 대하여 가슴 뿌듯하게 생각했다. 전문가는 아니지만, 일본의 박물관, 사찰, 고분 등의 유물, 유적을 통하여 한반도에서 전수한 문화의 흔적을 많이 찾아볼 수 있었기 때문이다.

그런데 고려 말부터 근세까지 한반도는 왜구 때문에 씻을 수 없는 상처를 입었으며 현재까지도 일본과의 갈등을 빚고 있다. 늦은 감은 있으나 인제라도 양국 사이에 정치적으로 갈등을 해소하는데 각고의 노력이 필요하다고 생각한다. 그리고 우리 한민족은 자신의 문화발전에 진력하며 앞으로 전 세계문화발전에도 크게 기여하여야 한다는 생각도 해 보았다.

일본은 잡신이 많은 나라라는 말을 평소에 들었는데 이번에 가서 실감했다. 교회당을 몇 개 보지 못하고 이곳저곳에서 잡신의 표시를 볼 수 있었다. 이렇게 잡신이 많은 일본에 이제는 기독교 문화가 꽃필 수 있는 불쏘시개, 즉 복음을 전하는 역할을 한국이 담당하여야 한다고 생각했다. 일본은 경제적인 부국이라고 하지만, 국민 전체의 영적 세계를 풍성하게 채워줄 수 있는 중심 종교가 아직은 없다.

우리가 탄 후지마루호는 대한해협을 건너 대마도를 좌측으로 끼고 부산항을 향하여 항진을 계속했다. 날씨가 좀 흐린 편이라서 원거리의 물체가 명확하게 잡히지 않았다. 우리 일행은 휴대전화가 터지지 않는다고 불평하면서도 연신 전화를 걸고 있었다. 누군가 휴대전화가 터졌다고 해서 나도 집사람에게 전화를 걸었다. 집사람의 명랑한 음성이 들렸다. 집사람은 "그 여행이 유익했었나요? 그리고 건강은 어떠했어요?"고 물었다. 나는 여행하면서 보고 느낀 것과 나의 건강상태를 간단히 말해 주고 두 아들과도 통화했다.

그러는 사이에 우리 일행이 탄 후지마루호는 오후 2시경에 영도 국제크루즈터미널에 안전하게 도착했다. 우리는 입국 절차를 마치고 조선일보사에서 준비한 관광버스에 몸을 싣고 부산역으로 갔다. 여기에서 오후 4시 반에 출발하는 KTX를 탔다. 동대구역, 대전역, 천안아산역을 거쳐서 광명역에 내렸다. 셔틀버스가 있기는 한데 조금 피곤한 것 같아서 택시를 타고 귀가했다.

끝으로 이 탐방을 주관한 조선일보사와 협찬한 신한은행 관계자들에게 깊은 사의를 표하면서 앞으로 한일 사이에 원만한 문화교류가 증진되고 양국 사이에 선린우호 관계가 정상화되길 기대한다.

(2007.12.22.)

프랑스 예술의 도시 파리에 다녀와서

우리 부부는 12월 14일(수) 오후 2시 파리행 항공기에 탑승하기 위하여 인천국제공항을 향해 집을 나섰다. 가면서 프랑스는 에어버스가 하늘을 나르고 테제베가 대지를 질주하는 나라, 예술과 유행의 나라, 세계 3대 박물관 중 하나가 있는 나라, 축구를 잘하는 나라, 세계 화장품 시장을 주름 잡는 나라… 라는 것을 생각해 보았다. 짧은 기간이지만 프랑스에서 무엇을 보고 어떠한 생각을 하고 올지 나도 모르겠다.

우리 부부는 4년 전에 사도 바울의 전도 여정에 따른 성지순례로 터키와 그리스를 다녀온 뒤에 처음 해외 나들이를 한다. 그간 친구들이 해외골프투어를 같이 가자는 권유도 있었으나 사양했다. 그것은 이미 가본 나라들이고 골프를 치러간다는 것은 별로 마음이 내키지 않았기 때문이다.

그런데 작은아들이 프랑스 파리에 소재한 「국제에너지기구」(International Energy Agency)에 파견 명령을 받고 지난 9월 초에 가족과 함께 임지로 떠났다. 그 뒤에 그 아들이 계속하여 초청도 했지만, 특히 손자 손녀가 보고 싶고 아들 며느리의 생활상도 살펴보기 위해 오전 10시 반에 집을 떠나 인천국제공항으로 출발했다. 이번 우리 나들이에는 내년 봄에 중학교에 진학할 큰손녀가 동반했다.

우리는 오후 2시에 대한항공 B747기에 탑승했으나 중국 기류 악화 때문에 40분간 지연 이륙해 프랑스 파리로 향하여 비행했다. 12시간을 논스톱으로 간다고 하니 무척 지루할 것 같았다. 그것은 어쩔 수 없는 일이다. 무사히 프랑스 파리 공항에 도착하길 기원했다. 항공기가 두어 시간쯤 비행했는데 기체가 흔들리기 시작했다. 아마 중국 상공의 기류가 아직도 안정을 찾지 못한 것으로 생각했다. 우리는 모두 몹시 지루하고 몸과 자세가 뒤틀리기 시작했다. 그래도 가끔 잠도 자면서 비행해 마침내 항공기는 파리의 상공을 선회하면서 착륙준비를 했다. 항공기에서 내려다본 파리는 한 마디로 불바다였다. 그것은 국력의 상징이라고 생각한다. 각 빌딩과 가로등, 명멸하는 네온사인 등으로 파리의 밤을 밝히고 있었다. 우리가 파리 샤를 드골국제공항에 안착한 것은 오후 7시였다.

마중 나온 작은아들을 만났고 많은 짐을 실으려고 렌트한 차량에 짐을 옮겨 싣고 작은아들 집을 향해 갔다. 가면서 렌터카를 운전하는 아줌마 운전사는 전북 정읍이 고향이라고 자기소개를 하면서 이곳에서 산 지가 15년이 되었다고 한다. 관광안내 경험이 많은지 프랑스의 관광지에 대하여 많은 것을 알고 있다.

우리가 어디를 관광하면 좋겠냐? 고 물었더니 파리에서 7시간 정도 소요되는 섬 위에 세워진 "몽생미셸"(Mont Saint Michel) 수도원을 소개하면서 1박 2일 코스로 좋은 곳이며 오가는 도로 주변의 관광지도 볼 수 있다고 한다. 그리고 겨울관광지로 유명한 스트라스부르그(Strasbourg) 지역도 소개했다. 그곳은 프랑스와 독일의 접경지역으로 1681년에 루이 14세에 의해 프랑스에 합병되었으며 제2차 세계대전 중에는 4년 동안 독일군 점령 하에서 알자스·로렌 지방의 주도가 되었다고 한다. 겨울시즌에 크리스마스 마켓이 많이 조성되어 아기자기하고 예쁜 동화 속 느낌이 드는 마을이 많은 지역이라고 한다. 그것 이외에 파리 시내 관광지도 소개해 주었다.

그 여자운전사로부터 프랑스가 미국 독립전쟁에 참여해서 재정적 낭비를 가져왔고 이로써 프랑스경제는 전쟁비용 때문에 파탄이 났으며 결국 대혁명으로 이어졌고 루이 16세가 왕좌에서 물러나는 결과를 가져왔다는 역사 이야기를 들으면서 작은아들 집(69 Rue Brancion)에 도착했다. 공항에서 이곳까지의 소요시간은 50여 분이었다.

우리는 반갑게 맞아주는 작은며느리와 그간 보고 싶었던 손자 손녀를 만났다. 참으로 반가웠다. 헤어진 지 3개월여 만에 만났다. 생각했던 대로 작은며느리는 한국에 있었을 때와 변함이 없다. 세 자녀를 돌봄과 남편 내조에 힘이 많이 드는 것 같다. 임차한 집은 1920년경에 건축한 주택이라고 하는데 5층 건물 중 4층에서 살고 있다. 내부는 흰색으로 칠해 있고 바닥은 마루로 되어있는데 발을 디딜 때마다 삐걱거리는 소리가 나서 마룻바닥을 전면적으로 교체·수리하지 않는 한 소리 나는 것에서 벗어날 수 없을 것 같다. 그런데 그 집의 월세가 2천8백 유로(4백20만 원)/55㎡라고 하니 너무 비싸다. 물론 회사에서 임차료를 지급해 주기는 하지만 말이다.

작은아들이 떠날 때 너무 작은 집을 월세로 얻어간다고 했었는데 가서 보니 그렇게 협소하지 않고 그런대로 지낼 만하다. 원래 면적을 보고 얻은 집이 아니고 애들의 통학거리를 생각하고 얻었다고 했다. 학교와 집과의 거리는 걸어서 5분이면 충분하다고 한다. 그래서 승용차를 샀으나 별로 이용하지 않고 있다. 가족 전체가 움직일 때만 탄다고 하면서 출퇴근할 때는 지하철을 이용한다고 한다.

프랑스 파리의 아파트는 한 블록별로 건축되어 있으며 건축스타일은 오스만양식(Haussman style)으로 이루어져 있다. 이 양식은 도시기반 시설부터 도로체계, 녹지조성, 미관관리, 도시행정에 이르는 도시의 건설과 운영에 관련된 모든 것들을 간과하지 않고 중세 도시 파리와는 전혀 다른 근대화된 파리를 조성케 했다. 기차역과 주요 광장들을 직선으로 연결하는 대로가 건설되었고 도로 주위에는 오스만 스타일의 새로운 건물이 들어섰다. 건물 외벽에 부분적으로 데커레이션 해서 건물을 예술품처럼 만들었다. 파리건물의 특이한 것은 특수한 건물을 제외하고는 일반건물은 5층을 넘지 않는다는 것이다.

우리는 내일부터 시작되는 관광가이드에 관한 이야기를 나누었다. 관광 전문가이드가 아닌 직장인데 잠시 쉬는 동안 아르바이트로 하는 것이라서 좀 저렴하게 사흘 동안 안내해 주기로 했다고 한다. 그다음은 우리 집 앞 할머니 딸(재원 엄마)이 자청해서 하루만 우리를 가이드해 주기로 했다고 한다. 그녀는 프랑스 파리에 유학해서 디자인을 전공했으며 파리 유학생과 결혼해서 20년간 이곳에서 살고 있다. 친정에 와서도 우리 집과도 왕래하고 지내는 사이이다.

첫째 날(12월 15일)은 바로크식 궁전건축의 핵심인 베르사유 궁전을 관광하기로 했다.

오전 10시부터 우리는 베르사유 궁전을 관광하기 위하여 날씨가 흐리고 음산하지만 가이드 차를 타고 설명을 들었다. 가이드의 설명과 팸플릿(pamphlet)의 내용을 종합해 보면 베르사유 궁전(Chateau de Versailles)은 처음에 루이 13세가 지은 사냥용 별장이며 1662년 무렵 루이 14세의 명령에 따라 큰 정원을 착공했고 1668년 건물 전체를 증축하여 궁전의 가로축 부분을 앞으로 튀어나온 U자형으로 개축하였다고 하며 1680년대 다시 커다란 건물 2동을 증축하고 남쪽과 북쪽에 별관과 안뜰을 추가하여 전체 길이가 680m에 이르는 대궁전을 이루었다고 한다. 이때 정원 쪽에 있던 주랑을 '거울의 방'이라는 호화로운 회랑으로 만들고 궁전 중앙에 있던 방을 '루이 14세의 방'으로 꾸몄다고 한다.

거울의 방은 화려한 내부 장식을 한 '전쟁의 방'과 '평화의 방'으로 이어지는데 '전쟁의 방'에는 타원형의 커다란 부조가 있고 말을 타고 적을 물리치는 루이 14세의 위엄 있는 모습이 새겨져 있으며 남쪽에 있는 '평화의 방'에도 유럽 평화를 확립한 루이 14세의 모습이 상징적으로 그려져 있다고 한다.

1783년 미국독립혁명 뒤의 조약, 1871년 독일제국의 선언, 1919년 제1차 세계대전 뒤의 평화조약체결이 이 '거울의 방'에서 이루어지는 등 국제적 행사의 무대가 되었다고 하며 중앙부, 예배당, 극장 등을 제외한 주요 부분은 오늘날 역사미술관으로 일반에 공개되고 있다. 프랑스식 정원의 걸작인 이 정원에는 루이 14세의 방에서 서쪽으로 뻗은 기본 축을 중심으로 꽃밭과 울타리, 분수 등이 있어 주위의 자연경관과 조화를 이루고 있다. 기본 축을 따라 라돈의 분수, 아폴론의 분수, 십자 모양의 운하 등을 배치하였다고 한다.

운하 북쪽 끝에는 이탈리아식 이궁(離宮)인 그랑 트리아농과 프티트리아농이 루이 왕조의 장려함과 섬세한 양식으로 세워져 있으며 1979년 유네스코(UNESCO) 세계문화유산으로 등재되었다.

작은아들 집을 떠난 지 30분이 지난 뒤에 베르사유 궁전에 도착했다. 바람은 모자가 날아갈 정도로 불었다. 그러한 날씨임에도 관광객들은 이곳저곳에서 모여들었다. 그 넓은 궁전을 다 구경한다는 것은 하루 온종일 해도 부족할 것 같아서 오전에는 그 궁전의 주요 부분을 돌아보았고 오후에는 그 궁정의 후원인 큰 정원을 살펴보았다. 일부는 비를 맞으면서 걸어서 돌아보고 정원이 어찌나 넓은지…. 그다음에는 차를 타고 다니면서 개략적으로 살펴보았다. 날씨는 겨울이라고 하는데 많은 양은 아니지만, 비는 계속해 내렸다. 좀 추운 기운이 몸에 감돌았다. 궁전 건물이나 정원은 대칭으로 건축된 특징이 있고 공원 가로변의 수목은 그 높이가 20여m 되는 나뭇가지를 직각형으로 전지(剪枝) 한 점이 특이하다.

우리의 베르사유 궁전의 관광은 비기 부슬부슬 내리는 가운데 오후 5시경에 끝이 났다.

둘째 날(12월 16일)은 에펠탑과 노트르담성당을 관광하고 오르세미술관 작품을 감상하기로 했다.

우리는 오늘도 오전 10시부터 관광이 시작되었는데 날씨는 어제와 같이 비도 내리고 바람도 불었다. 먼저 센 강(la Saine, 776km) 강변도로를 따라 중심지를 돌아보았다. 강 양안은 정리가 잘 되어 있는데 우리 한강에 비하면 강폭이 한강의 반밖에 되지 않는 것 같다. 센 강에서 뱃놀이를 하고 오라는 친구의 말이 있었지만, 한 척의 배도 떠있지 않았다. 아마 겨울이라서, 비가 내려서 그런 모양이다.

이곳에 오던 날 공항을 빠져나와 센 강을 끼고 강변도로를 달리면서 보았던 자유의 여신상을 또 보았다. 원래 프랑스가 1886년 미국 독립 100주년을 기념하여 우호 증진 차원에서 자유의 여신상(Statue of Liberty, 높이 47.5m)을 선물했다고 한다. 이에 대한 보답으로 미국도 우호 증진을 위하여 3년 뒤인 1889년 프랑스혁명 100주년을 기념하여 자유의 여신상(French Statue of Liberty, 높이 22m)을 선물했으며 프랑스는 미국 허드슨 강 리버티 섬(Liberty Island)에 세운 자유의 여신상과 마주 보게 하여 센 강 그르넬 교(Pont de Grenelle) 중간쯤에 그 여신상을 세웠다고 한다.

우리는 센 강을 뒤로하고 우중에 에펠탑(Eiffel Tour)으로 갔다. 가이드는 이 탑이 1889년에 개최된 파리 만국박람회장의 상징으로 세워진 철탑이며 1887년에 착공하여 1889년에 준공되었고 개관은 그 해 5월 6일에 했다고 한다. 이 철탑은 전망대와 탑으로 구분되며 규모가 아랫면 사방 126m, 높이 300m이고 설계자는 건축가인 A. G. 에펠이며 이 설계자의 이름을 따서 에펠탑이라고 이름을 지었다고 한다. 그리고 그 위치는 파리시의 좌안, 센 강 변에서 떨어진 샤요 궁에 면해 하반에 세워진 파리의 명물이다.

재료로는 프랑스에서 제조된 7,300 t 의 시멘즈 마르탕 평로강이 사용되었다. 탑에는 3개소에 각각 전망 테라스가 있다. 박람회가 끝난 뒤에 파리의 경관을 해치는 것이라고 해서 한때 철거하려 했었으나 그대로 남아 무전탑으로서 이용되었다. 그러나 제2차 세계대전 뒤에는 55피트의 텔레비전 안테나가 덧붙여져서 텔레비전의 송신탑으로 사용되고 있다. 탑의 높이는 건설 후 약 40년간 인공 건조물로서는 세계 최고였다고 한다.

우중인데도 에펠탑 주변에는 관광객들로 북적거리었다. 그들은 엘리베이터를 타고 에펠탑의 전망대까지 올라가려는 사람들이다. 우리도 그 대열에 끼어서 전망대에 올랐다. 날씨가 궂었으나 그런대로 파리 시내를 내려다보았다. 낮보다는 밤의 야경을 보는 것이 장관이라고 한다. 우리가 전망대에 올랐을 때 강한 바람으로 그 육중한 철탑이 흔들림을 감지할 수 있었다. 마치 배를 탄 기분이었다. 집사람은 탑에 오르며 오금이 저리다고 하면서 고소공포증을 간접적으로 표현했다. 이 에펠탑에서 연간 벌어들이는 수입이 한국의 현대자동차가 벌어들이는 수입보다도 더 많다고 한다.

오후에 우리는 에펠탑 근방의 관광지인 노트르담성당(Cathedrale Notre-Dame)으로 발길을 옮겼다. 나는 가면서 앤서니 퀸(Anthony Quinn)이 주연한 '노트르담의 꼽추'(The Hunchback of Notre Dame)란 제목의 영화 몇 장면을 떠올렸다. 프랑스의 작가 빅토르 위고(Victor-Marie Hugo, 1802~1885)가 1831년에 발표한 소설을 각색해 제작한 영화다. 젊었을 때 감상했든 인상 깊었던 영화다. 줄거리는 집시 무희인 에스메랄다와 흉측한 외모의 노트르담성당의 종지기 콰지모도 등과 사랑의 욕망을 품고 대결하는 비극적인 영화다.

이러한 생각을 하는 동안 우리는 노트르담성당 앞에 이르렀다. 이 성당은 1345년에 완공된 웅장한 건축물이다. 길이가 130m이고 폭이 48m 그리고 높이가 35m라고 한다. 매년 1천여 명의 방문객이 찾는다고 한다. 이 성당에는 큰문이 3개 있는데 왼쪽 문은 성모 마리아의 어머니의 문이고 가운데 문은 심판의 문이며 오른 쪽문은 성모 마리아의 문이라고 가이드가 설명했다. 성당 문을 들어서니 참배객인지 관광객들인지 사람들로 북적거리었다. 우리는 이 성당의 앞부분 의자에 앉아서 조용히 하나님께 기도를 드렸다. 이 큰 성당을 볼 수 있도록 인도해 주신 하나님께 감사드리며 마음의 평안을 주시고 믿음을 키워주시며 하나님께 영광을 돌리는 삶이 되게 하여 주십사하고 기도를 드렸다. 가이드가 이 성당을 방문한 기념주화를 우리 손녀에게 가져다주었다. 이를 받은 우리 손녀는 그 주화를 손안에 꼭 쥐고 무척 기뻐했다.

주일엔 그 성당 안에 설치된 큰 파이프 오르간을 연주한다는데 그 오르간 연주를 듣기 위하여 주일에 관광객들이 많이 모여든다고 한다. 그래서 작은아들이 주일에 가시자는 것을 에펠탑을 찾은 김에 가까워서 발길을 옮겼다. 오늘도 짧기는 했지만, 그 오르간 연주소리를 듣기도 했다. 각종 부조와 조각들이 만들어져 있는데 이것은 문맹자를 위하여 그 당시 그렇게 만들었다고 한다. 이 성당에서 유명한 것은 스테인드글라스(stained glass)인 장미창이다. 나야 무심코 보았지만, 서쪽의 것이 가장 오래되었으며 남쪽과 북쪽의 것은 지름이 13m가 된다고 한다. 이 장미창은 규모가 작지만, 한국 천주교회에서도 볼 수 있다.

지금도 이 성당에서 미사를 드린다고 하는데 과연 성도가 몇 명 미사를 드릴지가 궁금했다. 성당 내부는 불빛이 흐려서 자세하게 볼 수 없었으나 가이드가 인도하는 대로 설명을 들으면서 한 바퀴를 돌아보았다. 이 성당 앞 광장에는 "포앵제로(point ze´ro)"라는 곳이 있다. 팔각형 안에 있는 별모양의 표시로 프랑스 거리 측정 기준이 되는 곳이라고 한다. 관광객들 사이에 이곳을 밟고 지나가면 파리에 다시 올 수 있다는 전설이 있어서 이곳을 밟고 지나가는 방문객들도 있었다.

이 노트르담성당을 나와서 우리는 오르세미술관(Muse´e du Orsay)으로 발길을 옮겼다. 이 미술관은 1939년 문을 닫게 된 파리 오르세 역사(驛舍)를 내버려두었다가 40년 뒤인 1979년에 현재의 미술관 형태로 내부가 개조하여 1986년 12월 '오르세미술관'으로 개관했다고 한다. 이 미술관에는 인상파 회화를 비롯한 19세기 미술작품을 주로 전시하고 있다고 가이드가 설명했다.

전시된 작품으로는 1층에는 고전주의 거장 앵그르의 걸작 '샘'과 1800년부터 1850년대의 역사화, 샤를르 가르니에 설계의 오페라좌의 정밀 모형도, 1870년 이전의 인상파 회화와 사실주의 회화가 있다. 밀레의 '이삭줍기'와 '만종', 인상파의 선구 마네의 '올랭피아', '풀밭 위의 점심', '피리 부는 소년'. 사실주의 작가 쿠르베의 '화가의 아틀리에' 등의 작품이 있다.

2층에는 아르누보실이 있으며 로댕의 '지옥의 문'과 20세기 초 마티스, 보나르 등의 작품이 있다. 3층에는 모네, 드가, 르누아르, 세잔, 고갱, 고흐, 툴루즈로트레크 등의 인상파 거장들의 작품이 전시되어 있다. 고흐의 '화가의 방', 드가의 '프리마 발레리나', 세잔의 '카드놀이를 하는 남자들', 고갱의 '타이티의 여인들' 등을 주마간산 식으로 훑어보았다.

시간이 부족해서 개선문은 차를 타고 돌면서 외형만 보았다. 가이드는 이 개선문은 나폴레옹 군대의 전승기념으로 착공해서 30년 만인 1836년에 완공되었고 그 준공을 보지 못하고 죽은 나폴레옹 관이 이 문을 통과했으며, 제1차 세계대전 승리 행진, 나치의 파리 점령행진 등의 역사적 무대라고 하며 벽면에는 나폴레옹의 승전 부조와 함께 전쟁에서 공을 세운 장군들의 이름이 새겨져 있다고 한다.

여독을 풀지 못했을 뿐 아니라 특히 미술관의 작품을 감상하느라고 눈이 피로했다. 우리의 오늘 관광도 오후 5시경에 막을 내렸다.

셋째 날(12월 17일)은 루브르박물관 작품들을 감상하기로 하고 손녀는 제 작은 아빠와 함께 디즈니랜드에 가기로 했다.

오전 10시 반 경에 루브르박물관(Muse'e du Louvre) 유리 피라미드 중앙입구 앞에서 재원 엄마를 만나서 이 박물관에 대한 개략적인 설명을 들었다. 이 박물관은 프랑스 파리의 루브르궁전을 미술관 건물로 사용하고 있으며, 소장된 미술품의 규모는 세계 최대라고 하고 원래 루브르궁에는 역대 프랑스 국왕들, 특히 프랑수아(François) 1세, 루이(Louis) 13세, 루이 14세 등이 수집해 놓은 많은 미술 작품이 소장되어 있었는데 프랑스 혁명 뒤인 1793년 국민의회가 그것을 공개하기로 함으로써 미술관으로 정식 발족했고 그 뒤로도 꾸준히 미술품을 수집하여 오늘날의 대 미술관이 이루어졌다고 한다.

이 박물관은 U자형의 대형 건물로 세계 3대 박물관 중의 하나로서 세계의 미술가나 미술 연구가 또는 애호가들이 수없이 찾아들어 파리의 빼놓을 수 없는 명소가 되었다고 한다. 그 면적은 60,600㎡이며 이 박물관에 소장된 작품은 19세기 초까지의 작품이 전시되어있고 19세기 중반에서 20세기까지의 작품은 오르세박물관에 전시되어 있다고 하며 컬렉션(collection)으로는 고대 이집트, 고대 그리스, 에트루리아, 로마, 루브르의 역사와 중세 루브르에 고대 오리엔털 미술, 회화, 조각, 예술품, 그래픽 미술품 그리고 이슬람 미술품이라고 설명했다. 세계 거장(巨匠)들의 작품을 직접 접할 기회를 제공함으로써 미술 발전에 의의가 매우 크다고 한다.

우리는 재원 엄마의 안내를 받으면서 유리 피라미드에 들어섰다. 2층에 올라가서 레오나르도 다빈치의 작품인 모나리자 상을 보고 서기의 '좌상', 사모트라케의 니케상, 자크 다비드(Jacques Louis David)의 나폴레옹 1세 대관식, 베로네세의 가나의 결혼식 등을 감상한 뒤에 1층으로 내려와서 함무라비 법전이 새겨진 돌기둥, 람세스 2세의 좌상, 말로의 비너스, 사랑의 신의 키스로 소생된 프리케, 미켈란젤로의 포로, 추피쿠아로의 조각품 등을 감상했다. 그리고 다시 2층으로 올라가서 나폴레옹 3세의 아파트 등도 감상하였다.

점심은 루브르박물관 안의 식당에서 간단하게 했다. 프랑스 작품이 컬렉션의 주를 이루었으며 이탈리아, 스페인, 북유럽의 대표적 작품이 소개되고 있는 조각전시관을 돌아보았다. 이 박물관에 소장된 작품을 자세히 돌아보려면 며칠이 소요될 것 같다. 재원 엄마는 작품의 역사적인 사실을 곁들여 설명해 주었으며 그때그때 알맞게 재미나는 이야기도 해주었다. 예컨대 지금은 전시해 있지 않지만, 전에 "못생긴 여자의 그림이 전시되었는데 그 그림을 그린 화가가 자기 부인의 얼굴을 그린 것"이라고 한다. 그 화가는 자기에게 미운 짓을 많이 한 자기 부인이 미워서 그런 그림을 그린 것이 아닌가? 하는 생각이 들었다. 반면에 악처를 둔 소크라테스는 악처로부터 받은 스트레스를 철학연구에 돌려서 유명한 철학자가 된 것이 아닌가? 하는 생각도 해 보았다. 우리는 시간도 부족하고 피로해서 이 정도의 작품을 감상하고 유리 피라미드 중앙입구를 빠져나왔다.

데리고 간 손자 녀석은 기특하게도 열심히 그리고 탈 없이 함께 참여해 주었다. 미술작품을 보고 그 마음속에 무엇을 그려 넣었는지는 모르겠지만, 어느 때는 진지한 표정도 짓기도 했다. 4시간여의 긴 시간을 잘 따라주는 것을 보고 체력이 많이 좋아진 것 같아서 마음이 뿌듯하기도 했다.

루브르박물관의 광장에서 서북방향으로 걸었다. 비가 부슬부슬 내렸다. 우산을 써야 할 정도의 보슬비였다. 우리가 걷는 오른손 편에 5층 건물이 즐비하게 있는데 그것은 아파트라고 한다. 우리나라에서 말하는 옥탑방도 있는데 이곳에서는 그 아파트를 관리하는 근로자들이 살고 있다고 한다.

우리가 찾아가는 곳은 집사람이 귀국해서 지인들에게 나눠줄 선물을 사기 위해서이다. 이슬비를 맞으며 한참을 걸었다. 유명한 커피를 파는 상점에 들어섰는데 그 상점에는 사람들이 어찌나 많은지 인산인해를 이루고 있었다. 재원 엄마는 때가 크리스마스와 연말이 가까워져 오니까 선물하기 위하여 이렇게 많은 사람이 몰려들었다고 알려주었다. 선물용 커피를 산 뒤에 택시를 타고 재원 엄마와 함께 작은아들 집으로 돌아왔다. 재원 엄마의 정성스런 안내와 친절한 매너가 인상적이었다.

제 작은 아빠와 함께 디즈니랜드에 갔던 손녀는 밤 9시가 넘어서 돌아왔다. 비록 비가 내렸지만, 아주 재밌게 놀았다고 하며 제 작은 아빠가 사준 선물을 안고 들어왔다. 오가는 길에 지하철을 이용했는데 차안이 불결했고 지린내가 났다고 하면서 불쾌감을 표시했다.

넷째 날(12월 18일)은 오전에 시장구경을 하고 오후에는 '파리삼일장로교회'에서 예배를 드리기 했다.

파리의 겨울 날씨가 싸늘하고 음산한데도 우리는 시장구경을 나갔다. 보도 위에 개들의 배설물과 담배꽁초가 이곳저곳에 널려 있어서 기분을 불쾌하게 했으며 낙엽은 바람결에 산만하게 굴러다녔다. 한마디로 말해서 파리의 겨울 거리는 지저분했으며 파리에 대한 평소의 좋은 인상에 상처를 입었다. 장사하는 사람들은 이곳이나 저곳이나 분위기가 비슷하다. 다만 대화가 어렵다는 것과 친절 여부가 다르다. 프랑스 사람 중에 대외관계에 종사하는 사람들은 영어를 잘 구사하지만, 시장에는 그런 사람들이 별로 없다. 일반적으로 프랑스 사람들은 영어를 좀 안다 하더라도 사용하지 않는다고 한다. 자기 나라말만 고수하는 국수주의가 몸에 배어있기 때문이다. 그리고 파리 상인들은 친절함이 없다.

오후에는 파리의 한인교회인 '파리삼일장로교회'에서 예배를 드렸다. 담임목사님은 나이가 지긋한 분이다. 성도들은 이곳의 유학생들과 취업한 분들이 출석하는 교회라서 성도들은 젊은 편이다. 성도 수가 많지 않아서 교회의 활동에 한계가 있을 것 같다. 관광안내책자를 보니 프랑스에 가톨릭 83%~88%, 개신교 2%, 이슬람교 5%~10%라고 하는데 그 통계는 믿을 수 없다. 실제로 현지에서는 가톨릭 신자 수가 50%에 불과하며 이슬람교도는 8%를 넘는다고 한다. 아마 이슬람 교인의 수가 그보다 더 많을 것이며 앞으로 계속해서 증가할 것으로 생각한다. 특히 프랑스의 제2도시이며 지중해 최대항구인 마르세유에는 아프리카 이슬람교도들이 많이 유입하고 있다고 한다. 프랑스는 이제 출산율이 2명이나 이슬람교도들은 7, 8명이다. 그런데 이슬람교도들의 증가로 프랑스의 장래에 검은 그림자를 던져주는 것 같은 생각이 들었다. 기독교 신자 수는 감소하고 이슬람교도 수는 증가하는 결과를 가져올 것이기 때문이다. 언제라고 확언할 수는 없지만, 프랑스는 날이 갈수록 이슬람화되어 가는 속도가 빨라질 것으로 생각한다. 그래서 미국, 한국 등지에서 선교사들이 프랑스의 선교를 위하여 파송되어 있다고 한다.

귀로에 비교적 규모가 큰 공원을 거닐다 왔다. 날씨가 써늘하기는 했으나 손자들이 그렇게 좋아했다. 며느리가 공원입구 건물을 가리키면서 이 건물이 프랑스의 이름 있는 보육시설이라고 한다. 이러한 보육시설이 곳곳에 있다고 말하면서 다른 나라에 비하여 프랑스는 보육시설이 아주 잘 운영되고 있다고 한다. 프랑스는 일찍 인구감소로 고민을 많이 한 나라다. 그런데 위에서도 말했지만, 2006년에 프랑스 출산율은 2.0명을 기록했다. 이 출산율은 유럽 최고의 수준이며 한국(1.08

명)의 거의 2배이다. 이렇게 인구가 증가한 이유는 위에서 말한 보육시설과 직장 안에서 임신, 출산 등 여성에 대해 충분한 배려를 해 주기 때문이라고 한다. 그리고 미혼모 아기들도 정부에서 책임지고 맡아서 잘 기르고 있다. 그래서 프랑스는 인구가 증가하는 쪽으로 가닥을 잡았다.

저녁때 나도 피로감을 느꼈지만, 집사람은 자리에 눕고 말았다. 잠깐 자고 나면 괜찮을 것으로 생각했는데 저녁 식사하러 일어나지도 못했다. 항공기를 타고 온 여독도 풀리지 않는데다가 관광이라고 사흘 동안 계속해서 따라다녔으니 많이 피로할 것으로 생각한다. 이 밤을 자고 나면 피로가 회복되길 바란다.

다섯째 날(12월 19일)은 집사람이 너무 피로해서 오전에는 쉬기로 하고 오후에 몽마르트르 언덕에 가기로 했다.

오전에는 피로회복을 위해서 쉬고 오후 3시경에 온 식구는 몽마르트르(Montmartre) 언덕을 향하여 떠났다. 이번에는 작은아들의 승용차에 온 식구(8명)가 타고 내비게이션만 믿고 갔다. 내비게이션에 나타난 거리는 가는 데 20분이 걸린다고 하는데 부슬비가 내리기는 했지만, 몽마르트르 언덕까지 가는데 무려 한 시간이 소요되었다. 가다가 여자경찰관을 만나서 승용차에 5명밖에 못 타는데 3명을 초과해서 탔다고 꾸지람을 듣기도 했다. 우리는 교통법규 위반으로 벌금을 물지 않는 것만도 다행으로 생각했다.

몽마르트르 언덕을 올라가는 골목길 밑에 간신히 주차했다. 그 주차장도 토요일과 일요일에만 주차가 허용된 곳에 주차해 놓고 조마조마한 마음으로 몽마르트르 언덕에 오르는 골목길을 따라서 비를 맞으며 접어들었다. 길 양쪽에 상가가 즐비하게 있다. 몽마르트르 언덕을 오르는 길은 두 갈래가 있다. 하나는 계단을 걸어서 올라가는 방법이 있고 다른 하나는 전철을 타고 올라가는 방법이 있는데 급한 나머지 우리는 전철을 이용하여 올라갔다. 그 위쪽에 사크레 쾨르성당(Basilique du Sacré-Cœur)이 있다. 그 성당 앞에서 내려다보니 파리의 시내가 손에 잡힐 듯이 전부 육안으로 들어왔다. 비가 내리는 저녁이라서 전기 불빛으로 파리 시내의 윤곽을 가늠할 수 있었다.

우리는 그 성당 안으로 들어가 앞쪽으로 가서 기도를 드리고 성도들이 촛불에 불을 붙이는 것을 보았다. 기념주화를 받아든 손자 손녀들은 마냥 즐거워했다. 성당 안을 한 바퀴 돌고 나왔는데 비는 계속해 내렸다.

몽마르트르 언덕 위에는 사크레 쾨르성당 이외에 유명인들이 잠들어 있는 몽마르트르 묘지가 있다. 이곳에 졸라, 밀레, 오펜바흐, 하이네 등이 묻혀 있다고 한다. 밤인지라 자세한 것을 찾아보지 못하고 내려오다가 상가에서 검은색 중절모자를 샀다.

문제는 귀로이다. 비는 계속해서 부슬부슬 내리고 차량은 뒤범벅되어서 운전하기에 심히 어려웠다. 특히 십자로에서 좌회전 신호가 없어서 차들이 서로 먼저 가려고 차머리를 뒤 밀면 밀리게 마련이다. 거기다가 붕붕거리면서 질주하는 오토바이가 많았다. 이런 복잡한 도로에서 운전하면서 작은아들은 프랑스 파리를 풍자한 다음과 같은 이야기를 해 주었다. "미국 사람과 멕시코 사람이 프랑스 파리에서 살기 위해서 왔는데 단 하루만 살고 돌아갔다고 한다. 그 이유를 물은즉슨, 미국인은 프랑스 사람들이 하도 불친절해서 살 수가 없다고 말했고 멕시코인은 프랑스 날씨가 구질구질해서 살 수가 없다"고 말했다고 한다.

이것은 단적인 예화이지만 맞는 말이다. 프랑스 사람들은 무뚝뚝하고 친절함을 찾아볼 수 없다. 물건을 파는 점원도 마찬가지이다. 상점에 손님이 들어가면 손님을 맞는 자세나 상품을 설명할 때 친절함을 찾아볼 수 없다. 무엇인가 물어보아도 화난 사람과 같은 음성으로 대답했다. 그리고 상대방을 내려다보는 느낌이 든다. 그래서 우리 집사람은 영어를 좀 할 줄 아는데도 우리말로 "이것 얼마지요?"라고 물었다. 그러면 점원은 눈치를 채고 계산기로 상품 금액을 찍어 보여주었다. 그러니 미국인이 살기 위해 왔다가 하루 살고 가버린 것이다.

그리고 겨울 날씨가 참으로 구질구질하고 음산하다. 구름이 끼지 않은 날이 없고 바람이 불지 않는 날이 없고 비가 내리지 않는 날이 없다. 그러니까 멕시코인이 날씨가 구질구질하다는 말을 남기고 하루만 살고 가버린 것이다. 아주 적절한 예화였다.

어둠을 뚫고 복잡한 차량 소굴을 지나 몽마르트르 언덕 주변을 구경하고 집에 돌아오는데 무려 6시간이나 걸리었다. 오후 3시경에 집을 나갔다가 돌아오니 밤 9시가 가까웠다.

그렇게 가고 싶었던 오페라극장에는 지난 16일에도 오늘도 그 옆을 지나면서도 건물만 보고 오페라 공연 감상은커녕 극장 내부도 보지 못하고 왔다. 이 극장 외벽에 Academic Nationale de Musique라고 쓰여 있다. 나폴레옹 3세와 오스만 남작이 주도한 파리 근대화 계획으로 세워진 건물이라고 한다. 뛰어난 건축미를 자랑하고 있으며 지금도 오페라 및 발레 등의 유명한 공연이 열린다고 한다. 결국, 마음속에 아쉬움으로 남았다.

여섯째 날(12월 20)에는 시내 전차를 타 본 뒤에 "할머니를 따라 한국에 가겠다."는 손자의 마음을 돌리는데 힘들었다.

오늘은 반짝 햇살이 비쳤다. 작은아들의 권유로 온 식구가 프랑스 파리의 전차(tram)를 탔다. 전차는 옛날 우리나라에서도 한때 서울 시민의 발이 되어주었다. 지하철(subway)은 지하를 달리지만, 전차(tram)는 지상을 달린다. 50년대 후반 내가 서울에서 대학 다닐 때 타고 다닌 기억이 살아났다.

이곳 파리에서 전차를 탄다는 것은 의미 있는 일이다. 동반한 우리 손녀는 처음 전차를 타 본다. 작은아들이 좋은 추억을 만들기 위하여 전차를 타자고 한 것 같다. 우리는 몇 구간 전차를 타고 갔다 돌아왔다. 옛날 내가 대학 다닐 때 서울에서 탔던 그 전차와는 많은 부분에서 차이가 있었다. 전차가 차량 한 대가 가는 것이 아니라 여러 대가 이어진 기차 같은 전차였다. 내부가 깨끗하고 앉는 의자도 모양이 예쁘고 안락했으며 승차감이 좋았다. 이렇게 전차를 타고 갔다 와서 약국에 들렀다. 이곳의 약국에서는 화장품도 판다. 약보다 화장품이 더 많은 공간을 차지하고 있다. 집사람은 선물용으로 화장품을 샀다.

귀로에 손자 녀석은 제 할미의 손을 잡고 오면서 "할머니를 따라서 한국에 가겠다."고 한 모양이다. 할미가 그렇게 할 수 없다는 이유를 집에까지 오면서 자세히 설명했으나 그 설명을 받아들이지 않고 계속해서 할머니를 따라서 한국에 가겠다는 의지를 굽히지 않았다. 제 아비도 지금 할머니를 따라서 한국에 갈 수 없다는 이유를 설명했으나 "나는 절대로 할머니를 따라서 한국에 가겠다."고 단호하게 말했다. 제 아비가 여러 번 설명했으나 그 녀석은 그 설명을 역시 받아들이지 않았다. 참으로 난감한 일이다. 옛날에는 아비가 "안 돼!" 하면 그것으로 끝이 났는데 지금 애들은 자기주장이 센 편이다. 그 녀석에겐 항공기 표를 사는 문제, 금전문제, 갔다가 금방 돌아와야 한다는 문제 등에 대하여 아무런 생각이 없고 오직 할머니를 따라서 한국에 가야겠다는 생각밖에 없다. 그런 다음에 제 어미의 품 안에 안겨서 몇 마디 건넨 어미의 말을 듣고 "할머니를 따라가지 않겠다."고 말했다. 이렇게 엄마의 말에는 마력이 숨어있다. 그 마력은 사랑에서 나온다고 생각한다. 그 녀석 때문에 어른들이 한동안 당황하고 설명하느라고 애를 썼다.

이제 이틀 밤만 지나면 귀국한다는 생각을 하니 무엇인가 아쉬움이 남는 것 같고 시집간 딸집에 왔다가는 친정어머니와 같은 심정이라고나 할까? 기분이 이상하다. 가장 크게 내가 염려되는 것은 작은아들 가족의 건강문제이다. 귀국하는 날까지 건강하게 있다가 오길 기도하여야 하겠다.

나는 며느리가 남편을 따라 한국을 떠날 때 가서 쉬면서 편하게 살다 오라고 말한 적이 있다. 그간 시부모와 함께 사느라고 많이 힘들었을 것이다. 그런데 지금 와서 보니 편한 생활이 아니라 고난의 행군이다. 한국에서는 가사도우미도 있었고 할미가 가끔 도와도 주었는데 여기에서는 남편 이외에 도와줄 사람이 없다. 그 남편이 사무실에서 처리해야 할 주요한 일들이 많아서 더한층 노력하여야 한다고 한다. 그러니 제 아내를 도와줄 여유가 없다. 꼼짝없이 어미가 일을 다 감당하여야 한다.

이런 상황을 본 나로서는 기도할 수밖에 없다고 생각했다. 이제 겨우 임지에 와서 산 지가 3개월이 조금 넘었다. 살다 보면 많이 익숙해지겠지만, 일의 양이 줄지는 않으리라고 생각한다. 우리가 가 있는 동안 며느리가 시부모의 식사 수발에 어려움이 많았을 것으로 안다. 우리나라에 “주인 보태 주는 나그네는 없다”는 속담이 있다. 같이 살지 않는 이상 시부모도 나그네다. 얼마나 힘들었을까? 안타까운 마음이 들었다.

일곱째 날(12월 21일)은 퐁피두센터, 피카소미술관 그리고 샹젤리제 거리를 가기로 했다.

오늘도 첫날 관광 가이드를 해 주었던 청년이 또 가이드를 맡기로 했다. 우리는 10시 반에 그 가이드 차를 타고 퐁피두센터를 향하여 출발했다. 빗속을 걸으면서 가이드로부터 이 센터는 프랑스의 대표적인 현대식 건축물이라는 설명을 들었다. 이 건축물의 정식 명칭은 조르주 퐁피두 국립예술문화센터(Centre National d’Art et de Culture Georges Pompidou)라고 한다. 프랑스 전 대통령 퐁피두의 구상으로 1975년에 법률이 제정되었으며 이탈리아의 렌초 피아노(Renzo Piano)와 영국의 리처드 로저스(Richard Rogers)의 공동 계획에 따라서 파리의 보브르 언덕에 건설되어 1977년 개관했다고 한다. 그 규모는 지하 2층, 지상 6층으로 총평면적 10만 3,000m²이며 건물은 유리로, 구조는 내외면 다 같이 노출되었고 외부에 노출된 배관 부분은 적·청·녹의 원색으로 칠해졌으며 초근대적인 외관으로 파리의 고색창연한 거리 속에서 두드러져 보였다. 국립근대미술관 외에 공업적인 창조센터, 자료도서관, 청각. 음악적 탐구 정비연구소가 있다. 국립근대미술관은 1만 7,200m²를 차지해 1905년부터 현재까지의 미술작품을 전시하고 있다고 한다.

이러한 현대식 건축물의 내부를 둘러볼까 하는 생각을 했으나 입장하려는 방문객들이 장사진을 이루고 있어 언제 입장할지 몰라서 그 건축물의 광장에서 사진 몇 장을 촬영하고 돌아서 피카소미술관(Muse´e

National Picasso)을 찾았다. 이 미술관은 주택가 한 블록 속의 중앙에 있다.

파블로 피카소(Pablo Picasso, 1881~1973)는 스웨덴 태생으로 프랑스에 이주하여 활동한 입체파 화가다. 초기 청색시대를 거쳐 입체주의 미술 양식을 창조하였으며 20세기 최고의 거장이다. 이 작가의 유작을 기증받은 프랑스 정부가 미술관을 만들어 기증받은 작품들을 전시하고 있다. 기증받은 작품으로는 회화 203점, 조각 158점, 도자기 88점, 판화 등 3,000여 점이라고 가이드가 말해 주었다. 피카소의 작품이 가장 많이 전시된 곳이 바로 이 미술관이라고 한다.

그런데 유감스럽게도 우리가 그 미술관에 도착했을 때에는 문이 굳게 닫혀있었다. 이유는 내부공사 중이라고 한다. 어쩔 도리 없이 우리는 Muse´e National Picasso라는 간판 밑에서 사진 몇 장을 촬영하고 섭섭한 마음을 안고 돌아섰다.

오후에는 샹젤리제 거리(Avenue Champs-Élysées)를 찾았다. 이 거리는 며칠 전에 저녁 늦게 차를 타고 개선문을 돌아온 적이 있다. 동행한 손녀가 그 샹젤리제 거리에서 사진을 찍고 싶다는 제의를 받아들여 갔다. 에펠탑을 끼고 좀 돌아가면 개선문이 나오고 샹젤리제 거리가 시작된다. 샹젤리제 거리는 개선문부터 콩코드 광장까지 연결되어 있고 콩코드 광장의 끝은 루브르박물관으로 가는 길목이다.

개선문이 있는 에투왈 광장에서 콩코르드 광장까지 약 2km에 이르는 곧은길인데 가이드는 크리스마스를 앞두었기 때문에 이 거리의 양편에 흰 색깔의 점포들이 즐비하게 형성되어 있다고 하면서 이 점포들은 연말에 전부 철거한다고 한다. 매년 그런 행사가 있다는데 크리스마스 용품만 판매하는 것이 아니라 여러 가지 상품을 판매하고 있다.

크리스마스와 연말 분위기를 돋우기 위한 전구 장식은 관광객들을 낭만의 길로 인도하는 것 같다.

어찌나 사람들이 많은지 차량 도로 양편의 인도에는 인산인해를 이루고 있으며 자동차 도로에는 차량이 하도 많아서 주차해 있는 것 같았다. 세계 각 인종이 다 모여든 것 같으며 무장한 경찰과 군인들이 인파에 묻혀 다니고 있는데 가이드는 테러를 방지하기 위해서 순찰 중이라고 한다.

우리는 큰 둥근 원형기구인 '파리의 바퀴'(Roue du Paris)를 향하여 걸었는데 우리 손녀는 모자도 사고 제 엄마의 귀걸이도 사면서 콩코르드 광장을 지나 '파리의 바퀴'까지 걸었다. 이 콩코르드 광장(Place de la Concorde)은 프랑스혁명 광장이었는데 이곳의 단두대에서 처형된 사람은 1,119명이나 된다고 한다. 1794년 말경 공포정치가 끝나고 이름이 콩코르드 광장으로 바뀌었으며 이집트의 총독이 루이 필리프 왕에게 기증한 3,200년 된 룩소르의 오벨리스크(obelisk)가 이 광장에 세워져 있다.

'파리의 바퀴'는 한국의 서울대공원(서울랜드) 어린이놀이 시설과 같은 큰 바퀴 칸칸마다 케빈(cabin)이 달려서 여기에 사람들(정원 4명)이 타고 빙빙 돌아간다. 우리 손녀가 그 케빈을 타고 싶다고 해서 태워주었다. 이곳에서 개선문 근방까지 인파를 뚫고 걸어와서 가이드 차를 타고 귀가했다. 비는 우리가 집에 도착할 때까지 부슬부슬 계속하여 내렸다.

위와 같이 우리는 그런대로 파리관광을 마쳤다. 우리 손녀의 그 많은 기대로 부푼 마음속은 얼마나 채워졌는지 모르겠다. 일반적으로 해외여행을 많이 한 사람들의 경험을 따르면 마지막 코스로 이탈리아와 프랑스를 잡으라고 권유한다. 그것은 이 두 나라를 관광하고 난 뒤에 다른 나라를 관광한다는 것은 시시해서 관광할 맛이 나지 않기 때문이라고 한다. 물론 각 나라의 관광지마다 특색은 있지만 말이다. 나는 이제 이 두 나라를 다 돌아보았으니 나의 관광은 막을 내린 것이 아닌가? 이렇게 생각해 보았다.

다른 것은 모르겠으나 루브르박물관은 프랑스의 보배라고 생각한다. 속속들이 작품을 다 감상하지 못한 아쉬움이 남아 있다. 내가 다시 파리를 방문할 기회가 주어진다면 며칠이 걸리더라도 이 박물관의 작품을 다 감상하고 싶다. 그리고 애초에 파리의 미관을 해친다고 철거하려 했던 에펠탑은 현재 프랑스의 큰 수입원이 되고 있다. 자원은 어떻게 관리 운영하느냐에 따라서 유익함을 준다는 교훈을 얻었다.

파리에서 몽마르트르 언덕, 샹젤리제 거리에서 젊은이들은 낭만을 찾았다고 하면서 그 맛을 다시 누리고자 설레는 마음을 가지고 또 가 보고 싶어 한다, 그러나 그 낭만은 마음에 있는 것으로 생각한다. 불우한 사람, 그곳에서 돈을 벌겠다고 혈안이 된 사람에게는 낭만을 찾을 수 없을 것이니 말이다. 특히 겨울시즌에는 낭만의 언덕, 낭만의 거리가 아니라 삭막한 언덕, 복잡한 거리였다. 아직도 내 뇌리에는 구름 낀 파리의 침울한 하늘과 비 내리는 파리의 지저분한 거리 그리고 바람이 창문을 부여잡고 덜거덩거리며 나그네의 마음을 흔들던 파리의 밤이 생각난다.

(2011.12.27)

이상화 수필집
하얀 복사꽃보다 더 아름다운 미소

2013년 1월 20일 인쇄
2013년 1월 25일 발행

지은이 이 상 화
펴낸이 신 용 호
펴낸곳 창조문학사

서울 서대문구 가좌로 86 동천아카데미 5층
등록번호 제1-263호
TEL 374-9011 FAX 374-5217
공급처 한국출판협동조합 전화 716-5616~9

값 12,000원
ISBN 978-89-7734-335-1